はじめに

　カーボンニュートラル社会や循環型社会をはじめとした持続可能な社会の実現のためにデジタルトランスフォーメーション(DX)、グリーントランスフォーメーション(GX)が進められ、世界が大きな変革期を迎えている。

　エネルギーの最終利用の50%が熱にも関わらず、その効果的な活用が進まない中で、ヒートポンプ技術は、効率よく電力や動力を冷温熱に変換可能であることから、次の時代を創る技術として期待されている。その普及が進めば、2050年には、国内だけでも年1億トンを超えるCO_2排出量削減に貢献するとの試算もあるほどである。カーボンニュートラル実現が、科学技術の最大の課題となる中で、引き続き、ヒートポンプ技術は、最重要技術の1つである位置づけは変わらない。

　もともとは冷凍技術としてスタートしたヒートポンプ技術ではあるが、近年では、空調、給湯、産業技術へとその用途は広がるばかりである。再生可能エネルギーとしての空気熱を使いながら、熱中症や感染症をも防止可能な空調技術と認められつつある。コールドチェーンの中核技術として、安全安心な食品物流を実現できる。産業プロセスでは、低温排熱の昇温によるエネルギーの再利用をも可能とする。このように熱利用技術、環境技術を超えて、住空間、食品物流、産業における未来社会構築の礎ともなりうる技術へと発展を遂げている。引き続き市場拡大も大いに期待されており、世界経済をもけん引可能な技術の1つでもある。

　一方で、その利用が広がれば、多くの電力を消費することにもなるため、大幅な性能向上が求められている。作動流体である冷媒は、オゾン層を破壊しない代替冷媒でさえも温室効果ガスであることが判明し、低GWP(温暖化係数)冷媒への転換が求められている。しかし、エネルギー消費量を減らそうと機器の性能を上げれば、機器の大型化を招き、冷媒の使用量を増大させたり、比較的高価な金属を多用するため、大幅な価格上昇すら招きかねない。低GWP冷媒の中には機器性能の低下を招くものも多いため、冷媒の回収や再生を十分に進めることなく、強引に冷媒転換を進めようとすると逆に地球温暖化を招くことにもなりうる。このようにトレードオフとなる因子が複雑に絡み合うため、これまでのように個別対応を無理に推し進めようとすれば、かえって環境対応や高性能機器普及を遅らせることにもなりうる。

このため、DXなどを有効活用し、機器のさらなる性能向上、冷媒の低GWP化だけではなく、冷媒や機器の回収まで含めたサーキュラーエコノミーをも考慮したバリューチェーンの全体最適化が必須となっている。このような総体的な取り組みは、日本が苦手とし、現在でも多くの技術が後塵を拝してきた根本的要因の1つでもあるため、従来の学問分野や省庁間、メーカー・ユーザー間の垣根を超えたオールジャパンでバリューチェーンを含むヒートポンプ技術が可能とする未来社会を共創し、バックキャストでヒートポンプ技術を取り巻く複雑な課題の解決を目指す必要がある。

　そこで、早稲田大学では、多様な学問分野を有する総合大学としてその英知を結集し、オープンな場で、20社近い民間企業とともに次世代型のヒートポンプ技術や未来社会の実現に向けた戦略を検討する「次世代ヒートポンプ技術戦略研究コンソーシアム」を立ち上げた。ここでは、2030年代にヒートポンプ技術が中核となる社会の未来像やその構築に必要となる技術を明示するとともに、それに必要なロードマップや政策等まで検討を進めてきた。この度、この成果を書籍としてまとめ、広く情報発信する運びとなった。

　明るい未来社会を残していくことが我々の使命であるとも考えている。このような中で、ヒートポンプ技術は、引き続き、環境だけでなく生命をも守る技術として科学技術をけん引していくであろう。本書がヒートポンプ技術を活用した持続的な社会構築に向けて少しでもお役に立てればと思う。

2024年3月

早稲田大学　齋藤　潔

CONTENTS

第1章　脱炭素社会の実現に 必要不可欠なヒートポンプ技術　15

第2章　ヒートポンプ技術を 取り巻く社会状況・動向　61

第3章 ヒートポンプ技術の課題解決に向けた方策 99

第4章 次世代ヒートポンプ技術の社会実装 129

第5章 生命を守るヒートポンプ技術 151

［次世代ヒートポンプ技術を理解するための基本用語］

用語	説明
A2L冷媒	微燃性冷媒のA2Lは、米国暖房冷凍空調学会（ASHRAE：American Society of Heating, Refrigerating and Air-Conditioning Engineers）が定めた安全性分類のA（低毒性）と2L（微燃性）を組み合わせて示したもの。微燃性、低毒性、低地球温暖化係数（GWP）の特徴を持つ、HRC系冷媒、ハイドロフルオロオレフィン（HFO）とそれらの混合物が含まれる。
APF	APF(Annual Performance Factor)は、年間の性能を示すもの。つまり多様に変化する年間の運転条件に対して、年間にしてどのくらいの性能になるのかを示す。
CCUS	Carbon dioxide Capture, Utilization and Storageの略。産業等から排出されるCO_2を回収し、固定化あるいは有効利用する技術。CO_2回収・貯留（CCS）だけではなく、水素との反応で合成ガスやメタン、メタノールの製造や藻類培養、炭素材料製造、コンクリートの硬化など、燃料、化学品、材料など有価物の製造に使われる。
CO_2冷媒	CO_2は臨界温度が約31℃であり、外気温がそれ以上の場合は潜熱を利用できないため、性能が悪化する。
HFO系冷媒	ハイドロフルオロオレフィン(HFO)は、毒性が低く、環境や人体への影響が少ないことから、グリーン冷媒とも呼ばれている。
NDC	Nationally Determined Contributionの略称で、パリ協定に基づいて各国が作成・通報・維持しなければならないGHGの排出削減目標などを指す。
SBT	Science Based Targetsの略で、パリ協定が求める水準と整合し、4.2％／年以上の削減を目安に定め、基準年から5年～10年先を目標年として企業が設定する温室効果ガスの排出削減目標のこと
SDGs	SDGsはSustainable Development Goalsの略で、「持続可能な開発目標」と訳されている。2030年までに解決すべく、「国際社会が直面している人類共通の普遍的な課題」を17の目標として、2015年に開かれた国際連合総会で採択された。目標7では、全ての人々に、安価かつ信頼できる持続可能な現代的エネルギーへのアクセスを確保することが、また、目標13では、気候変動及びその影響を軽減するための緊急対策を講じることが述べられている。
ZEB/ZEH	ZEB(Zero Energy Building)とZEH(Zero Energy house)は、消費するエネルギーと同量のエネルギーを再生可能エネルギーなどで創出し、エネルギー消費量を実質0とするビルや住宅のこと。
インバータ技術	パワー半導体のオンオフ制御によってモーターの回転数を自由に変え空調の出力を自由に制御可能とする技術。インバータ非搭載機種に比べて省エネ性能が格段に高い。
エネルギー基本計画	エネルギー基本計画は、エネルギー政策の基本的な方向性を示すために、エネルギーを巡る国内外の情勢変化を踏まえ、エネルギー政策基本法に基づき政府が策定する計画。2021年に、第6次エネルギー基本計画が策定された。安全性、安定供給、経済効率性、環境への適合を図る、S＋3Eの視点のもと、2050年、カーボンニュートラルの実現に向けたエネルギー政策の道筋を示している。
エネルギーキャリア	エネルギーの輸送や貯蔵に適した化学物質を指す。一般に、気体のままでは輸送や貯蔵が困難であるもの、例えば水素を有機ハイドライドやアンモニア、メタノールに変換し、液体もしくは液化し易くしたものを指す。再生可能エネルギーを利用する上で、電気や水素を大量に製造した場合に、輸送・貯蔵コストだけではなく、安全性、輸送距離、利用システムなどを考慮して、将来のサプライチェーンが決められる。
温室効果ガス	英語では、GHG（greenhouse gas）。大気圏で地表から放射された赤外線などを吸収して地球を温める効果のある気体のこと。1997年に開かれた第3回気候変動枠組条約締約国会議（COP3）で採択された京都議定書では、CO_2（二酸化炭素）、CH_4（メタン）、N_2O（一酸化二窒素）、ハイドロフルオロカーボン類（HFCs）、パーフルオロカーボン類（PFCs）、SF_6（六フッ化硫黄）が削減対象の温室効果ガスと定められた。その後NF_3（三フッ化窒素）が追加されている.
カーボンニュートラル	排出されるCO_2と吸収されるCO_2の量が等しい状態。日本政府が目指す「カーボンニュートラル」は、CO_2だけに限らず、メタン、一酸化二窒素、フッ化ガスを含む温室効果ガス（GHGs）全体を対象とする。排出を完全にゼロに抑えることは現実的に難しいため、排出せざるを得なかった分については同じ量を「吸収」または「除去」することで、正味ゼロ（ネットゼロ）を目指し、「ニュートラル（中立）」を実現するというのが主旨である。

用語	説明
カーボンプライシング	炭素に価格付けをして、CO_2削減を促進する経済的手法の総称、燃料や電気の利用に付随する排出量に比例した課税である「炭素税」。企業間で排出量を売買する「排出量取引」が代表的なもの。再エネ、原子力といった非化石エネルギーがもつ価値を売買する「非化石価値取引」、途上国と協力して排出削減量を二国間で分け合う「二国間クレジット(JCM)」は、まとめて「クレジット取引」と呼ばれる。さらに、CO_2価格が低い国で作られた製品輸入時に、CO_2価格差分の経済負担を求める「国境調整措置」も提案されている。
カーボンリサイクル	CO_2の大気への排出量を減らすために、排出されたCO_2を炭素資源と位置づけ、回収して多様な炭素化合物として再利用する考え方。CO_2の利用先は、化学品、燃料、鉱物などが想定される。CO_2を有用な物質に変換するには、様々な技術があるものの、水素との反応を利用するものが多く、再生可能エネルギー由来の水素を安価に製造する技術がカギとなる。
キガリ改正	1987年に採択された「モントリオール議定書」では、エアコンの冷媒として使われていたCFCはすでに全廃され、CFCの代替であるHCFCも先進国で2020年、新興国で2030年までに全廃することが決まっている。さらに、HCFCの代替として使われてきたHFCについても、近年、地球温暖化影響が問題視されるようになり、モントリオール議定書の枠組みの中で、その生産量・消費量の削減義務を定めることが2016年10月に決定された。この決定はキガリ改正と呼ばれ、2019年1月に発効された。
グリーン成長戦略	2020年10月に菅総理が「2050年までにカーボンニュートラル実現」を宣言し、それに基づき、経済産業省が関係省庁と連携して「2050年カーボンニュートラルに伴うグリーン成長戦略」を同年12月に策定した。従来の発想を転換し、積極的に対策を行うことで、産業構造や社会経済の変革をもたらし、大きな成長につながることを意図した「経済と環境の好循環」を作っていく産業政策。
系統連系	発電設備を電力系統(一般送配電事業者の送配電線)に接続して送電可能とすること。系統連系のルールとして、電力品質確保に係る系統連系技術要件ガイドライン(資源エネルギ-庁)などがある。
国境炭素税	気候変動対策をとる国が、同対策の不十分な国からの輸入品に対し、水際で炭素課金を行うこと。さらに、自国からの輸出に対して水際で炭素コスト分の還付を行う場合もある。国際競争上の悪影響緩和と、国内製品が減少して海外製品が増える結果として以前よりCO_2排出が増えてしまう(炭素リーケージ)の防止が目的である。
再生可能エネルギー	利用する以上の速度で自然界からエネルギーが補充される資源のことを指す。日本では、法律と政令で太陽光、風力、水力、地熱、太陽熱、大気中の熱、その他の自然界に存在する熱、バイオマス(動植物に由来する有機物)の7種類が挙げられている。カーボンニュートラルを実現する上で、CO_2の排出を全体としてゼロにするために、再エネの導入は欠かせない取り組みである。
サステナブルファイナンス	持続可能な社会を実現するために、サステナビリティ要素を経済活動への資金提供に統合すること。投資、債権、融資等の幅広い資金提供の方法を含む概念であり、経営上の意思決定や戦略に、責任ファイナンス原則を組み込むことを意味する。SDGsやパリ協定に代表される指針や、各国・機関の発信するガイダンス、評価項目、情報開示手法などにより、世界規模での具体的な潮流が加速している。
自然冷媒	冷媒はもともと自然界に存在するため、環境にやさしいとされるアンモニアなどを中心にした冷媒。
需給調整市場	一般送配電事業者が供給区域の周波数制御・需給バランス調整を行うために必要な調整力は、2016年10月より公募により調達しているが、エリアを超えて低廉かつ安定的な調整力の確保を行うために、2021年4月に需給調整市場が新たに創設された。調整力の種別(応動時間、継続時間など)により5つの商品区分があり、応動時間の最も遅い三次調整力②から取引が開始され、より応動時間の速い調整力の商品区分へ順次拡大される予定である。
水素キャリア	水素の重量・体積あたりの密度を上昇させるため、状態変化・化学変化によって水素を輸送・貯蔵しやすいよう変換した状態・物質の総称。変換時のエネルギー消費や反応の種類(吸熱・発熱)、変換後の水素純度、需要機器、規模等により適切な水素キャリアは異なる。代表的な水素キャリアは、圧縮水素、液化水素、有機ハイドライド(MCHなど)、アンモニア、合成メタン、水素貯蔵材料などがある。
脱炭素化	経済全体または、産業、民生、運輸などの特定部門、または企業などが、その活動においてCO_2を排出しないシステムに移行すること。CO_2を発生しない方法によって生産された、電気や水素の利用割合を増やすことが代表的なアプローチ。

用語	説明
蓄エネルギー	広義には、エネルギーを何らかの物理化学的方法で一時的に蓄えること。カーボンニュートラルの観点からは、電気エネルギーを他のエネルギーに変換して蓄えることを指す場合が多い。代表的な方法としては、蓄電池、揚水、水素、熱、圧縮／液化空気などが挙げられる。蓄えたエネルギーは、必要に応じて電気や熱として利用される。
蓄熱	蓄熱は、完全に商用化した物から研究段階まで、様々な形態がある。商用化例は、製鋼炉の脇にたつ、熱風炉と呼ばれるものや（千℃レベル）、硝酸塩2タンク型(600℃程度）がある。近年は砕石と空気を利用した安全性の極めて高い蓄熱方式が着目されている。
直流送電	主に50km以上の海底送電ケーブルに採用される。送電端と受電端の両方に交流を直流に変換するための交直変換装置が必要で、設備費用が嵩む。しかし交流送電より直流送電の方がロスが少なくなるという特性のため、上記条件で採用される。
チラー	水などの熱媒体を循環させ、さまざまな機器や空間の温度を一定に保つ機器の総称。チラー(Chiller＝冷やす)から冷却をイメージするが、冷却だけでなく加熱も行うものもある。
電力市場	日本で「電気」を取引する市場には、電力（kWh価値）を取引する卸電力市場（スポット市場）の他に、電気を提供する能力（kW価値）を取引する容量市場、需給調整力（ΔkW価値）を取引する需給調整市場や、再エネ等のCO_2を排出しない電源の環境価値を取引する非化石価値取引市場などがあり、本書では電力関連市場の呼称を用いている。
電力システム改革	2011年の東日本大震災を契機として、大規模集中電源の停止に伴う供給力不足や、計画停電等の画一的な需要抑制といった、電力システムの課題が顕在化した。そこで政府は、安定供給の確保、電気料金の最大限の抑制、需要家の選択肢や事業者の事業機会の拡大を目的として、①広域系統運用の拡大、②小売および発電の全面自由化、③法的分離の方式による送配電部門の中立性の一層の確保、という3本柱からなる電力システム改革を、2020年4月までに3段階で進めた。取引市場の制度設計、電力ネットワークの次世代化など、広義の電力システム改革は継続して進められている。
ネガティブエミッション	排出の逆を意味する。つまり大気中から人為的に温室効果ガスを除去すること。Greenhouse Gas Removal (GGR: 温室効果ガス除去) ともいう。また、CO_2に注目した場合は、Carbon Dioxide Removal (CDR: 二酸化炭素除去) や Carbon Removal (炭素除去) とも言う。
パリ協定	2015年にフランス・パリで開催された気候変動枠組条約第21回締約国会議（COP21）において採択された、気候変動に関する2020年以降の新たな国際枠組。世界共通の長期目標としての2℃目標、すべての国の削減目標の5年ごとの提出・更新、適応計画プロセスと行動の実施、先進国の資金提供と途上国の自主的資金提供、共通かつ柔軟な方法での各国の実施状況の報告・レビュー、市場メカニズムの活用等が位置づけられている。
国連気候変動枠組条約	1992年に採択され、地球温暖化対策に世界全体で取り組み、大気中の温室効果ガスの濃度を安定化させることを究極の目標とする条約。同条約に基づき、1995年から毎年、気候変動枠組条約締約国会議（COP）が開催されている。1997年に京都で開催された第3回締約国会議（COP3）では、先進国の削減を明確に規定した「京都議定書」に合意し、温室効果ガス排出削減の一歩を踏み出した。
製品寿命気候負荷	LCCP(Life Cycle Climate Performance)は、地球温暖化係数(GWP)のみでの評価ではなく、冷媒の影響と電力消費によって発生する温室効果ガスの影響の両方を考慮した地球温暖化影響を総合的に評価する指標。
総等価温暖化影響	TEWI (Total Equivalent Warming Impact)は、機器の冷媒によって大気に拡散するCO_2の直接的な地球温暖化の影響と、機器の運転によってエネルギーが消費されることで発生するCO_2の間接的な地球温暖化影響を総合的に評価する指標。

［英単語略語表］

略称	正称	和訳
APF	Annual Performance Factor	年間の性能
ASHRAE	American Society of Heating, Refrigerating and Air-Conditioning Engineers	アメリカ暖房冷凍空調学会
CFC	Chlorofluorocarbon	クロロフルオロカーボン
CN	Carbon Neutral	カーボンニュートラル
COP	Coefficient Of Performance	成績係数
DPP	Digital Product Passport	デジタルプロダクトパスポート
DR	Demand Response	ディマンド・リスポンス
EMS	Energy Management System	エネルギーマネジメントシステム
EU	European Union	欧州連合
EV	Electric Vehicle	電気自動車
FC	Fluorocarbons	フルオロカーボン
FCV	Fuel Cell Vehicle	燃料電池自動車
FIP	Feed-In Premium	フィードインプレミアム
FIT	Feed-in Tariff	固定価格買取制度
GHG	Greenhouse Gas	温室効果ガス
GWP	Global Warming Potential	地球温暖化係数
HCFC	Hydrochlorofluorocarbon	ハイドロクロロフルオロカーボン
HEMS	Home Energy Management Service	ホーム エネルギー マネジメント システム
HFC	Hydrofluorocarbon	ハイドロフルオロカーボン
HFO	Hydrofluoroolefin	ハイドロフルオロオレフィン
HP	Heat Pump	ヒートポンプ
HV	Hybrid Electric Vehicle	ハイブリッド自動車
IEA	International Energy Agency	国際エネルギー機関
IPCC	Intergovernmental Panel on Climate Change	国連気候変動に関する政府間パネル
IRENA	International Renewable Energy Agency	国際再生可能エネルギー機関
ISO	International organization for standardization	国際標準化機構

略称	正称	和訳
JST	Japan Science and Technology Agency	国立研究開発法人 科学技術振興機構
LCA	Life Cycle Assessment	ライフサイクルアセスメント
LCCP	Life Cycle Climate Performance	製品寿命気候負荷
LIB	Lithium-Ion Battery	リチウムイオン二次電池
LNG	Liquefied Natural Gas	液化天然ガス
METI	Ministry of Economy, Trade and Industry	経済産業省
NDC	Nationally Determined Contribution	GHGの排出削減目標
NEDO	New Energy and Industrial Technology Development Orgaization	国立研究開発法人 新エネルギー・産業技術総合開発機構
PFAS	Perfluoroalkyl and Polyfluoroalkyl Substances	有機フッ素化合物
PHV	Plug-in Hybrid Electric Vehicle	プラグインハイブリッド自動車
PV	Photovoltaic	太陽電池
RE100	Renewable Energy 100%	アールイー100
RTOC	Refrigeration Technical Option Committee	冷凍技術選択肢委員会
SBT	Science Based Targets	温室効果ガスの排出削減目標
TEWI	Total Equivalent Warming Impact	総等価温暖化影響
UNEP	United Nations Environment Programme	国連環境計画
UNFCCC	United Nations Framework Convention on Climate Change	国連気候変動枠組条約
VPP	Virtual Power Plant	バーチャルパワープラント (仮想発電所)
WMO	World Meteorological Organization	世界気象機関
ZEB	Net Zero Energy Building	ネット・ゼロ・エネルギー・ビル (ゼブ)
ZEH	Net Zero Energy House	ネット・ゼロ・エネルギー・ハウス

注) 地名、商品名、人名は除く。

［単位換算表］

	SI単位	工学単位	British単位	慣用単位等
長さ	1m	1m	39.37インチ	
	25.40mm	25.40mm	1インチ	
面積	10,000m^2			l ha
質量	l kg	l kg	2.205ポンド(lb)	
	1,000kg	l t	2,205ポンド(lb)	
	0.4536kg	0.4536kg	1ポンド(lb)	
圧力	1kPa	0.01020kg/cm^2	0.1450psi	0.009869atm
	1MPa	10.20kg/cm^2	145.0psi	9.869atm
エネルギー・熱量	1J	0.0002389kcal	0.0009488Btu	0.0002778Wh
	1kJ	0.2389kcal	0.9488Btu	0.2778Wh
	1MJ	238.9kcal	948.8Btu	0.2778kWh
	1GJ	2.389×10^5kcal	0.9488MMBtu	277.8kWh
	1PJ	2.389×10^8kcal	948.8MMBtu	2.778×10^5kWh
	l EJ	2.389×10^{11}kcal	948,800MMBtu	2.778×10^8kWh
	1.054kJ	0.252kcal	l Btu	0.2928Wh
	1.054GJ	2.520×105kcal	1MMBtu	292.8kWh
熱流		860kcal/h		l kW
		8.60×10^5kcal/h		l MW
		8.60×10^8kcal/h		l GW
温度	273.15K	0℃		

［単位系接頭辞］

10^n	接頭辞	記号	漢数字表記
10^{18}	エクサ (exa)	E	百京
10^{15}	ペタ (peta)	P	千兆
10^{12}	テラ(tera)	T	一兆
10^9	ギガ(giga)	G	十億
10^6	メガ(mega)	M	百万
10^3	キロ(kilo)	k	千
10^2	ヘクト(hecto)	h	百
10^1	デカ(deca)	da	十
10^0	なし	なし	一
10^{-1}	デシ (deci)	d	一分
10^{-2}	センチ(centi)	c	一厘
10^{-3}	ミリ (milli)	m	一毛
10^{-6}	マイクロ(micro)	μ	一微
10^{-9}	ナノ (nano)	n	一塵

ご注意：必ずお読みください

●本書記載の内容は、2024年4月1日現在の情報です。そのため、ご購入時には変更されている場合もあります。また、本書は著者が独自に調査した結果を出版したものです。

●本書の内容について万全を期して作成いたしましたが、万一、ご不明な点や誤り、記載漏れなど、お気づきの点がありましたら、奥付に記載の小社連絡先にてご連絡をお願いします。

●本書に記載された内容は、情報の提供のみを目的としています。本書の運用については、必ずお客様自身の責任と判断によって行ってください。これらの情報の運用の結果について、技術評論社および著者はいかなる責任も負いかねます。

●本書の全部または一部について、小社の許諾を得ずに複製することを禁止しております。

以上の注意事項をご承諾いただいた上で、本書をご利用願います。これらの注意事項をお読みいただかずに、お問い合わせいただいても、技術評論社および著者は対処しかねます。あらかじめ、ご承知おきください。

本文中に記載されている会社名、製品の名称は、一般にすべて関係各社の商標または登録商標です。

＊本文中に記載されている[1]は参考文献番号、1は同ページ下部の脚注番号です。

第 1 章

脱炭素社会の
実現に必要不可欠な
ヒートポンプ技術

第1章　概要

　冷凍技術としてスタートしたヒートポンプ技術は、近年では、多様な温度帯へ適応できるようになり、空調、給湯、産業技術へとその用途は広がるばかりである。
　このため、低温技術から高温技術に至るまで、ヒートポンプ技術を応用した多くの機器が登場してきている。ここでは、まずはヒートポンプの動作原理から、機器の種類、さらには、機器に用いられる材料や動作流体としての冷媒の種類まで含めたヒートポンプ技術全体について概説する。

1.1 〉ヒートポンプとは

1 ヒートポンプの特徴

　ヒートポンプとは、少ない駆動エネルギー(主に電力)で、何らかの熱媒体や半導体などを用いた機器として、低温側(熱源とも呼ばれる)から熱を奪い、高温側に熱を効率よく移動させ放熱させる機器、システムを表す総称である。

　図1.1に示すようにヒートポンプの低温側では、対象物から熱を奪い、冷却できるため、冷凍機や冷蔵庫、冷房機(あるいは、冷房と暖房運転が切り替えられるエアコンの冷房運転)として用いることができる。対して高温側では、加熱ができるため、暖房機(あるいは、エアコンの暖房運転)や給湯機などに用いることができる。ヒートポンプは、もともとは、冷凍機器としてスタートしたが、低温側を用いる機器と区別して、高温側を用いる機器の名称とされることも多い。

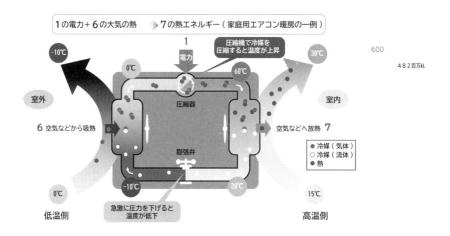

図1.1　ヒートポンプの仕組み
出典：一般財団法人ヒートポンプ・蓄熱センター「ヒートポンプ・蓄熱システムを学ぼう―ヒートポンプについて―ヒートポンプとは」[1]をもとに作成

❶ヒートポンプとヒートポンプ技術の違い

1項で述べたようにヒートポンプは、高温側か低温側かを用いることによって、機器としては、異なる扱いをされてきた。

一方で、近年のエアコンのように1台の機器で、冷房も暖房も行えるようにもなっている。このため、「ヒートポンプ」という名称が加熱機器なのか、冷却機器なのか、あるいは冷熱利用から温熱利用までのすべての技術の総称なのか、しばしば混乱が起きてきた。

そこで、本書では、冷熱生成や温熱生成まで含めた技術の総称として、「ヒートポンプ技術」という名称を使う。

❷次世代ヒートポンプ技術とは

また、本書の主要な論点でもあるカーボンニュートラルを達成するために2030年代にヒートポンプ技術の目指すべき姿を、「次世代ヒートポンプ技術」と呼ぶことにする。

ここでは、単に機器だけではなく、デジタルトランスフォーメーション(DX)などのヒートポンプ技術に強く関連する技術や、資源循環などを含めたサプライチェーン、社会システムまで含めた次の時代のヒートポンプ技術のあるべき姿を表した言葉として用いる。

1.2 〉 ヒートポンプ技術の動作原理とサイクル

1 ヒートポンプ技術の動作原理

❶熱の原理

　ヒートポンプ技術を理解する上では、2つの科学事象を理解しておく必要がある。もっとも重要なのが、「熱」である。熱という言葉はご存じの通り、熱い、冷たいという現象が強く関わっている。熱の定義は、高温側から低温側に移動するエネルギーの一形態ということとなる。

　たとえば、**図1.2**のように高温の物体と低温の物体を接触させれば、高温側の物体から低温側の物体に熱が移動するため、高温側の物体は冷却され、低温側は加熱されることになる。逆に低温側の物体から高温側の物体に熱が移動することは、通常では起こらない。夏に放置した冷たい水が、高温の外部に熱を放熱して、さらに冷えてしまうようなことは起こりえないのだ。

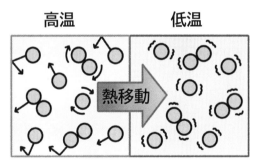

図1.2　熱の移動原理

❷気体の圧縮・膨張による温度変化

　また、もう1つの科学事象として重要なのが、気体の圧縮や膨張によって生じる温度変化である。**図1.3**に示すように、気体をピストンの中で高圧に圧縮すると、温度も上昇することになる。一方で、ピストンを引いて低圧へと膨張させれば、冷えることになる。

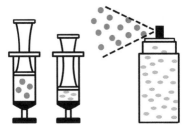

ガス圧縮と膨張のプロセス

圧縮すると
ガス温度は上昇する

膨張すると
ガス温度は低下する

図1.3 気体の加圧と膨張による温度変化

ヒートポンプ技術は、このような、気体を圧縮すると温度が上がり、膨張させると温度が下がる性質を利用し、少ないエネルギーで通常では起こりえない低温側から高温側に熱を移動させる技術を表す総称ともいえる。

2 ヒートポンプ技術を代表するエアコン

❶エアコンの熱の移動原理

ヒートポンプ技術が採用されているもっとも身近な機器が、エアコンである。そこで、暖房時のエアコンを例にとって、ヒートポンプ技術の原理について説明する。

図1.4 に示すように、エアコンは室外機と室内機からなり、動作流体としての冷媒が両機の間を循環している。室外機では、冷媒は外気温度より低くなっている。ここで、外気と冷媒が銅管などの壁を介して間接的に接触し、高温側の外気から低温側の冷媒に熱が移動する。これを行っているのが熱交換器となる。

熱交換器で熱を得た冷媒は圧縮機に移動し、圧縮されて高温高圧になり、室内の温度よりも高くなる。この圧縮機を駆動するのに、少量の電力が必要となる。これがエアコンを駆動する主要な駆動エネルギー源となる。

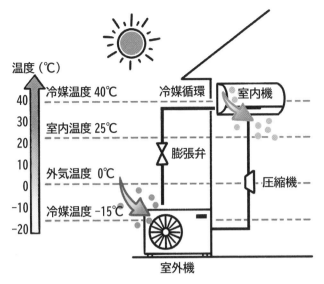

温度（℃）

冷媒温度 40℃　　冷媒循環　　室内機

室内温度 25℃

外気温度 0℃

冷媒温度 −15℃

膨張弁

圧縮機

室外機

図1.4　エアコンの仕組み

　圧縮機から流出した冷媒は、室内機へ送られる。室内機は主に熱交換器で構成
されているため、低温側の室内空気と高温側の冷媒が間接的に接触し、熱が冷媒
から室内空気に移動して、室内空気は暖められる。高圧を維持しながら熱交換器
から流出した冷媒は、膨張弁を通過し、膨張して低温低圧になる。そして再び室
外機へ流入し、外気の熱を受け取ることになる。

　全体としてみると、熱源としての低温側の外気から高温側の室内に熱を移動さ
せるため、通常では起こらない逆の現象を発生させているのがヒートポンプ技術
になる。これを可能としているのが、圧縮機で用いる少量の電力である。

❷水ポンプの原理からわかるヒートポンプ

　ヒートポンプ技術は、水ポンプと比較するとわかりやすい。**図1.5**に示すよう
に水は、通常であれば高い位置から低い位置に流れる。水ポンプは電力を用いて、
低い位置から高い位置に水をくみ上げられる。ヒートポンプもまったく同様の原
理のため、「熱のポンプ」すなわち「ヒートポンプ」と呼ばれる。

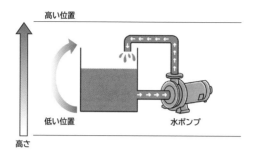

図1.5 水ポンプのくみ上げの仕組み

　水ポンプでは、高低差が小さくなれば、必要になる電力が小さくなる。ヒートポンプも同様であり、低温側と高温側の温度差が小さくなれば、駆動に必要になる電力は少なくなる。

　たとえば、エアコンでは、冬には設定温度を低くし、夏には高くすることが推奨されている。これにより外気との温度差が小さくなり、低温側と高温側の温度差が小さくなるため、圧縮機に必要な電力が少なくなり、電力消費の低減が図れるからである。

3 ヒートポンプ技術のサイクル

❶ヒートポンプ技術の種類

　ヒートポンプ技術は、蒸気圧縮式[1](以下、圧縮式)と熱駆動の吸収式・吸着式[2]の2つに大別される。この他、用途が限定されるが、磁気冷凍なども存在する。熱駆動のヒートポンプ技術は、再生可能エネルギーや未利用エネルギーを駆動源にできるため、今後あらためて注目されてくる可能性がある。

　現状のヒートポンプ技術では、電力で高効率な駆動が可能な圧縮式が主に用いられることが想定されるため、本書でも圧縮式を取り上げて解説する。

1　**蒸気圧縮式**　電力を駆動源として冷媒を電力で圧縮・膨張することによって、熱が移動する熱サイクル。

2　**吸収式・吸着式**　熱を駆動源として動作流体の化学反応を利用する熱サイクル。

❷圧縮式のサイクル

　前述した圧縮式のサイクルをもう少し詳しく解説する。このサイクルは、**図1.6**に示すように圧縮機、熱交換器である凝縮器、膨張弁、熱交換器である蒸発器を主な要素として構成され、これらを冷媒が循環することによって、サイクルが成立している。

　暖房時には、室外機側の熱交換器は蒸発器として機能し、室内機側の熱交換器は凝縮器として機能する。熱交換器では、空気や水と冷媒が銅管などの壁を通り、間接的に接触して熱が移動している。また、冷媒は蒸発や凝縮と呼ばれる気体、液体と相変化[3]し、気化、液化を繰り返しながら、流動している。

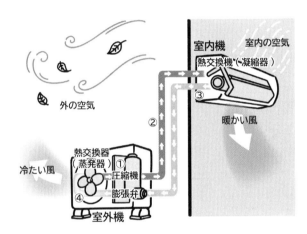

図1.6　圧縮式サイクルのヒートポンプと構成する機器
出典：日立グローバルライフソリューションズ株式会社「エアコンのしくみを知りたいです。」[2]をもとに作成

　蒸発器では、低温・低圧の冷媒液が空気や水を介して外部から熱を奪い、蒸発する。このとき、蒸発潜熱[4]により、効率よく空気や水から熱を奪い、これらを冷却する。

　図1.7に示すように、蒸発器で蒸発した冷媒蒸気①は圧縮機に送られ、外部から加えられた動力で圧縮され、高温・高圧の過熱蒸気[5]②になる。この圧縮機に加えられた動力（電力）が圧縮式サイクルを駆動させるための駆動源になる。

3　**相変化**　物質の状態が気体、液体、固体の三態（三相）間を変化する過程のこという。
4　**蒸発潜熱**　気化熱として、冷媒が液体から気体となるときに必要な熱のこと。
5　**過熱蒸気**　過熱蒸気は、蒸発後もさらに加熱されて沸点より高温になった蒸気を指す。

23

　圧縮機で過熱状態になった冷媒蒸気は、冷媒の凝縮時の凝縮熱を利用する凝縮器で気体から液体へと凝縮し、被加熱流体である水や空気をその際の凝縮熱で効率よく加熱し、凝縮液③になる。冷媒によりこの被加熱流体を加熱した加熱熱量が、ヒートポンプとしての能力[6]となる。高圧で凝縮液になった冷媒は膨張弁で膨張し、低温・低圧④になり、再び蒸発器に送られる。これらが連続して行われるのが圧縮式サイクルである。

　また、蒸発器により被冷却流体は冷却されるため、この冷却作用を用いる場合には、冷凍サイクルとも呼ばれ、この際の冷却熱量が、冷凍機としての能力となる。凝縮器では被加熱流体が加熱されるため、この加熱作用をメインとした場合にはヒートポンプサイクルとも呼ばれる。

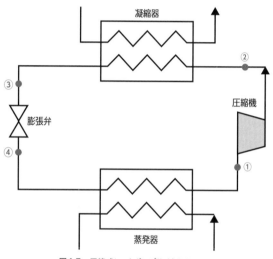

図1.7　圧縮式ヒートポンプサイクルのフロー

❸圧縮式サイクルの冷媒運動

　エアコンでは四方弁で、冷媒の流れる方向を変え、冷房時には室内機側熱交換器を蒸発器、室外機側熱交換器を凝縮器とし、暖房時には室内機側を凝縮器、室外機側を蒸発器として機能させる。これにより、室内機、室外機を変更することなく、蒸発器、凝縮器の機能を切り替えることができる。

　この圧縮式サイクルの冷媒の運転状態を示したのが<u>**図1.8**</u>のP-h線図である。

6　**ヒートポンプとしての能力**　暖房能力や給湯能力などと呼ばれる。

図1.7で示した番号は、**図1.6**と**図1.8**に示す番号と対応している。

この図の横軸は冷媒1kg当たりのエンタルピーである比エンタルピーh[kJ/kg]を表し、縦軸には冷媒の圧力P[kPa]が示され、**図1.8**には温度、比体積、比エントロピーなどのパラメータが示されている。

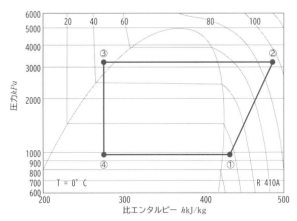

注) この図ではわかりやすくするため、パラメータは温度のみを示している

図1.8 *P-h*線図

中央部の曲線は、この左側が飽和液線、右側が飽和蒸気線であり、山の頂点が臨界点である。曲線の内側は湿り蒸気を表し、気体と液体が混在している領域となる。飽和液線の左側は液体となる過冷却液、飽和蒸気線の右側は気体の過熱蒸気の領域を表している。比エンタルピーは、冷媒のエネルギー状態を表している。このため、各要素の出入口の比エンタルピー差が、その要素の冷媒が授受した単位冷媒流量当たりのエネルギー量となる。

前述した圧縮式サイクルを*P-h*線図上で見ると、以下の4つのプロセスになる。

圧縮過程	圧縮機で気体である冷媒に電力を加えて圧縮することで、温度・圧力が上昇する。それにともない比エンタルピーも増大する(①→②)。冷媒の圧縮に必要な電力w[kJ/kg]は、添え字番号に対応する点の冷媒の比エンタルピーを用いて次のように表される。 $w = h_2 - h_1 \cdots$①
凝縮過程	凝縮器の冷媒が、液体に凝縮する。空気や水(外部流体)と熱交換してこれら外部流体を加熱し、冷媒は冷却され、エンタルピーが低下する(②→③)。そのとき交換熱量q_c[kJ/kg]は 次のようになる。 $q_c = h_2 - h_3 \cdots$②
膨張過程	膨張弁で冷媒の圧力・温度が低下する。外部から電力供給や熱授受もないため、エンタルピーは一定となる(③→④)。 $0 = h_3 - h_4 \cdots$③
蒸発過程	蒸発器で冷媒が蒸発するときに冷媒が熱を放出する。温度変化をあまりともなわずに空気や水(外部流体)を冷却し、冷媒側は加熱されるため、比エンタルピーが増大する(④→①)。そのときの交換熱量q_e[kJ/kg]は、次のようになる。 $q_e = h_1 - h_4 \cdots$④

4 　性能評価指標ではかる圧縮式サイクルの性能

❶機器性能を表す規格

　ある運転条件での圧縮式サイクルの性能は、成績係数(COP：Coefficient Of Performance)で表される。これは、暖房・加熱の場合には、圧縮機に加えられた電力wに対する凝縮器での加熱能力q_c(冷房・冷却の場合には、蒸発器での冷却能力q_e)の比として次のように定義される[7]。

$$COP_h = \frac{q_c}{w} \qquad \cdots ⑤$$

　COPは1を優に超えるため、投入電力の数倍ものエネルギーで加熱できる。これこそがヒートポンプ技術の優れたところであり、熱源として空気熱や未利用エネルギーを上手に活用することにより、達成できる。

　また、COPがある特定の運転条件による性能を表すのに対して、APF (Annual Performance Factor)は、年間の性能を示すものである。つまり多様に変化する年間の運転条件に対して、年間にしてどのくらいの性能になるのかを示し、次のように表す。

$$APF = \frac{\text{年間の冷房能力} + \text{年間の暖房能力}}{\text{年間の機器での消費電力}} \qquad \cdots ⑥$$

　これにより、メーカーはより年間の実運転に適合した高効率な機器開発が求められるようになり、ユーザー側はより実際の運転に近い機器性能を知ることができるようになった。このようにある特定の性能から、年間を通じた機器性能を表すようになり、運転条件の違いなどから、機器性能を表す規格なども多様化している。

　機器の性能が良いことは、同じ能力を発揮する際に必要な消費電力量が少ないことを意味する。これによって電力生成時に必要なCO_2排出量[8]が間接的に削減できることになる。

　また、今後、電力生成に再生可能エネルギーなどのCO_2を排出しないエネルギーの利用が急増することが考えられ、さらにCO_2排出量は低減していく。

7　**COPの定義**　**図1.7**では、wは①→②、Q_cは暖房・加熱の場合に②→③、冷房・冷却の場合には④→①の横軸の変化量に相当する。このため、暖房・加熱のCOP＝冷房・冷却のCOP＋1となる。

8　**CO_2排出量**　化石燃料を燃料として発生するエネルギー起源CO_2のことを指す。

燃焼により熱を生成する燃焼機器から電力で熱の生成が可能なヒートポンプ化がますます重要になるのはこのためである。いわゆる熱生成技術の電化である。

❷ヒートポンプ技術とトップランナー制度の関係

ヒートポンプ技術の性能向上の動きは、1999年に改正された「エネルギーの使用の合理化及び非化石エネルギーへの転換等に関する法律」(省エネ法)の中で、機械器具などに対して「トップランナー制度」が導入されたことで加速されてきた。

トップランナー制度は、現在商品化されている機器のうちもっともエネルギー消費効率が優れているもの(トップランナー)を基準として、それ以上の技術的に可能な高い目標を設け、その達成を促す制度である。エネルギー消費量の多い機器から、対象品目が選定されている。家庭用エアコンは、制度開始当初より対象品目となっているが、現在では業務用エアコンも含まれ、ヒートポンプ給湯機、ショーケースも対象品目となっている。

トップランナー制度での省エネ基準は、従来は冷房条件と暖房条件でのCOPで評価していたが、2009年5月の省エネ法の基準見直しでは、実使用に近いAPFが用いられるようになった。家庭用エアコン、業務用エアコンや、家庭用・業務用ヒートポンプ給湯機などで採用されている。

省エネ基準は段階的に見直されて強化され、それにともなってヒートポンプ技術の性能も向上してきた。**図1.9**に示すように、APFで8近くになるものも登場している。

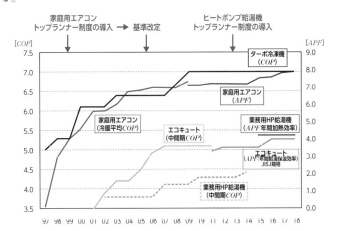

図1.9 ヒートポンプ技術の効率推移
出典:一般財団法人ヒートポンプ・蓄熱センター「高効率なヒートポンプ技術」[3]をもとに作成

1
・
2

ヒートポンプ技術の動作原理とサイクル

1.3 〉 ヒートポンプ技術に関連する デバイスや機器

　ヒートポンプ技術は、低温域から高温域まで適用されていることから、機器として非常に多くの種類や名称が存在する。そこで、ここではヒートポンプ技術に関連するデバイスや機器を分類しておく。

1　機器を構成するデバイス

　ヒートポンプ技術では、圧縮機、凝縮器、膨張弁、蒸発器を主な要素として構成されていることは、前述の通りである。ここでは、デバイスの本書に関わる機能について、簡単に紹介する。

❶熱交換器：蒸発器・凝縮器

　熱交換器は冷媒と空気・水などの被加熱・冷却流体の間の熱交換を行うデバイスであり、熱利用機器では、もっとも重要なデバイスである。

　ヒートポンプ技術では、被加熱・冷却流体が空気の場合にはフィン＆チューブ型、被冷却流体が水などの液体の場合にはシェル＆チューブ型が用いられることが多い。ヒートポンプ技術に適用されている熱交換器の種類は極めて多いので、冷凍空調便覧などを参照されたい。

　エアコンでは、一般的に銅製の伝熱管を機械で拡管し、プレート形状のアルミ製のフィンと圧接して構成するフィン＆チューブ型熱交換器が使われている。量産型の機器でもあるため、この熱交換器は、近年大幅に性能向上が図られてきた。熱交換器の性能向上は、隔壁の伝熱面積の増大、熱伝達率や熱伝導率の向上により達成されるものであり、これらを考慮しながら性能向上がなされてきた。

　フィン＆チューブ型熱交換器は、空気側のフィンはプレートフィンからスリットフィンへ（**図1.10**）、冷媒側の伝熱管は平滑管から内面溝付管へ（**図1.11**）、さらに伝熱管の管径はΦ9.52からΦ7以下へと細径化され、高性能化、コンパクト化が進められてきた。

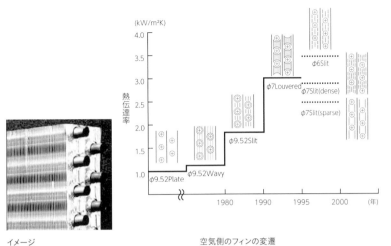

イメージ

空気側のフィンの変遷

図1.10 フィン&チューブ型熱交換器

出典：柴田豊／社団法人日本機械学会「空調機用熱交換器の高性能化における研究開発」(2007)[4][5]をもとに作成

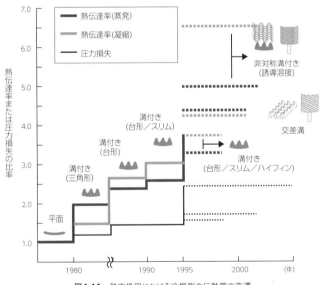

図1.11 熱交換器における冷媒側の伝熱管の変遷

出典：柴田豊／社団法人日本機械学会「空調機用熱交換器の高性能化における研究開発」[6]をもとに作成

1
3

ヒートポンプ技術に関連するデバイスや機器

また、シェル&チューブ型はチラーなどで用いられている（**図1.12**）。

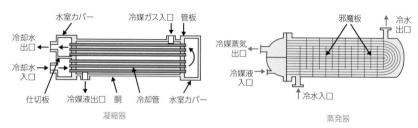

図1.12　横型シェル&チューブ
出典：(左)公益社団法人日本冷凍空調学会「上級標準テキスト冷凍空調技術 冷凍編(第4版)」(2017)[7]／
(右)公益社団法人日本冷凍空調学会「上級標準テキスト冷凍空調技術 冷凍編(第4版)」(2017)[8]をもとに作成

　シェル&チューブ型は、フィン&チューブ型ほどの大きな技術革新はないが、その性能は確実に向上してきており、すでに十分に高い性能が得られている。

❷圧縮機

　表1.1に示すように低温・低圧の冷媒ガスを物理的に圧縮して高温・高圧とするデバイスで、容積圧縮式と遠心式に大別される。容積圧縮式には複数の圧縮方式があり、対応する冷凍能力の範囲、構造が異なっている。なお、構造別に見ると、全密閉型は電動機と圧縮機が溶接されて一体化しているため修理ができず、小型機で主に用いられる。

　半密閉型は、密閉された容器内に電動機と圧縮機が格納されているが、溶接はされておらず修理が可能であり、中～大型機に用いられる。

表1.1 圧縮機の種類

区分		形状	密閉機構	主な用途	駆動動力範囲 [kW]	特徴
容積式	往復（レシプロ）式 ピストン・クランク式		開放	冷凍、ヒートポンプ	0.4〜120	使いやすい、機種豊富、安価 大容量に不向き
			半密閉	冷凍、エアコン、ヒートポンプ	0.75〜45	
			全密閉	冷凍庫、エアコン	0.1〜15	
	往復（レシプロ）式 ピストン・斜板式		開放	カーエアコン	0.75〜5	カーエアコン専用 容量制御可能
	ロータリー式 ローリングピストン式		全密閉	カーエアコン 小型冷凍機 ショーケース 給湯	0.1〜5.5	小容量、高速化
	ロータリー式 ロータリーベーン式		開放	カーエアコン	0.75〜2.2	容量に対して小形
	スクロール式		開放	カーエアコン	0.75〜2.2	
			半密閉	EV車用カーエアコン		
			全密閉	エアコン、冷凍、給湯	0.75〜30	小容量、高速化
	スクリュー式 ツインロータ		開放	冷凍、空調、ヒートポンプ	20〜1,800	遠心式に比べて、高圧力に適しているため、ヒートポンプ、冷凍に多用される。小容量のものは密閉化が進む
			半密閉	冷凍、空調、ヒートポンプ	30〜300	
	スクリュー式 シングルロータ		開放	冷凍、空調、ヒートポンプ	100〜1,100	
			半密閉	冷凍、空調、ヒートポンプ、エアコン	22〜90	
	遠心式		開放	冷凍、空調	90〜10,000	大容量に適している。高圧力比には不向き
			全密閉			

出典：公益社団法人日本冷凍空調学会「上級標準テキスト 冷凍空調技術 冷凍編」(2017)[9]をもとに作成

❸ 膨張弁

図1.13に示すように膨張弁は、凝縮された液体冷媒に対し細い部分を通過させることで膨張させ、圧力を低下させる弁で、冷媒流量の調整の役割も持つ。

温度で自動開閉する弁が多く用いられてきたが、近年は電子制御で開閉を調整できる電子膨張弁が利用されている。

図1.13 温度膨張弁と電子膨張弁

出典：(左)株式会社鷺宮製作所「膨張弁　温度膨張弁」[10]／(右)株式会社鷺宮製作所「膨張弁　電子膨張弁」[11]

このように、ヒートポンプ技術をベースとした機器は、比較的簡単な造りで、点数も少ないデバイス群から構成されていることが特徴である。これにより、省エネルギーであることも相まって、長期にわたって熱利用技術の中核でありえたともいえる。

2 機器の分類

ヒートポンプ技術は、多様な機器に応用されているため、多様な機器の名称が使われている。とりわけ、これらが使用される温度帯によって分かれている。ヒートポンプ技術を用いた機器を温度帯によって分類すると**表1.2**のようになる。このように、超低温領域である−100℃程度から高温領域である200℃の非常に高温度範囲に用いることが可能となる。

その用途は、冷凍から、冷蔵、空調、給湯、蒸気生成まで多様な熱利用分野に用いられることがその特徴となる。また、利用される部門も家庭から、業務、産業、運輸と非常に幅も広い。

1章

脱炭素社会の実現に必要不可欠なヒートポンプ技術

表1.2 温度帯での用途とその活用部門

温度帯	用途	機器	部門	概要
極低温(絶対温度近傍の温度) 超低温(−50℃以下) 低温(−45℃〜+10℃)	冷凍 冷蔵	内蔵型冷凍冷蔵 機器	家庭・ 業務	保管用の冷凍・冷蔵・乾燥・保温
	冷凍 冷蔵	輸送用冷凍冷蔵 ユニット	運輸	車両等の貨物室での冷凍冷蔵
	冷凍 冷蔵	コンデンシング ユニット	業務・ 産業	コンビニエンスストアやスーパーなどの ショーケース、ストックヤードなどの冷却
中温(+10℃〜+30℃)	空調	ルームエアコン	家庭	居間や寝室などの空調
	空調	店舗用パッケージエアコン	業務	中小規模の業務用空調
	空調	ビル用マルチエアコン	業務	比較的大規模な業務用空間の空調
	空調	車両用エアコン	運輸	自動車用の空調
	空調 冷却	チラー(スクロール・スク リュー)	業務・ 産業	業務用や工場の空調 設備機器の冷却など
	空調	ターボ冷凍機	産業	工場や大規模設備の空調
高温(+30℃〜+90℃)	給湯・ 空調	排熱回収 温水ヒートポンプ	産業	工場などの排熱を利用し温水・冷水を生 成
	給湯	ヒートポンプ給湯機	家庭・ 業務	空気の熱を利用しお湯を沸かす
	乾燥・ 加熱	ヒートポンプ式 熱風発生装置	産業	工場での乾燥・加熱
高温(+90℃〜+200℃)	蒸気	蒸気生成ヒートポンプ	産業	工場での蒸気供給

以下、各機器の概要を示す。

❶内蔵型冷凍冷蔵機器

図1.14 に示すように、冷凍冷蔵機器のうち、構成する圧縮機、凝縮器、膨張弁、蒸発器を1つの躯体に収めた(内蔵した)ものをいう。スーパーやコンビニエンスストアでよく見かける内蔵型ショーケースやプレハブ倉庫の冷却機などがある。業務用の冷凍冷蔵庫もこのカテゴリーに入る。

図1.14 内蔵型冷凍冷蔵機器
出典:パナソニック株式会社「冷却ユニットトップスリムタイプ」[12]

❷ 輸送用冷凍冷蔵ユニット

図1.15に示すように、冷凍冷蔵機器のうち、トラックなど陸上輸送、鉄道輸送、海上輸送、航空輸送などの貨物室に設置され、一定の温度を保持するユニットのことである。

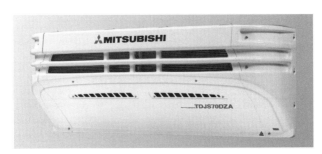

図1.15 輸送用冷凍冷蔵ユニット
出典：三菱重工サーマルシステムズ株式会社「輸送冷凍機」[13]

❸ コンデンシングユニット

図1.16に示すように、冷凍冷蔵機器のうち、構成する圧縮機と凝縮器を備えた設備で、一般には熱源機とも呼ばれる。コンデンシングユニットは単独で使用されることはなく、スーパーやコンビニエンスストアでよく見かけるショーケースと接続されるもの[9]、蒸発器(含む膨張弁)と組み合わせて新たな冷凍冷蔵機器として製品化されるものなどがある。

図1.16 コンデンシングユニット
出典：パナソニック株式会社「コンデンシング ユニット」[14]

9　**ショーケースと接続されるもの**　ショーケーケースと冷凍機(コンデンシングユニット)が一体化されている内蔵型ショーケースに対し、ショーケースと冷凍機が別々に用意され組み合わされるため、別置型ショーケースという。

❹ルームエアコン

図1.17に示すように、一般に家庭で使われるエアコンで、家庭用エアコンともいう。室外機と室内機が配管で接続される分離型が主流で、日本では壁掛けタイプのエアコンが代表的な製品となっている。

図1.17 ルームエアコン
出典：ダイキン工業株式会社「ルームエアコン」[15]

❺店舗用パッケージエアコン

図1.18に示すように、業務用の店舗やオフィスおよび工場などで使用されるエアコンで小型・中型のものをいう。天井埋め込み、天吊り、壁掛け、床置きなど設置される場所に合わせたさまざまな形態のエアコンがある。

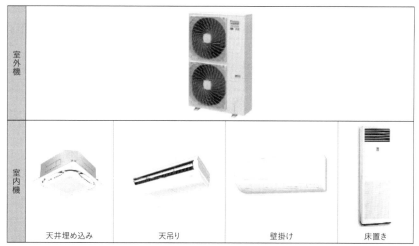

図1.18 店舗用パッケージエアコン
出典：(室外機・室内機の天井埋め込み・天吊り)ダイキン工業株式会社「業務用エアコン(店舗・オフィスエアコン)
「スカイエア」シリーズ」[16]／(室内機の壁掛け)「壁掛け形業務用エアコンの製品特長」[17]／(室内機の床置き)
「床置形 製品特長」[18]

❻ ビル用マルチエアコン

図1.19に示すように、ビルなど大型の施設のエアコンである。店舗用パッケージエアコンより大型のエアコンで、室外機1台に複数台(数台から数十台)の室内機が接続されることからマルチエアコンといわれている。

図1.19 ビル用マルチエアコン

出典：(室外機)ダイキン工業株式会社「VRV Xシリーズ高COPタイプ」[19]／(室内機)
「業務用マルチエアコン(ビル用マルチ) 室内ユニット」[20]

❼ 車両用エアコン

図1.20に示すように、カーエアコンとも呼ばれ、軽自動車、普通乗用車、バス、トラックなどの車室内の空調を行う。

図1.20 車両用エアコン

出典：三菱重工サーマルシステムズ株式会社「カーエアコン」[21]

⑧チラー：スクロール・スクリュー

図1.21に示すように、水などの熱媒体を循環させ、さまざまな機器や空間の温度を一定に保つ機器の総称。チラー(Chiller ＝冷やす)から冷却をイメージするが、冷却だけでなく加熱も行うものもある。

図1.21 チラー
出典：東芝キヤリア株式会社「熱源システム総合カタログ」(2022)[22]

⑨ターボ冷凍機

図1.22に示すように、チラーの一種で、圧縮機にターボ圧縮機を使用している機器のことである。大型の設備や施設の冷却に主に用いられる。

図1.22 ターボ冷凍機
出典：三菱重工サーマルシステムズ株式会社「ターボ冷凍機」[23]

⓾ ヒートポンプ給湯機

図1.23に示すように、ヒートポンプによりお湯を沸かす給湯システム。このうち、冷媒として自然冷媒を使ったものをエコキュートと呼ぶ。

図1.23 ヒートポンプ給湯機
出典：三菱電機株式会社「三菱エコキュート」[24]

⓫ 産業用ヒートポンプ：ヒートポンプ式熱風発生装置・蒸気生成ヒートポンプなど

図1.24に示すように、主に機械加工、食品加工などの製造業において、空調、冷却、乾燥、加熱、殺菌、洗浄などの工程に用いられ、その温度範囲が－60℃から高温では200℃程度までのヒートポンプを指す。たとえば、工場などの排熱を利用して温水を作り出す排熱回収温水ヒートポンプや、60℃〜90℃の温風を出すヒートポンプ式熱風発生装置、ボイラーの代替品としての蒸気生成ヒートポンプなどさまざまなものがある。

図1.24 産業用ヒートポンプ
出典：株式会社前川製作所「ヒートポンプ」[25]

3　構造と冷媒供給方法から見た機器の分類

　ヒートポンプ機器は、機器の構造や構成、冷媒の流通方法などによっても分類されている。その代表的なものをいくつか解説する。

　まず、**図1.25**に示すように圧縮機、凝縮器、膨張弁、蒸発器などのヒートポンプ機器を構成する要素機器を1つの筐体に組み込んだ製品が一体型である。冷蔵庫やスポットクーラーおよび食品の冷凍冷蔵用のショーケースなど局所的に冷却などをする場合に一体型が採用されている。

　一体型(内蔵型)の反対が分離型(別置型)と呼ばれ、家庭用エアコンや店舗オフィス用エアコンだけではなく、食品の冷凍冷蔵用のうち大型のショーケースは分離型が多い。

一体型(内蔵型)　　　　　　　　　　　分離型(別置型)

図1.25　一体型と分離型
出典：(左)パナソニック株式会社「冷却ユニット トップスリムタイプ」[26] ／
(右)ダイキン工業株式会社「業務用エアコン(店舗・オフィスエアコン)「スカイエア」シリーズ」[27]

　図1.26に示すように分離型の中では、室外機(冷房の場合には凝縮器)と室内機(冷房の場合には蒸発器)の1：1の組み合わせがもっとも基本的な組み合わせである。ルームエアコンなどはこの構成であり、シングル機とも呼ばれている。室外機1台に複数台室内機の接続も可能であり、マルチエアコンと呼ばれ、最大100台以上の室内機と複数の室外機の組み合わせも可能である。

　また、コンビニエンスストアやスーパーマーケットのショーケースには、1台

1
・
3
──
ヒートポンプ技術に関連するデバイスや機器

のコンデンシングユニットに複数台の種類の異なったショーケースが接続され、異なった温度設定で運転されているものもある。

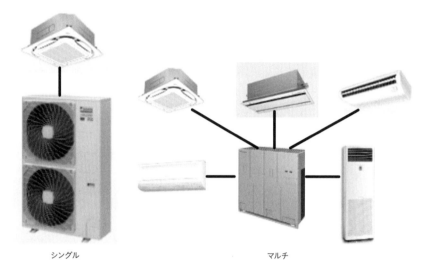

シングル　　　　　　　　　　　　　　　　　　マルチ

図1.26　分離型のシングルとマルチ
出典：ダイキン工業株式会社　（左）「業務用エアコン（店舗・オフィスエアコン）「スカイエア」シリーズ」[28] ／
（右）「VRV Xシリーズ高COPタイプ」[29] ／「業務用マルチエアコン（ビル用マルチ）　室内ユニット」[30] ／
「壁掛け形業務用エアコンの製品特長」[31] ／「床置形 製品特長」[32]

❶間膨式

　室外機内に圧縮機、凝縮器、膨張弁、蒸発器を納め、冷媒が室外機内を循環し、室外機の冷媒とは異なる媒体（空気やブライン：不凍液）が冷媒と熱交換して室内機に行き、そこで要求の温度で熱交換を行い、再び室外機の冷媒と熱交換するように循環するタイプの機器を間膨式と呼ぶ。これは冷凍サイクルが室外機（熱源機）内で完結する機器であり、チラーやターボ冷凍機など比較的大型の冷凍機に多く見られる。

　ターボ冷凍機や吸収式冷凍機などの大型の冷凍機は機械室など一箇所に集め、冷媒とは異なる媒体により、ビルや工場などの個別の空間（フロア別など）を一括して冷却する方式を採用している。これをセントラル（中央）方式とも呼んでいる。大規模空間を一定の状態に保つのに向いているが、個別の調節は難しい。

❷直膨式

　これに対し、分離型の家庭用エアコンからマルチエアコンのように、冷媒そのものが室外機から室内機に行き、再び室外機に戻り循環するタイプを直膨式と呼ぶ。個別空間を個別の冷凍機器で別々に冷却する方式は個別分散方式であり、直膨式を用いる。個別の需要にあわせて調節ができるが、機器ごとに別の配管を使うことになり、配管が長く冷媒が多くなるため、設置スペースや冷媒漏えいの対策が必要となる。

　なお、セントラル方式や個別分散方式という分類は、空調について使われることが多いが、保温・冷却・加熱でもセントラル（中央）方式と個別分散方式が存在する。

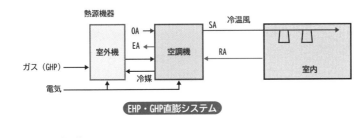

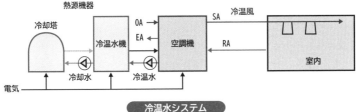

注）上が直膨式、下が間膨式。下は熱源機器内部で冷媒が循環し、冷温水と熱交換を行っている。
図1.27　冷媒循環方式
出典：三菱重工サーマルシステムズ株式会社「EHP・GHP直膨エアハン LX・GAPシリーズ」[33]

❸次世代ヒートポンプ技術の採用方式

　日本では、直膨式が多く用いられている。これは、直膨式の方が冷媒を制御することは難しく技術的なハードルは高くなるものの、性能を下げることになる異なる媒体の熱交換というプロセスを省略でき、圧倒的に高性能となるためである。このような技術的に困難な直膨式を日本が採用してきたことから、世界的にももっとも性能が高い機器を世の中に送り出してきたことになる。

　一方で、このような構造による形式の違いが、冷媒転換に向けて非常に重要な

1.3　ヒートポンプ技術に関連するデバイスや機器

41

ポイントとなる。これは後述するが、今後期待されている次世代冷媒の多くは、可燃性や毒性をはじめとした負の側面を有することとなる。一体型や間膨式であれば、室外などに設置された機器側に冷媒を封印できるため、負の側面を有する冷媒を用いるハードルは下がる。

　一方で、直膨式では、これらの冷媒を直接屋内に持ち込むことが必要となるため、機器には厳しい安全対策が必要となり、屋外機(室外機)と屋内機(室内機)を接続する業者などの技術レベルも高いものが必要となる。いうまでもなく、これらを容易にしかも安全性を担保した形で、高い技術力なく機器接続が可能な新たな接続方式などの開発も必要になる。

4　熱源から見た機器の分類

　ヒートポンプから熱を取り出す場合、低温側としての熱源に何を用いるのかが重要となる。エアコンでは、大気中の空気をそのまま熱源として使い、大気から熱を奪うこととなる。このように、太陽のエネルギーによってほぼ無尽蔵に補われる大気中の熱を使うこととなるため、ヨーロッパでは、再生可能エネルギーとして定義し、その導入を推進している。このような取り組みがヒートポンプの普及にも大きく貢献しているが、日本は、ヒートポンプの負の側面に対する規制はかけられているが、ヒートポンプの普及に向けた取り組みが遅れがちな側面がある。積極的なヒートポンプの普及策に期待がかかる。

　多くの熱交換が必要な場合には水を熱源として用いることとなる。水は空気よりも熱伝達率が高く、熱交換効率が良いためである。また、水を熱源として用いれば、地中熱や工場からの排熱も利用が可能となり、ヒートポンプが使われる地域や場所に適した多様な熱源を用いることも可能になる。産業用ヒートポンプの導入には、熱源の選定も大きな課題となることを付記しておくが、再生可能エネルギーや排熱を上手に用いれば、極めて高効率な熱利用システムを組むことも可能になる。

　なお、**図1.28**に示すように、熱源の種類は冷却方式の種類と見ることもできる。このため、水を熱媒とする方式が水冷式、空気の場合が、空冷式と呼ばれることもある。

空冷式　　　　　　　　　　　　　　　　水冷式

図1.28　空冷式と水冷式
出典：（左）三菱重工サーマルシステムズ株式会社　空冷ヒートポンプチラー「MSV」[34] ／
（右）三菱電機株式会社「水方式セントラル空調」[35]

　熱源は、ヒートポンプの性能に大きな影響をおよぼすため、その選定は、極め
て重要となる。空気や水を熱媒として大気中の熱が熱源として用いられることが
多いが、さらなる熱の有効活用を実現するために地中熱や工場排熱などの未利用
熱の利用も進められている。すでに述べた通り、低温側としての熱源と高温側の
温度差が小さい方が機器の駆動に必要な消費電力を減らせるため、より高い温度
の未利用熱を探索することが重要になる。

1.4 〉 ヒートポンプ技術を支える材料

構造材の熱伝導率

ヒートポンプの特性を最大限に活用するためには、熱の移動に優れた材質や冷媒を選定する必要がある。

熱交換器の隔壁では、熱伝導による熱の移動が行われるため、隔壁に使用される金属の熱伝導率が重要となる。主な金属の熱伝導率を比較したものが**表1.3**である。熱伝導率は熱の伝わりやすさを示す指標で、この数値が大きいほど熱が伝わりやすいことになる。ただし、ヒートポンプの製品として使用金属を選定する際には、熱伝導率の大きいものだけではなく、材料価格、強度、加工性、冷媒による腐食有無などの評価も同時に行われる。

表1.3　金属の熱伝導率の例

物質	熱伝導率[W/(m・K)]
銅	370
アルミニウム	230
鉄鋼	35～38

出典：公益社団法人日本冷凍空調学会「上級標準テキスト冷凍空調技術 冷凍編」(2017)[36]をもとに作成

一般にフロン系の冷媒を使用した製品では、配管には熱伝導が高い、銅またはアルミニウムを使用するが、アンモニア冷媒の場合は銅やアルミニウムを腐食するので、熱伝導は低下するが、鉄系の配管を採用する。CO_2を冷媒とする場合、作動圧力がフロン系よりも4倍程度高くなることから、高強度の銅管や伝熱管の内径の小さな構造にするなど、強度を高めた材質・構造が求められる。この他にもエアコンでは、カバーなどにプラスチックが多用されることとなる。

2 冷媒の原料

冷媒には、フロン系冷媒、自然冷媒が用いられる。フロン系冷媒には、フッ素が用いられるが、その原料は、蛍石が用いられることとなる。また、回転機器としての圧縮機の保護のために潤滑油が用いられるが、冷媒によって適する潤滑油が異なるため、次世代冷媒を用いる場合には、常に適切な潤滑油の選定が同時に求められることとなる。

章

脱炭素社会の実現に必要不可欠なヒートポンプ技術

4

3 構造材の今後の課題

　次世代ヒートポンプ技術を考えていく上では、デバイスの性能向上はすでに限界が近いだけではなく、次世代冷媒は、性能を低下することが多くなる。このため、現状では、求められるような機器性能向上を図るためには、機器をさらに大きくすることぐらいでしか対応できなくなりつつある。構造材である銅やアルミニウムは、今後も値段の上昇が続くことが考えられており、機器の回収が十分に進まないまま、機器の大型化が進めば、機器の大幅な価格上昇を招く恐れがある。

　また、プラスチックの利用にも、世界的に大きな制限がかけられる可能性がある。冷媒を製造するために必要になる蛍石も有限であろうから、回収や再生を進めることなく使い続ければ、大幅な不足や価格の上昇も考えられる。このような観点からも持続可能な次世代ヒートポンプ技術となるためには、機器に用いられるさまざまな材料の選定や有効な利用方法が大きなポイントとなる。

1.5 〉ヒートポンプ技術に利用される冷媒の種類

1 冷媒の歴史

ヒートポンプは前述したように、低温域から高温域までさまざまな温度帯で用いることができる。これらの温度帯に適する冷媒の作動圧力や潜熱、密度などの熱力学的性質は大きく異なるため、これまでに実に多くの冷媒が提案されてきた(詳細は付録1を参照)。

冷媒はもともと自然界に存在するため、環境にやさしいとされる自然冷媒のアンモニアなどを中心に、低温利用としてスタートした。ただ、アンモニアは、可燃性や毒性があり、多くの事故なども引き起こしたため、冷媒転換が求められた。そのような中、炭素、フッ素、塩素、水素などからなるフロンが発見され、それぞれの温度帯に適合する分子構造が次々と開発された。夢の冷媒ともてはやされ、ヒートポンプが低温利用だけではなく、空調や給湯などの温熱生成も含めて多様な温度帯へ適用できるようになった。このように冷媒の開発は、ヒートポンプの進展に大きな足跡を残すこととなった。

2 冷媒の普及

フロン系冷媒としては、**図1.29**と**図1.30**に示すように、まずは、塩素、フッ素、炭素から構成されるクロロフルオロカーボン(CFC)冷媒や、水素、塩素、フッ素、炭素から構成されるハイドロクロロフルオロカーボン(HCFC)系冷媒の性能がよく、可燃性や毒性もないため、広く普及した。しかし、1974年にカリフォルニア大学のフランク・シャーウッド・ローランド博士らによって、塩素を含むことによりオゾン層が破壊されることが発見され[10]、大きな社会問題となった。このため、塩素を含まない代替冷媒としてのハイドロフルオロカーボン(HFC)系冷媒への転換が一気に進められてきた。

---

10 **オゾン層の破壊** ローランド博士はこの発見によって、1995年のノーベル化学賞を受賞した。

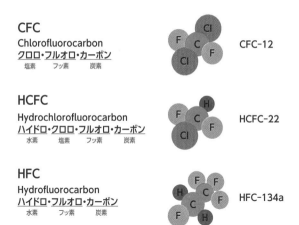

CFC
Chlorofluorocarbon
<u>クロロ・フルオロ・カーボン</u>
塩素　フッ素　炭素

CFC-12

HCFC
Hydrochlorofluorocarbon
<u>ハイドロ・クロロ・フルオロ・カーボン</u>
水素　塩素　フッ素　炭素

HCFC-22

HFC
Hydrofluorocarbon
<u>ハイドロ・フルオロ・カーボン</u>
水素　フッ素　炭素

HFC-134a

図1.29　冷媒の基礎知識
出典：早稲田大学 基幹理工学部機械科学航空学科 齋藤研究室・国際環境エネルギー総合評価研究所「冷媒とは?」
(2019) [37] をもとに作成

　一方で、この代替冷媒としてのHFC系冷媒は地球温暖化効果が極めて大きい温室効果ガスであることから、その利用の削減が求められている。

　今後の冷媒としては、炭素、フッ素、水素などから成るが、炭素の間に二重結合があるため、大気中で安定性が高くないことから、容易に分解し、温室効果の低いハイドロフルオロオレフィン(HFO)系冷媒化や、自然冷媒への回帰も進められている。

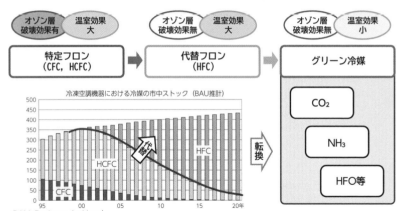

BAU: Business As Usual
※フロン分野の排出推計においては、現状の対策を継続した場合の推計を示す。
出典：第2回 中央環境審議会地球環境部会2020年以降の地球温暖化対策検討小委員会 産業構造審
議会産業技術環境分科会地球環境小委員会約束草案検討 合同会合 資料4

代替フロン冷媒及びグリーン冷媒の導入状況

※色字：微燃性／可燃性

領域	分野	現行の代替フロン冷媒 (GWP)	代替フロン冷媒に代わる グリーン冷媒	
① 代替が進んでいる、 又は進む見通し	家庭用冷凍冷蔵庫	(HFC-134a (1,430))	イソブタン	新規出荷分は、 全てグリーン冷 媒に転換済
	自動販売機	(HFC-134a (1,430)) (HFC-407c (1,770))	CO₂ イソブタン HFO-1234yf	
	カーエアコン	(HFC-134a (1,430))	HFO-1234yf	今後代替が進む見通し
② 代替候補はあるが、 普及には課題	超低温冷凍冷蔵庫	HFC-23 (14,800)	空気	
	大型業務用冷凍冷蔵庫	HFC-404A (3,920) HFC-410A (2,090)	アンモニア、CO₂	環境省が導入支援
	中型業務用冷凍冷蔵庫 (別置型ショーケース)		CO₂	
③ 代替候補を検討中	小型業務用冷凍冷蔵庫	HFC-404A (3,920) HFC-410A (2,090)	(代替冷媒候補を検討中) 経済産業省が開発支援	
	業務用エアコン	HFC-410A (2,090) HFC-32 (675)		
	家庭用エアコン	HFC-32 (675)		

図1.30 自然冷媒への回帰とグリーン冷媒導入状況
出典：環境省・フロン対策室／経済産業省・オゾン層保護等推進室「代替フロンに関する状況と現行の取組について」
(2021)[38]をもとに作成

1.6 〉 脱炭素化に貢献する ヒートポンプ技術

1 脱炭素化とヒートポンプ技術

　そもそも加熱は、ボイラーをはじめとしてCO_2の主な発生源となっている化石燃料の直接燃焼が圧倒的に多く、世界的に見ても同様の状況である。このため、**図1.31**に示すように燃焼機器をヒートポンプに変更するだけで、電力消費による間接的なCO_2の排出量が極端に削減される。

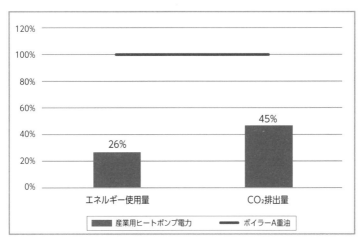

注）ボイラー効率90%、産業用ヒートポンプのCOP3.5、A重油の排出係数0.0189tCO_2/GJおよび電力の排出係数に全国平均係数0.000434tCO_2/kWhを適用（三菱総合研究所 試算）

図1.31 ボイラーとヒートポンプのCO_2排出量比較

　今後、発電には、CO_2を排出しない再生可能エネルギーなどの導入が加速していくため、電力で駆動されるヒートポンプへの転換、すなわち電化を実現するだけで、CO_2排出量の削減がおのずと進んでいくことにもなる。

　このため、まずは、ヒートポンプの用途拡大を進め、その普及を促進することによる「脱炭素化」が極めて重要である。すでに述べたように、ヒートポンプの普及だけで、2050年までには、年間1億トンものCO_2削減効果もあるとの試算もあるほどである。なお、極低温域などでも用途拡大は必要となるが、社会的要請に即した喫緊の課題ではないため、ここでは特に取り扱わない。

一方で、ヒートポンプ技術の代表格であるエアコンは、すでにその導入が順調に進んできた日本では、機器全体としてみれば電力消費量は大きくなるため、その「省エネルギー」が強く求められてきた。

このように、エアコンはCO_2を多く排出する悪しき機器かのようにも捉えられてしまう側面がある。エアコンがクーラーとして導入が進んできたことも背景にあろうが、近年では、冷暖兼用機が大多数であり、エアコン導入による暖房の電化効果も絶大であることを忘れてはいけない。

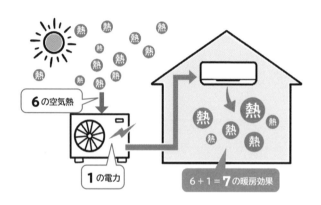

図1.32　エアコンの暖房効果
出典：ダイキン工業株式会社「環境講座01　エアコンの消費電力と地球温暖化」[39]をもとに作成

今後は、ヨーロッパのようにヒートポンプを、**図1.32**に示したように再生可能エネルギーとしての空気熱を利用する機器ときちんと認識し、ヒートポンプの大幅な普及を促進することが重要である。このような動きへの追従はアメリカでも始まっている。日本でもこのような展開を期待するところである。

2　多様な領域への高い適応力

❶広範囲な能力と温度帯

ヒートポンプの冷凍や加熱の能力は、用途によって冷凍能力、冷房能力、暖房能力、加熱能など、さまざまな呼び方がある。この能力の単位は「W」で表される。能力は容量と呼ばれることもある。

図1.33では、ヒートポンプの冷凍や加熱の能力(容量)の範囲を、温度帯別の具体的な用途で示している。冷凍や加熱の能力も小型の数kWから、大型の数千kWまで構築できる。また、適用可能な温度帯も、冷却側は−100℃から加熱側は200℃近くまでと、非常に広範囲になった。

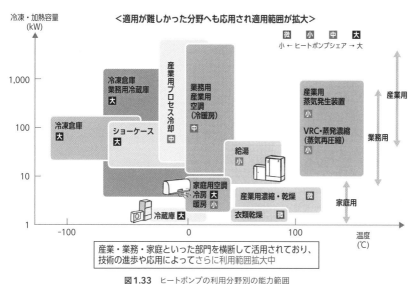

図1.33　ヒートポンプの利用分野別の能力範囲
出典：一般財団法人ヒートポンプ・蓄熱センター「ヒートポンプの利用範囲」[40]をもとに作成

　冷熱生成ができるのはヒートポンプ技術しかないため、その応用先は冷熱生成が主体だったが、高温側に向かってもその適用先が広がっている。これによって、化石燃料を用いる燃焼機器からヒートポンプ機器へ転換する機運が高まっている。

❷高い温度制御性

　ヒートポンプ技術は、前述のように幅広い能力の機器を製造できるだけではなく、電力を使用し、インバータ技術[11]によって、さまざまな能力に高効率で可変できる。このため、要求される温度にも適切に対応し、CO_2排出量を最小にできる。

11　**インバータ技術**　パワー半導体のオンオフ制御によってモーターの回転数を自由に変え空調の出力を自由に制御可能とする技術。インバータ非搭載機種に比べて省エネ性能が格段に高い。

図1.34に示すように従来であれば、ボイラーによって集中的に熱を生成し、供給する方式がとられてきたが、ヒートポンプ技術は温度制御性がよいため、オントサイトで必要な温度レベルの熱を高効率に生成することができる。また、排熱や未利用エネルギーがある場合には、わずかな電力で必要とされる温度レベルにまで昇温し、熱の再利用まで行える。このように、ヒートポンプは多様な温度レベルに対して最小のエネルギー（最小のCO_2排出量）で熱生成が可能である。

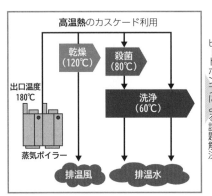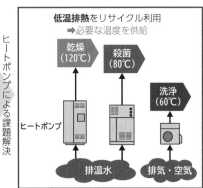

図1.34　ヒートポンプによるプロセスにあわせた必要な温度供給
出典：一般社団法人日本エレクトロヒートセンター「個々のプロセスに合わせた熱供給」[41] をもとに作成

　たとえば今後のエネルギーの需給体系の中では、再生可能エネルギーを大量に用いなければならないが、供給側として再生可能エネルギーにより発電される時間と、需要側として熱が利用される時間に大きなギャップが発生することになる。
　この際にもヒートポンプ技術と比較的安価な蓄熱システムを組み合わせることによって、再生可能エネルギー由来の電力を用いてヒートポンプ技術を運転しながら、蓄熱槽に熱エネルギーとして蓄えることで、再生可能エネルギーを使う時間を制御することもできる。なお、再生可能エネルギー由来の電力を直接蓄電池などに溜めて利用できるが、コスト的に見合わないことも多い。
　これまで蓄熱システムは、**図1.35**に示すように、夜間の安い電力を使って蓄熱し、昼間に空調や給湯に利用してきた。今後は、再生可能エネルギーの有効利用に資する需給調整機能としての役割に期待されている。

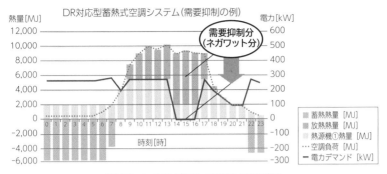

図1.35 ヒートポンプを用いた蓄熱による時間制御

出典：一般財団法人ヒートポンプ・蓄熱センター「ヒートポンプ・蓄熱システムは、省エネルギーと脱炭素社会の実現に貢献するキーデバイス〜『ヒートポンプ・蓄熱月間』がスタート〜」(2022)[42]をもとに作成

図1.36に示すように、熱をオンサイトで生成することにより、輸送による熱ロスを低減できる。たとえば、蒸気配管のような大掛かりな熱輸送時の熱ロスや輸送動力をなくすことができるため、熱利用トータルとしては、極めて高効率となる。

さらに、空間的制約なく機器を設置でき、エネルギーマネジメントシステムにより、異なる場所に設置された機器を外部からトータルで制御（トータルシステム）すれば、高い性能で機器を駆動することも可能となる。このように、セントラル方式から分散制御方式に転換することによって、空間的にも熱制御が容易になる。

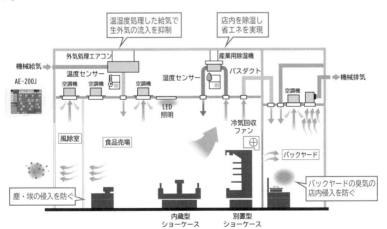

図1.36 スーパーマーケットにおけるヒートポンプの分散配置と集中管理

出典：株式会社日本ビジネス出版／環境ビジネス「スーパーマーケット「ライフ」、新店舗で年54,900kWhの省エネ」(2021)[43]をもとに作成

1.7 ＞ ヒートポンプ技術の活用事例

　ヒートポンプ技術は前述したように、少ない電力で、広範囲な能力で、広範囲な温度帯にさまざまな用途の熱利用に活用できる技術としての特長がある。このため、近年では、さらにさまざまな技術と組み合わせることによって、「生命を守る技術」や「産業発展やエネルギー安定供給を実現する技術」として多様な社会領域への適用が可能になる。

　たとえば、空調関連では、湿度調整や除菌、殺菌、採光などを含めた他の技術と組み合わせることで、高効率に空気質の維持管理が行える。食料システムの中では、ショーケースや自動車の技術と組み合わせることで、食品の長期保存や、食品ロスの少ない、食の提供を行っている。

　脱炭素化を可能とする工場での熱プロセスの実現や、蓄熱と組み合わせることで、今後再生可能エネルギーの大量導入に必要なディマンド・レスポンス(DR)などへの適用も考えられる。エネルギーの安定供給への貢献も大きく期待される。

　そこでこの節では、ヒートポンプの具体的な活用事例を紹介する。また、これらの特長を将来に向け、さまざまな社会領域でどのように展開していくかの詳細については、以降の章で紹介する。

1 　暮らしの中での活用

　ヒートポンプを、家庭用エアコン、業務用エアコン、コンサートホールや大型ショッピングセンターや空港などの大空間の空調機として使用した場合、温度制御だけではなく、湿度制御や換気と組み合わせることによって、空気質を改善・維持できるため、快適な空間を作り出せる (**図1.37**)。

　これにより、ヒートショックの緩和、熱中症の予防、快適な睡眠の確保などにつながり、健康維持や作業効率向上が図れる。

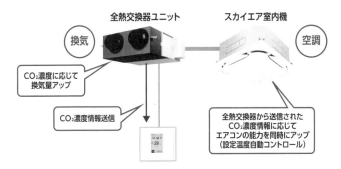

図1.37 換気と空調の連動制御の例
出典：ダイキン工業株式会社「空気質のみまもりで安心」[44]をもとに作成

ヒートポンプは、細菌やウイルスなどの病原菌を除去、もしくは低減した機器・装置との組み合わせがしやすく、病原菌に弱い人や食物に対して適切な無菌状態の空間が創出できる（**図1.38**）。このため、病院、老後施設、クリーンルーム、ビニールハウス、食品加工工場で利用されている。

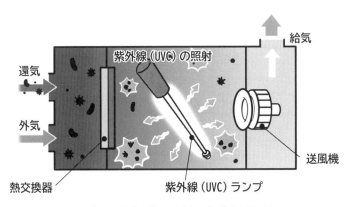

図1.38 ヒートポンプを利用した病原菌の除去のイメージ
出典：新晃工業株式会社「健康空調」[45]をもとに作成

❶コールドチェーンでの活用

食品加工工場、冷凍冷蔵倉庫、冷凍冷蔵の輸送トラックとコンテナ、遠洋を含む漁船の冷凍冷蔵などに適切な冷凍や冷蔵の技術を用いると、傷みやすく消費期限が決められている食品の品質劣化を軽減できる。

この結果、食品の流通の拡大につながり、食のサプライチェーンの構築に貢献している。あわせて、食品ロスの低減も図れる。

食品加工工場の冷凍処理での使用例（**図1.39**）と、冷凍・保冷を行う冷蔵冷凍倉庫の例（**図1.40**）を示す。

図1.39 スパイラルフリーザの使用例

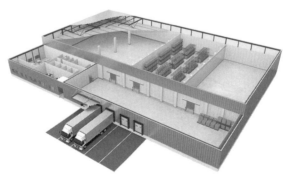

図1.40 冷蔵・冷凍倉庫の例
出典：日軽パネルシステム株式会社「冷蔵・冷凍倉庫」[46]

❷農業での活用

　植物向けには、太陽光と組み合わせることで、植物に必要な温度・湿度・光合成を提供することができ、農業の基幹技術にもなっている(**図1.41**)。

図1.41　農業の例
資料提供：株式会社イーズ「ぐっぴーバズーカ」

❸養殖場での活用

　養殖などでも温度管理が非常に重要となっており、ヒートポンプ技術の活用が期待される(**図1.42**)。

図1.42　養鰻池の加温システムの例
出典：農林水産省／株式会社日鰻「INTERVIEW02　ヒートポンプを活用した養鰻池の加温システム導入でプロジェクト登録―排水熱利用+ヒートポンプ導入で大幅なCO_2削減を実現」[47]

3　産業用製造プロセスでの活用

工場では、製造プロセスでの温度・湿度などの環境条件を精密に管理する必要がある。また、製造プロセスで対象物を冷却・加温する場合、必要な温度・時間は厳密に定まっている。

加えて、最近では用途によっては熱需要が巨大化する傾向が見られる。半導体製造プロセスの場合には、4〜5年周期で工場建設・拡張が繰り返され、新たなラインが稼働するタイミングでは200MWh単位で熱需要が生まれる（**図1.43**）。

このような工場内の空調、プロセス冷却にもヒートポンプは活用でき、運転の操作性・制御性が高いことから、生産工業での安定した温度・湿度の管理ができる。これにより、高品質の製品の生産や生産効率の向上が図れる。

図1.43　熱需要が巨大な工場の例（半導体工場）
資料提供：キオクシア株式会社

工場排熱、温泉排熱、下水道排熱などさまざまな排熱を熱源として活用できることもヒートポンプの特長である。排熱利用の方法はさまざまであるが、産業用ヒートポンプ（ボイラー）として用いられている例がある。**図1.44**に示す事例では、上記のボイラーから発生した低温排熱を高温に再生し、120℃の乾燥用の温風と60℃の洗浄用の温水を供給している。

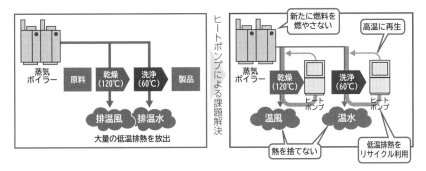

図1.44 工場の低温排熱を回収したヒートポンプの使用例

出典：一般社団法人日本エレクトロヒートセンター「産業用ヒートポンプ活用ガイド」(2017)[48]をもとに作成

4 電力需給システムの調整力としての活用

　ヒートポンプで生成した熱を一旦、保温・蓄熱することにより、熱を生成する時間と熱を利用する時間のギャップを調整することが可能である。このため、電力の供給に余裕がある時間帯で熱を生成し、蓄熱槽で蓄熱し、熱を利用したい時間帯で利用することで、電力需給の調整力として利用することもできる。

　給湯の場合、従来は夜間の安い電力でお湯を沸かしていたが、最近では太陽光発電の普及が拡大しており、家庭用太陽光発電の昼間時余剰発電量を主に利用する「おひさまエコキュート」[12](**図1.45**)が商品展開されている。

図1.45 おひさまエコキュートの例

出典：ダイキン工業株式会社「おひさまエコキュート」[49]をもとに作成

12　**おひさまエコキュート**　「おひさまエコキュート」はダイキン工業株式会社、パナソニック ホールディングス株式会社、株式会社コロナが販売する商品。「おひさまエコキュート」「エコキュート」は、関西電力株式会社の登録商標。

5 | 大型施設での活用

　大型の冷凍機器の発展により、大規模な製氷や人工雪の製造ができるようになってきた(**図1.46**)。これにより、アイススケートや人工スキー場が寒冷地以外の地域でも建設が可能となり、イベント会場、アトラクション会場で活用されることになった。

図1.46　人工降雪機の使用例
出典：アイスマン株式会社「製品情報　スノーアクセラ」[50]

　また、冷凍・冷蔵が必要な医療機器・設備などにも活用されている。コロナワクチンの輸送に冷凍技術が活躍したことは記憶に新しい。

第 2 章

ヒートポンプ技術を
取り巻く社会状況・動向

第2章　概要

　第1章で述べたとおり、ヒートポンプ技術は優れた特長があり、持続可能な社会の実現に向けて果たすべき役割は大きい。一方で、冷媒問題などはじめ、多くの課題もある。

　第2章では、今後、次世代ヒートポンプ技術の実現に向けて、さらには、ヒートポンプ技術が中核となる持続可能な社会の構築に向けて、対応すべき社会的要請について政策面を中心に俯瞰してみる。

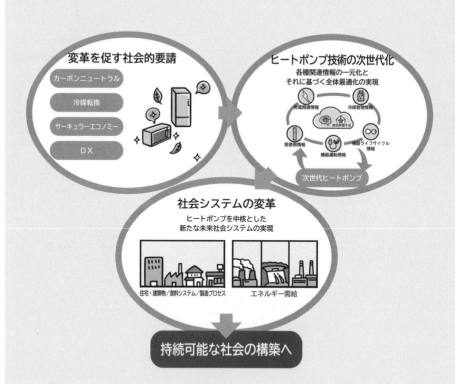

2.1 〉 カーボンニュートラルと ヒートポンプ技術

1 カーボンニュートラルとは

　カーボンニュートラルとは、**図2.1**に示すように、CO_2をはじめとした温室効果ガス(GHG)の排出量と吸収量・除去量を均衡させることにより、実質的に排出量ゼロを目指すことである。日本を含め、世界の至るところで頻繁に起こるようになった大雨、熱波、干ばつなど気候の極端な現象を引き起こす気候変動問題は、石油・天然ガス・石炭といった化石燃料の燃焼により発生するCO_2などのGHGの大量排出がおもな原因であることから、世界全体でカーボンニュートラルに対して早急な取り組みが求められている。

　日本では、2020年10月に政府が2050年までにカーボンニュートラルを目指すことを宣言した。また、これを受けて2021年4月には2030年度のGHG削減目標についても従前の2013年度比26%から46%に引き上げ、さらに50%の高みに向けて挑戦を続けることを表明した。

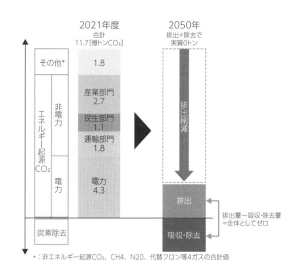

注) 国立環境研究所温室効果ガスインベントリオフィス「日本の温室効果ガス排出量データ(1990〜2021年度)確報値」における2021年度の排出実績データをもとに作成

図2.1　日本のカーボンニュートラル達成フロー

出典：経済産業省・資源エネルギー庁「「カーボンニュートラル」って何ですか?(前編)〜いつ、誰が実現するの?」(2021)[1] をもとに作成

2 カーボンニュートラル実現に向けた国際条約

　GHGが引き起こす気候変動問題への対応として、1992年に採択された「国連気候変動枠組条約」では、GHGの大気中の濃度を安定化させることを究極の目標として世界全体で取り組むことが合意された。同条約に基づき、加盟国が地球温暖化に対する具体的政策を定期的に議論する会合として、国連気候変動枠組条約締約国会議(COP)が1995年以降、毎年開催されている。また、加盟国各国には具体的政策やGHGの排出量をCOPに報告することが義務付けられている。

　2015年11月にCOP21ですべての国が参加する枠組みとして「パリ協定」が採択され、2016年に発効した。世界全体の長期目標を産業革命前からの気温上昇幅を2℃に抑える「2℃目標」とし、すべての国が削減目標を5年ごとに提出・更新することとされた。2021年11月にイギリスのグラスゴーで開かれたCOP26における「グラスゴー気候合意」では、この目標が引き上げられ、「1.5℃目標」を目指すことが公式文章に明記された。この1.5℃目標を達成するためは、世界のCO_2排出量を「2030年に2010年比45%削減」さらに「2050年頃までに実質ゼロ」にする必要があるとされている。その中で、**図2.2**に示すとおり、COP26終了時点で、日本を含む150カ国以上が2050年までのカーボンニュートラル実現を表明している。

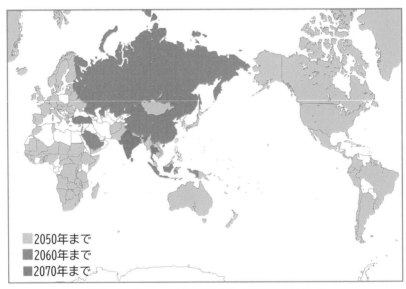

図2.2　カーボンニュートラルを表明した国・地域(COP26終了時点)
出典：経済産業省・資源エネルギー庁「令和3年度エネルギーに関する年次報告(エネルギー白書2022)」(2022)[2]をもとに作成

2.2 〉 カーボンニュートラル達成を目指す国内の動向

1 日本の脱炭素化に向けた施策

　日本のGHG排出量は、2021年度実績で11.7億トン/CO₂となっており、種類別の内訳としてはエネルギー起源CO_2が全体の約85%ともっとも多く、非エネルギー起源のCO_2、HFCsが続く。このうちCO_2(エネルギー起源、非エネルギー起源)の部門別の排出内訳は**図2.3**に示すとおりで、産業部門がもっとも多く、中でも非電力(熱・燃料)由来の割合が大きい。

　日本全体の最終エネルギー消費においても電力以外の熱・燃料が占める割合が約70%にも上り、特に産業部門では約80%にも上る。需要場所で蒸気・温水発生や直接加熱のために燃料を燃焼すれば必ずエネルギー起源CO_2が排出されることから、カーボンニュートラルの実現に向けて、エネルギー消費の大部分を占める熱・燃料需要の脱炭素化を進めることが重要といえる。

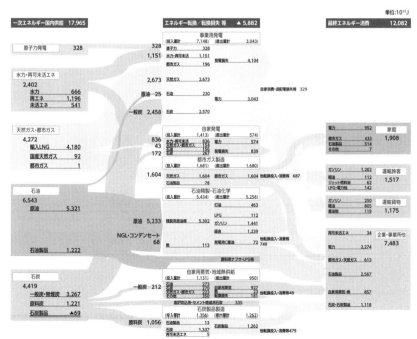

図2.3 日本のエネルギー消費量(2020年度)
出典：経済産業省・資源エネルギー庁「令和3年度エネルギーに関する年次報告(エネルギー白書2022)」(2022)[3] をもとに作成

　こうした排出の現状を踏まえた上で、日本では2020年10月の2050年カーボンニュートラルの宣言以降、その実現に向けたさまざまな戦略・計画を策定してきた。2020年12月にはカーボンニュートラルに向けて重要となる革新技術分野に係る技術・産業戦略としてグリーン成長戦略を策定し、2021年6月にはその内容がより具現化された。

　また、新たな2030年度の削減目標も踏まえ、2021年10月には第6次エネルギー基本計画、地球温暖化対策計画を閣議決定し、具体的なエネルギー政策・温暖化政策の方向性が示された。さらに、2022年5月には、2030年度と2050年の目標をつなぐ、実現可能な方向性を描く位置づけとしてクリーンエネルギー戦略の中間整理もとりまとめられた。

2　各部門の脱炭素化に向けた計画

　このように、さまざまな戦略・計画が策定されてきたが、2050年カーボンニュートラル実現に向けた基本的な道筋・方向性の考え方はいずれの戦略・計画でも共通している。

　具体的には、**図2.4**に示すとおり、電力部門では、再生可能エネルギーの最大限導入による電源の脱炭素化を図りつつ、水素・アンモニア発電やカーボンリサイクルによる炭素貯蔵・再利用(CCS／CCUS)を前提とした火力発電などのイノベーションを追求することとしている。

　非電力部門(産業、業務・家庭、運輸部門)では、徹底した省エネルギーと脱炭素化された電力による電化を進めつつ、電化が困難な部門・領域(産業部門における高温の熱需要など)では、水素や合成メタン、合成燃料の活用などにより脱炭素化を図りつつ、それでもなお排出されるCO_2は、植林やDACCS[1]などで実質ゼロにする方針としている。

---

1 **DACCS**　Direct Air Carbon Capture and Storageの略で、二酸化炭素を直接回収・貯留する技術。

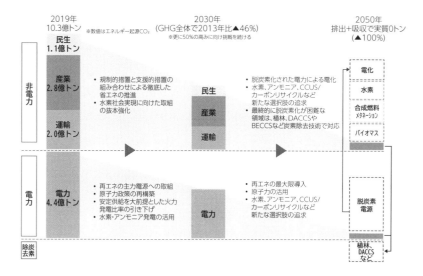

注）数字はエネルギー起源CO₂排出量のみを表すが、日本が目指すカーボンニュートラルではメタン、N₂O、フロンガスなども含むGHG全体を対象としている

図2.4　カーボンニュートラルへの転換イメージ
出典：経済産業省「2050年カーボンニュートラルに伴うグリーン成長戦略」(2021)[4]をもとに作成

3　需要側と供給側の電化の必要性

　このようにカーボンニュートラル実現に向けては、供給側の電源の脱炭素化と、需要側の電化を両輪で進めることが大前提で、それらで対応が困難な領域は脱炭素燃料などを活用する方針となっている。

　供給側では、再生可能エネルギーの普及拡大が不可欠だが、それにともない、太陽光・風力などの自然変動型電源による出力変動が大きくなることが考えられる。電力システムを安定的に運用するためには、調整力の確保などにより、その柔軟性を高める必要がある。

　需要側では、部門別のエネルギー消費特性などを踏まえ、**表2.1**に示すような政策の方向性が示されている。いずれの部門においても省エネルギー、電化などのエネルギー転換が政策の中心に位置づけられ、ヒートポンプ技術はその中核をなす技術といえる。また、ヒートポンプ技術以外の設備・機器や住宅・建築物自体の省エネ性能の向上も進んでいくことから、ヒートポンプ技術にはそれらとも連携・協調したさらなる省エネルギー化が求められる。

表2.1　カーボンニュートラル実現に向けた需要側の政策の方向性

部門		カーボンニュートラルに向けた政策の方向性(主要政策)
産業	省エネルギー	省エネポテンシャルの高い技術の普及拡大に向けた技術開発・導入支援
		省エネ関連の制度的措置(ベンチマーク制度、省エネ法など)の見直し
	エネルギー転換	低温領域:**産業用ヒートポンプ**の導入促進
		中高温領域:脱炭素燃料(水素・アンモニア、合成燃料など)への転換に向けた開発・実証・導入支援
	製造プロセス転換	鉄鋼業における水素還元製鉄、化学工業における人工光合成など、革新的製造プロセスへの転換に向けた開発・実証・導入支援
民生	省エネルギー	住宅・建築物の省エネ規制の強化(小規模建築物・住宅の省エネ基準適合義務化や、段階的な基準引上げによるZEB・ZEH化)
		建材・設備の更なる性能向上と普及促進
		デジタル化を通じた省エネ促進に向けた技術開発、実証支援、制度見直し
	エネルギー転換	**電化**・水素化機器のコスト低減や設置制約解消に資する技術開発・導入促進
運輸	省エネルギー	燃費基準の着実な履行
		省エネ法における荷主制度の在り方の見直し
		デジタル技術を活用した物流全体の効率化
	エネルギー転換	2035年までに新車販売で電動車100%を目標とした電動車・インフラの導入促進
		合成燃料の大規模化・技術開発支援

出典:経済産業省・資源エネルギー庁「2050年カーボンニュートラルの実現に向けた検討」(2021)[5]をもとに作成

4　脱炭素化に向けたヒートポンプ技術の施策

　2021年10月に閣議決定された第6次エネルギー基本計画では、前述の方向性を前提としつつ、2021年4月に表明された2030年度の新たなGHG削減目標の実現に向けた、具体的なエネルギー政策対応が示されている。

　その中でヒートポンプは、非電力部門の省エネルギーや電化のために導入促進を図るべき技術として位置づけられている。また、電力部門において再生可能エネルギー導入拡大に向けて、電力システムの柔軟性を高めるための調整力の1つとして、ディマンド・リスポンス(DR)で需要側のヒートポンプなどの電力使用機器を活用する方向性も示されている。

　また、第6次エネルギー基本計画では、こうした政策対応により、エネルギー需給での諸課題が解決されたことを想定した、2030年度の野心的な需給見通しも示されている。

　その概要は、**図2.5**に示すとおりである。一次エネルギー供給における再エネ比率を2030年度までに22〜23%に向上させつつ、需要側の省エネ量(対策前からの削減量)を2030年度に6,200万kLとすることを目指している。

　第6次エネルギー基本計画と同じく、2021年10月に閣議決定された地球温暖化対策計画は、2021年4月に表明された2030年度の新たな削減目標を受けて改定された。この中で、GHGの種類別(エネルギー起源CO_2は、さらに部門別)の削減目標が設定されている。

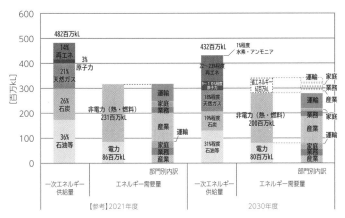

図2.5 エネルギー基本計画における2030年度のエネルギー需給の見通し

出典：経済産業省・資源エネルギー庁「総合エネルギー統計エネルギーバランス表(2021年度)」(2023)[6]／「2030年度におけるエネルギー需給の見通し(関連資料)」(2021)[7]をもとに作成

GHGの種類別の削減目標を**表2.2**に示す。GHG排出量全体の約8割を占めるエネルギー起源CO_2は2013年度比45%削減する目標になっており、家庭部門は66%、業務部門は51%、といずれの部門も従来目標よりも強化されていることがわかる。

表2.2 地球温暖化対策計画でのGHG削減目標

(単位：百万t-CO_2)

	2013年度実績	2019年度実績 (2013年度比)	2030年度の 目標・目安 (2013年度比)
温室効果ガス排出量・吸収量	1,408	1,166(▲17%)	760(▲46%)
エネルギー起源二酸化炭素	1,235	1,029(▲17%)	677(▲45%)
産業部門	463	384(▲17%)	289(▲38%)
業務その他部門	238	193(▲19%)	116(▲51%)
家庭部門	208	159(▲23%)	70(▲66%)
運輸部門	224	206(▲8%)	146(▲35%)
エネルギー転換部門	106	89.3(▲16%)	56(▲47%)
非エネルギー起源二酸化炭素	82.3	79.2(▲4%)	70.0(▲15%)
メタン(CH_4)	30	28.4(▲5%)	26.7(▲11%)
一酸化二窒素 (N_2O)	21.4	19.8(▲8%)	17.8(▲17%)
代替フロン等4ガス	39.1	55.4(+42%)	21.8(▲44%)
ハイドロフルオロカーボン (HFCs)	32.1	49.7(+55%)	14.5(▲55%)
パーフルオロカーボン(PFCs)	3.3	3.4(+ 4%)	4.2(+26%)
六ふっ化硫黄(SF₆)	2.1	2.0(▲4%)	2.7(+27%)
三ふっ化窒素(NF₃)	1.6	0.26(▲84%)	0.5(▲70%)
温室効果ガス吸収源	－	▲45.9	▲47.7
二国間クレジット制度(JCM)	官民連携で2030年度までの累積で、1億t-CO_2程度の国際的な排出削減・吸収量を目指す。我が国として獲得したクレジットを我が国のNDC達成のために適切にカウントする。		

出典：環境省「地球温暖化対策計画」(2021)[8]をもとに作成

カーボンニュートラル達成を目指す国内の動向

地球温暖化対策計画では、上記の新たな削減目標の裏付けとなる対策・施策一覧についても示しており、その中でエネルギー起源CO_2の削減に向けた対策・施策の1つとしてヒートポンプの導入促進も掲げられている。具体的な導入見通しは、**表2.3**に示すとおりであり、各部門においてヒートポンプの大幅な導入拡大が見込まれていることがわかる。

表2.3 地球温暖化対策計画別表におけるヒートポンプ関連の導入見通し

部門		ヒートポンプ機器	累積導入量の見通し	
			2013年度	2030年度
産業	業種横断	産業ヒートポンプ	11千kW	1,673千kW
	施設園芸	施設園芸用ヒートポンプ	—	＋26.7千台
業務		業務用ヒートポンプ給湯機	2.9万台	14万台
家庭		ヒートポンプ給湯機	422万台	1,590万台

出典：環境省「地球温暖化対策計画」(2021)[8]をもとに作成

2.3 〉 カーボンニュートラル実現に向けた海外の動向

前述のとおり、COP加盟国の多くがカーボンニュートラルを表明し、各国でその実現に向けた政策が積極的に進められている。ここでは、ヨーロッパ(EU)とアメリカについて、具体的な脱炭素化政策の動向とともに、その中での電化・ヒートポンプの位置づけを解説する。

1 ヨーロッパ(EU)のカーボンニュートラル政策

表2.4に示すようにヨーロッパ(EU)では、「2050年までに気候中立達成」という目標達成に向けて、2030年までに1990年比で少なくとも55%のGHG削減を目指すべく、関連法の改正が進められている。

2022年5月には、ウクライナ侵攻のこともあり、ロシア産化石燃料依存からの脱却に向けた計画「REPowerEU」が発表され、2021年7月採択の政策パッケージ「Fit for 55パッケージ」をベースに、省エネルギー、エネルギー供給の多様化、再生可能エネルギー普及加速に向けた追加施策が提案された。その一部として、加盟国による建物内の化石燃料を使用したボイラへの補助金を2025年までに段階的に廃止する。代わりに、ヒートポンプのインセンティブ支援を奨励することで、ヒートポンプの設置率を現在の2倍にし、5年間で累計1,000万台を目指すことが掲げられた。

このように、ヨーロッパではロシアのウクライナ侵攻以降、ロシア産の化石燃料依存から脱却すべく、再生可能エネルギーの普及拡大と省エネルギー・電化に注力する方針がより鮮明となっている。その中でヒートポンプの重要性がさらに高まり、積極的に支援している。

また、ヨーロッパはその他のヒートポンプに関連する政策として、再生可能エネルギーの定義の中にヒートポンプで利用する大気熱などを含むことを明文化し、その再生可能エネルギー利用量の具体的な算定方法も定めている。このようにヒートポンプが再生可能エネルギー利用技術として積極的に評価されていることが、普及を後押しする要因の1つと考えられる。

表2.4 ヨーロッパにおける脱炭素化政策、電化・ヒートポンプ政策動向

脱炭素化に向けた方針・主要な脱炭素政策	**欧州グリーンディール** 「2050年までに気候中立達成」を掲げる「A Clean Planet for All」を実現するための政策文書として提案
	Fit for 55パッケージ 2030年目標・2050年目標達成に向けた包括的な気候変動政策パッケージとして採択。カーボンプライシング、目標の更新、規則の改定、支援措置に大別され、EU−ETSなどの既存制度を強化・改正するとともに、国境炭素調整措置など新たな政策を導入
	REPowerEU ロシアのウクライナ侵攻による世界のエネルギー市場混乱を踏まえ、ロシア産化石燃料依存からの脱却に向けた計画として発表。省エネルギー、エネルギー供給の多様化、再生可能エネルギー普及加速に向けた追加施策を提示
主要な電化・ヒートポンプ関連政策	**再生可能エネルギー指令** 暖房・給湯・冷房用途の「ヒートポンプが利用する大気熱等」を再エネと定義しているが、従来の「暖房時の再エネ量算定方法」に加えて、「冷房時の再エネ量算定方法」を規定した改正指令が2022年6月に発効
	建築物エネルギー消費性能指令 化石燃料による暖房機器から、ヒートポンプその他の再生可能エネルギーベースの技術への置換が進む方向性が示され、改正案の策定後に新築・既築建築物双方の脱炭素化や電化が促進される見通し
	エネルギーシステム総合戦略 ①欧州グリーンディールの一環として、効率的な脱炭素化に向けたエネルギーシステムの供給側から需要側に至るあらゆる部門の統合的な対策を戦略として掲げたものであり、具体策の方針が示された中で「電化」は中核的な対策 ②具体策の1つとして、建築物における冷暖房へのヒートポンプの展開を通じた電化が中心的な役割を果たすとしており、地域冷暖房や産業用の低温熱需要においてヒートポンプの活用が見込まれるなど、ヒートポンプは主要技術として位置づけられている
	REPowerEU 上述の施策の一部として、加盟国による建物内の化石燃料を使用したボイラーへの補助金を2025年までに段階的に廃止し、代わりにヒートポンプのインセンティブ支援を奨励することで、ヒートポンプの設置率を現在の2倍にし、5年間で累計1,000万台とする目標を設定

出典：国立研究開発法人 新エネルギー・産業技術総合開発機構(NEDO)／海外技術情報ユニット／技術戦略研究センター(TSC)「TSCトレンド COP27に向けたカーボンニュートラルに関する海外主要国(米・中・EU・英・独・インドネシア・エジプト・インド)の動向 〜再生可能エネルギー・化石エネルギーの視点から〜」(2022)[9]／一般財団法人 ヒートポンプ・蓄熱センター「欧米におけるヒートポンプの関連政策と普及状況」(2022)[10]をもとに作成

　日本でも、エネルギー供給構造高度化法における再生可能エネルギー源の定義には、ヒートポンプが利用する大気熱が含まれている。しかしながら、ヨーロッパとは異なり、その算定方法が定まっていないため、再生可能エネルギー利用量としては評価されていない。また、省エネ法では、2022年の改正により非化石エネルギーも対象に加わり、事業者に対してその利用を促進している。しかし、定量評価の対象とする自然熱は供給制約のある太陽熱・地熱・温泉熱・雪氷熱と限定しており、大気熱や河川水熱は対象外となっている。

2 アメリカのカーボンニュートラル政策

　アメリカはトランプ政権下でCOPのパリ協定を脱退していたが、バイデン政権のもとで2021年に復帰した。2021年4月に国が決定する貢献(NDC[2])の更新

---

2 **NDC** Nationally Determined Contributionの略称で、パリ協定に基づいて各国が作成・通報・維持しなければならないGHGの排出削減目標などを指す。

版を国連に提出しており、その中で2030年にGHG排出量を2005年比50〜52%削減、2050年までにネットゼロ達成を掲げている。また、2050年目標の達成に向けた長期戦略として、電力部門は2035年までに脱炭素化(発電によるCO_2排出をゼロ)を図るとともに、産業分野は電化を進める。電化が難しい分野は水素化、建築分野では建築物のエネルギー効率の向上やヒートポンプ空調、ヒートポンプ給湯機の電気製品の普及促進を進めることとしている。

その具体施策の1つとして実施されているインフレ削減法は、ガスや石油による暖房や給湯に代えて、ヒートポンプなどエネルギー効率の高い設備の購入を促すべく、税額控除の措置やリベート(払い戻し)の供与を盛り込んだいわゆる「建築物の電化」の普及拡大を狙っている。インフラ投資雇用法でもエネルギーインフラや脱炭素関連に多くの資金が投入されている(**表2.5**)。この分野で先行するカリフォルニア州では、ガスファーネスやガス給湯器の使用を禁止する議論も出ている。

表2.5 アメリカの脱炭素化政策：電化・ヒートポンプ政策動向

脱炭素化に向けた方針・主要な脱炭素政策	**インフレ削減法** 風力タービンや太陽光パネル、EVなどのアメリカ内製造基金600億\$、各地域での電力の脱炭素化基金の貸し付け、クリーン製品の政府買い付け736億\$、気候変動対応型農業への変換270億\$、消費者のエコ冷暖房機器や太陽光設備など購入の税控除などを広範囲に含み、これにより2030年までに40%炭素排出を減少させる原資とすると宣言 **インフラ投資雇用法** 輸送、デジタル、水インフラに加えて、エネルギーインフラ・脱炭素関連に総額880億ドルを投資。電力インフラの強靭化・スマート化、水素ハブ建設、蓄電池・車電動化、ゼロエミッション、原子力技術などに多くを配分
主要な電化・ヒートポンプ関連政策	2050年までのGHG排出ネットゼロに向けた長期戦略の中で、建築物のエネルギー効率を飛躍的に向上させ、ヒートポンプ空調、ヒートポンプ給湯機、IH調理器、電気衣類乾燥機などの電気製品の販売シェアを拡大することが重要と明記

出典：国立研究開発法人 新エネルギー・産業技術総合開発機構(NEDO)／海外技術情報ユニット／技術戦略研究センター(TSC)「TSCトレンド COP27に向けたカーボンニュートラルに関する海外主要国(米・中・EU・英・独・インドネシア・エジプト・インド)の動向 〜再生可能エネルギー・化石エネルギーの視点から〜」(2022)[9]／一般財団法人 ヒートポンプ・蓄熱センター「欧米におけるヒートポンプの関連政策と普及状況」(2022)[10]をもとに作成

3 中国のカーボンニュートラル政策

中国は、2020年9月の国連総会の演説で習近平国家主席が「2030年までにCO_2排出量をピークアウトし、2060年までにGHG排出量をネットゼロとすること」を発表した。2021年10月提出の「中国の国家自主貢献効果・新目標と新措置」、「中国の今世紀半ばの長期温室効果ガス低排出発展戦略」で正式に表明され、国が決定する貢献(NDC)と実施措置が更新された。

中国では、これまでも石炭消費量の抑制と再生可能エネルギーを含む非化石エネルギーの利用拡大を中心に対策が講じられている。NDCでも、2030年までに

一次エネルギー消費量での非化石燃料の割合を25%とすることなどが掲げられている。また、2021年10月には「2030年までのカーボンピークアウトに向けた行動方案」を策定し、10の横断的分野を対象に具体的な取り組み内容や数値目標を設定している。その中で、たとえば、10分野の1つである「工業領域のカーボンピークアウトに向けた行動計画」では、重点取り組みの1つとして、工業用エネルギーの電化が掲げられている。

4 東南アジアのカーボンニュートラル政策

東南アジア各国では、おおむね2050年または可能な限り早期にGHG排出量のカーボンニュートラルを達成し、GHG排出量は2030年をピークに減らしていくことが掲げられている（**表2.6**）。

表2.6 東南アジア主要各国のGHG削減目標(2023年8月時点)

国	国が決定する貢献(NDC)	カーボンニュートラル/ネットゼロ目標期限
インドネシア	2030年までにBAU比[1]条件付[2]43.2%削減	2060年
カンボジア	2030年までにBAU比[1]41.7%削減	2050年
シンガポール	2030年に排出量を約60Mt-CO_2へと削減	2050年
タイ	2030年までにBAU比[1]条件付[2]40%削減	2050年カーボンニュートラル、2065年ネットゼロ[3]
フィリピン	2030年までにBAU比[1]条件付[2]75%削減(条件付分は72.29%)	—
ブルネイ	2030年までにBAU比[1]20%削減	—
ベトナム	2030年までにBAU比[1]条件付[2]43.5%削減	2050年
マレーシア	2030年までにGDP当たり排出量を2005年比45%削減	2050年

※1) BAU比とは特段の対策を採らない自然体ケース(Business as usual)に比べた効果をいう概念であり、追加的な対策を講じなかった場合の排出量比を意味する
※2) 条件付とは先進国などから資金面、技術面などの支援が得られた場合を意味する
※3) タイでは、カーボンニュートラルはCO_2排出量を実質ゼロとする目標、ネットゼロはGHG排出量全体を実質ゼロとする目標として掲げている

出典：気候変動に関する国際連合枠組条約(UNFCCC)「NDC Registry」[11]／「Long-term strategies portal」[12]をもとに作成

東南アジアでは、大規模な人口増加と経済の急成長によってエネルギー消費量が大幅に増加している。冷房エネルギー消費量の増加も顕著であり、経済成長とそれにともなう所得向上、気温上昇の影響などにより、今後もその傾向は継続すると見込まれる。国際エネルギー機関(IEA)による分析では、ASEAN諸国におけるエアコン台数は、2017年の4000万台から2040年には3億台に達し、それにともない、冷房に必要となるエネルギー量も2017年の75TWhから2040年には300TWhに増加すると推計されている（**図2.6**）。

このように、東南アジアでの脱炭素化の実現には、エアコンの効率向上による省エネルギーと、その冷房需要を賄う電力の脱炭素化に向けた再生可能エネルギーの普及拡大などが極めて重要といえる。

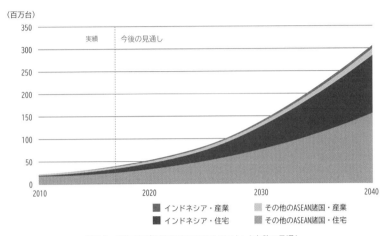

（百万台）

実績　今後の見通し

■ インドネシア・産業　□ その他のASEAN諸国・産業
■ インドネシア・住宅　▨ その他のASEAN諸国・住宅

図2.6　ASEAN諸国におけるエアコンのストック台数の見通し
出典：国際エネルギー機関(IEA)「The Future of Cooling in Southeast Asia」(2019)[13]をもとに作成

　以上のように、いずれの国や地域においても、カーボンニュートラルの実現に向けては、供給側における再生可能エネルギーの普及拡大、需要側における省エネルギー・電化が大前提となっている。ヒートポンプ技術は、その中核を担う技術の1つといえる。

　一方で、ヒートポンプ技術によるGHG削減の前提として冷媒対策が重要となり、独自の規制を導入していることから、これらに対応していかなければならない。

カーボンニュートラル実現に向けた海外の動向

2.4 〉 環境に配慮した冷媒転換の必要性

1 カーボンニュートラル実現に向けた冷媒転換

現在、社会的に要請されている冷媒転換とは、環境影響の大きい冷媒をより環境影響の小さい冷媒に転換することである。当初は、フロン系冷媒を使用することによるオゾン層破壊への影響を回避するために転換を進めてきたが、今ではオゾン層を破壊しない代替冷媒が用いられるようになった。一方で、冷媒が地球温暖化に多大な影響を与えることが判明し、あらためて代替冷媒の削減に焦点が当たっている。

現在主流の代替冷媒としてのHFC系冷媒から自然冷媒またはHFO系冷媒[3]への転換が進められ、皮肉なことに代替冷媒の代替が模索されているのである。化学物質の扱いの難しさを実感するところでもある。

このように冷媒の転換が求められているが、これは地球温暖化防止の一環、すなわちカーボンニュートラルの一環とも見ることができる。冷媒問題は、ヒートポンプ技術の最大の問題の1つでもある。

2 冷媒転換に係る国内外の動向

❶国際条約：オゾン層の保護から温暖化防止へ

GHGの一種であり、ヒートポンプ技術の冷媒などに使用されているフロン類は、オゾン層破壊物質でもある。1985年に採択された国際条約「オゾン層の保護のためのウィーン条約」に基づき、その製造、消費と貿易が規制されている。

具体的には、同条約に基づいて1987年に採択された「モントリオール議定書」では、エアコンの冷媒として使われていたCFCはすでに全廃され、CFCの代替であるHCFCも先進国で2020年、新興国で2030年までに全廃することが決まっている。さらに、HCFCの代替として使われてきたHFCについても、近年、地球温暖化影響が問題視されるようになり、モントリオール議定書の枠組みの中で、その生産量・消費量の削減義務を定めることが2016年10月に決定された。この

3　**HFO系冷媒**　ハイドロフルオロオレフィン(HFO)は、毒性が低く、環境や人体への影響が少ないことから、グリーン冷媒とも呼ばれている。

決定はキガリ改正と呼ばれ、2019年1月に発効された。

キガリ改正におけるHFC削減の生産量・消費量の削減スケジュールを**表2.7**に示す。日本が所属する先進国グループに対しては、2036年までに基準量比85%削減を実現することを目標にしている。前述の地球温暖化対策計画、パリ協定に基づく成長戦略において定められた日本のフロン類の削減目標は、このキガリ改正の着実な履行を前提としたものである。

表2.7　キガリ改正によるHFC削減スケジュール

	先進国	途上国第1グループ(中国など)	途上国第2グループ
基準年	2011〜2013年	2020〜2022年	2024〜2026年
削減スケジュール	2019年：▲10% 2024年：▲40% 2029年：▲70% 2034年：▲80% 2036年：▲85%	2029年：▲10% 2035年：▲30% 2040年：▲50% 2045年：▲80%	2032年：▲10% 2037年：▲20% 2042年：▲30% 2047年：▲85%

出典：経済産業省・オゾン層保護等推進室「モントリオール議定書及びキガリ改正の概要」(2017) [14] をもとに作成

❷日本の政策：フロン排出抑制法

国内では、モントリオール議定書に基づきフロン類の生産・消費を削減するためのオゾン層保護法と、フロン類のライフサイクル全体の排出を抑制するためのフロン排出抑制法が施行されている。その中で、温室効果の大きい高GWP冷媒の使用を制限し、冷媒転換を促している(**図2.7**)。

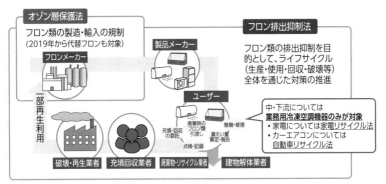

図2.7　日本におけるフロン対策の全体像

出典：環境省・経済産業省「フロンを取り巻く動向と改正フロン排出抑制法の概要」(2019) [15] をもとに作成

オゾン層保護法では、フロン類の製造・輸入事業者に対し、生産量・輸入量を経済産業大臣が許可しており、数量を制限している。

　また、フロン排出抑制法では、製品の低GWP化、ノンフロン化を進めるために製造事業者[4]に対し、目標年度に指定製品に対して目標とするGWP値[5]を達成することを求めている（**図2.8**、**表2.8**）。

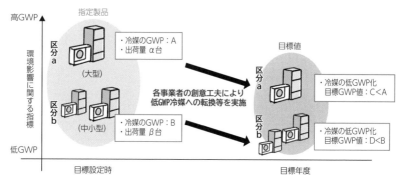

図2.8　フロン排出抑制法における指定製品制度の概要
出典：経済産業省「指定製品製造業者等に対する規制」[16]をもとに作成

　さらに、前節で示したとおり、フロン排出量削減に向けて、地球温暖化対策計画でHFCsとして2030年度までに2013年度比約55%という削減目標を示している。

　一方で、冷媒転換に当たっては、安全性の観点での配慮が必要になる。冷媒は圧縮機で高圧のガスとなることから、安全性確保のため、高圧ガス保安法の規制を受ける。

4　**製造事業者**　フロン類を冷媒とする第一種特定製品をあつかう製造事業者。業務用空調機器、業務用冷蔵機器や冷凍機器などが対象となる。
5　**GWP値**　製品出荷台数加重平均でのGWP値。

表2.8 フロン排出抑制法における指定製品制度の対象製品(冷凍空調機)(2023年)

指定製品の区分	現在使用されている おもな冷媒およびGWP	環境影響度の 目標値	目標年度
家庭用エアコンディショナー(壁貫通型などを除く)	R410A(2090) R32(675)	750	2018
店舗・オフィス用エアコンディショナー			
①床置型など除く、法定冷凍能力3トン未満のもの	R410A(2090) R32(675)	750	2020
②床置型など除く、法定冷凍能力3トン以上のもので あって、③～⑥を除くもの	R410A(2090)	750	2023
③中央方式エアコンディショナーのうちターボ冷凍機を 用いるもの	R134a(1430) R245fa(1030)	100	2025
④中央方式エアコンディショナーのうち容積圧縮式冷凍 機を用いるもの(空調用チリングユニット)	R410A(2090)	750	2027
⑤ビル用マルチエアコンディショナー(新設および冷媒配 管一式の更新をともなうものに限り、冷暖同時運転型 や寒冷地用などを除く)	R410A(2090)	750	2025
⑥ガスエンジンヒートポンプエアコンディショナー(新設 および冷媒配管一式の更新を伴うものに限り、冷暖同 時運転型や寒冷地用などを除く)	R410A(2090)	750	2025
⑦設備用エアコンディショナー(新設および冷媒配管一 式の更新をともなうものに限り、電算機用、中温用、一 体型などの特定用途対応機器などを除く)	R410A(2090)	750	2027
自動車用エアコンディショナー			
乗用自動車(定員11人以上のものを除く)に搭載される ものに限る	R134a(1430)	150	2023
トラック(貨物の輸送の用に供するもの)およびバス(乗 用定員が11人以上のもの)に搭載されるものに限る	R134a(1430)	150	2029
コンデンシングユニットおよび定置式冷凍冷蔵ユニット (圧縮機の定格出力が1.5kW以下のものなどを除く)	R404A(3920) R410A(2090) R407C(1770) CO_2(1)	1500	2025
業務用一体型冷凍冷蔵機器(内蔵型小型冷凍冷蔵機器)			
業務用冷凍冷蔵庫(蒸発器における冷媒の蒸発温度の 下限値が-45℃未満のものは除く)	R134a(1430) R404A(3920) R410A(2090) R407C(1770) CO_2(1)	150	2029
ショーケース(圧縮機の定格出力750W以下のものに限 る)		150	2029
硬質ポリウレタンフォームを用いた冷蔵機器および冷凍機 器	HFC-245fa(1030) HFC-365mfc(795)	100	2024
硬質ポリウレタンフォームを用いた冷蔵または冷凍の機能 を有する自動販売機	HFC-245fa(1030) HFC-365mfc(795)	100	2024
中央方式冷凍冷蔵機器(有効容積が5万㎥以上の新設冷 凍冷蔵倉庫向けに出荷されるものに限る)	R404A(3920) アンモニア(一桁)	100	2019

出典:経済産業省「指定製品製造業者等に対する規制」(2023年現在)[16]をもとに作成

　高圧ガス保安法では、高圧ガスの危険性に応じて冷凍保安責任者の設置や保安検査の実施を求めている。その中で、不活性ガスか、可燃性ガス[6]か、毒性ガス[7]かで安全基準に対する区分と処置[8]を別に設定している(**図2.9**)。

6　**可燃性ガス**　燃焼性は火炎伝播の有無や燃焼速度等から区分1(不燃性)、2L(微燃性)、2(可燃性)、3(強燃性)の4つに区分される。

7　**毒性ガス**　毒性は慢性毒性の指標によりA(低毒性)、B(高毒性)に区分される。

8　**安全基準に対する処置**　処置としては、申請や届け出など。たとえば、不活性ガスであれば冷凍機の冷凍能力を表す法定冷凍トンが20冷凍トン未満であれば届け出が不要であるが、可燃性ガス(例:プロパン(R290))の場合は、3冷凍トン以上から届け出が必要になる。

冷媒転換にともない、可燃性ガスの利用が進んできたことから、安全性を評価の上、燃焼性の小さいガスを可燃性から微燃性に分離している。いわゆるA2L冷媒[9]と呼ばれるものである。微燃性のHFCなどでは基準を一部緩和してきているものの、プロパンなどの可燃性ガスはもっとも厳しい規制となっている。

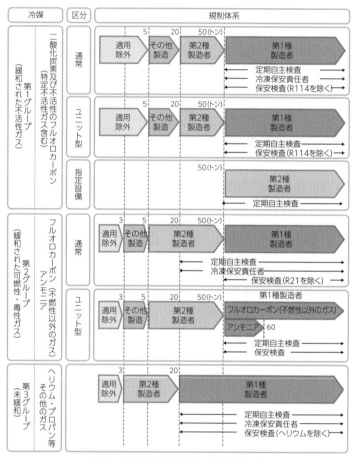

図2.9 冷媒ガス種別規制体系一覧(規制緩和後)
出典：一般社団法人日本冷凍空調工業会「JRA GL－20について」[17]をもとに作成

9 **A2L冷媒** 微燃性冷媒のA2Lは、米国暖房冷凍空調学会 (ASHRAE：American Society of Heating, Refrigerating and Air-Conditioning Engineers) が定めた安全性分類のA (低毒性) と2L (微燃性) を組み合わせて示したもの。微燃性、低毒性、低地球温暖化係数 (GWP) の特徴を持つHFC系冷媒、ハイドロフルオロオレフィン (HFO) とそれらの混合物が含まれる。

2章 —— ヒートポンプ技術を取り巻く社会状況・動向

❸ヨーロッパの政策：Fガス規制

ヨーロッパでは、2015年にGHG(Fガス)の放出削減によって環境を保護することを目的として適用を始めたFガス規則(Regulation (EU) No 517/2014)において冷媒規制を定めている。GWP値による加重加算によるHFCの総量規制[10]を行うため、域内の製造・輸入業者に対する割り当て(クォータ)制を導入し、割り当て分のみの販売を認める制度を導入した。総量は3年毎に段階的に削減される。

2022年4月に欧州委員会は、2050年のカーボンニュートラルに向けてFガス排出量の実質フェーズアウトを目標とした新たな規制を提案した。この中では、段階的削減量の見直しと製品群毎に封入される冷媒のGWP値の制限が加えられている。現在その内容について審議が行われており、欧州環境部会が中心となって意見を集約し、2023年中には方針がまとまる見込みである。

また、人体の健康に影響する化学物質規制が強化され、特にフッ素を含有する化合物PFASに対する規制として、RoHS(Restriction of the use of certain Hazardous Substances in electrica and electronic equipment) 規制、REACH規制がEUで定められている。EUでは、REACH(Registration,Evaluation, Authorization and Restriction of Chemicals) 規制の中でPFASに対する包括的な規制を行う動きがある[18]。

❹アメリカの政策：SNAPプログラム

アメリカでは、パリ協定に復帰した2021年にアメリカ環境保護庁(EPA)が、気候変動の原因となるHFCのアメリカ内での生産と消費を制限し、段階的に削減するための包括的なプログラムを確立する最終規則を発表した。同規則により、2020年12月に成立したAIM法で義務付けられ、アメリカのHFCの生産と消費が今後15年間で85%段階的に削減される。

さらにEPAは、大気浄化法(Clean Air Act)に基づき代替物質適用のSNAPプログラム(Significant New Alternatives Policy Program)にHFC冷媒を加え、製品群毎に冷媒の使用規制を定めている。

SNAPプログラムは州毎に適用時期を定めるが、先頭となるカリフォルニア州では、カリフォルニア州大気資源局(CARB)が2023年1月から空調機すべてにHFCをGWP750以下の規制を実施する予定であった。しかし、燃焼性がある冷媒の使用に関するビルディングコードの改正が間に合わないとの判断から、分離型のエアコンは2025年1月、VRFは2026年1月からの適用に延期されている。

また、化合物PFASに対する規制としてTSCA規制が定められている。

---

10 **HFCの総量規制** 2030年までに2015年比で79%段階的削減とし、キガリ改正での先進国に適用される削減量をはるかに上回る値となっている。

2.5 〉ヒートポンプ機器と資源循環

1 資源循環とサーキュラーエコノミー

資源循環とは、これまで経済活動の中で使用されたあとに廃棄されていた製品や原材料などを資源と考え、廃棄物の発生抑制、製品のリユース、リサイクル、再生材の製品への利用といった取り組みを通じて、資源を循環させることを指す。

近年は、資源循環の実現に向けて、「サーキュラーエコノミー（循環経済）」という考え方が世界的に浸透し、サーキュラーエコノミーへの移行が求められている。

サーキュラーエコノミーとは、**図2.10**に示すとおり、従来の3R(Reduce／Reuse／Recycle)の取り組みに加え、資源投入量・消費量を抑えつつ、ストックを有効活用しながら、サービス化などを通じて付加価値を生み出す経済活動である。さらに、資源・製品の価値の最大化、資源消費の最小化、廃棄物の発生抑止などを目指し、長期的に目指すべき究極的な姿としては資源の新規投入量をゼロとする(再生可能な資源は除く)。

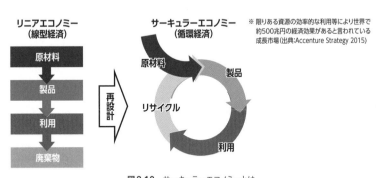

図2.10　サーキュラーエコノミーとは
出典：環境省「令和3年版環境・循環型社会・生物多様性白書」(2021)[19]をもとに作成

これまでの大量生産・大量消費型の経済社会活動は、大量廃棄型の社会を形成してきた。ただその活動は、健全な物質循環を阻害するほか、気候変動問題、天然資源の枯渇、大規模な資源採取による生物多様性の破壊など、さまざまな環境問題にも密接に関係している。

資源・エネルギーや食糧需要の増大、廃棄物発生量の増加が世界全体で深刻化

し、一方通行型の経済社会活動から、持続可能な形で資源を利用するサーキュラーエコノミーへの移行を目指すことが世界の潮流となっている。

　また、サーキュラーエコノミーへの移行は、企業の事業活動の持続可能性を高めるため、新たな競争力の源泉となる可能性を秘めており、現に新たなビジネスモデルが国内外で進んでいる。

2　サーキュラーエコノミーへの移行に向けた施策

❶日本のサーキュラーエコノミーへの取り組み

　日本では、これまでに循環型社会形成推進に関する各種制度の下、行政・経済界・国民などの各主体の協働により、3Rと循環経済に係る取り組みが進められてきた。特に昨今は、気候変動や資源供給途絶リスクへの懸念の高まりなどを背景に、サーキュラーエコノミーの移行に向けた議論が加速している。直近のおもな施策動向を**表2.9**に示す。

表2.9　日本におけるサーキュラーエコノミーに係る施策動向

時期	動向
2020年5月	経済産業省が、循環性の高いビジネスモデルへの転換などを掲げた「循環経済ビジョン2020」を公表
2021年1月	経済産業省・環境省が、サーキュラーエコノミーに特化した企業と投資家などの間の円滑な対話を促すための手引きとなる「サーキュラーエコノミーに係るサステナブル・ファイナンス促進のための開示・対話ガイダンス」を公表
2022年3月	経済産業省・環境省・日本経済団体連合会により、循環経済パートナーシップ(J4CE)を設立
2022年4月	プラスチックに係る資源循環の促進などに関する法律(プラスチック資源循環促進法)が施行
2022年9月	環境省が、2050年を見据えた目指すべき循環経済の方向性と2030年に向けた施策などをとりまとめた「循環経済工程表」を公表
2023年3月	経済産業省が、2022年10月に立ち上げた「成長志向型の資源自律経済デザイン研究会」における議論を基に、「成長志向型の資源自律経済戦略」を策定

出典：一般社団法人日本経済団体連合会「サーキュラー・エコノミーの実現に向けた提言」(2023)[20]をもとに作成

　表2.9の環境省が2022年9月に公表した「循環経済工程表」では、**図2.11**のとおり、素材ごと、製品ごとに方向性が示されている。

　たとえば、ヒートポンプ技術に使用される金属に関しては、国内外からの循環資源の回収を進めることで、使用済み製品などに含まれる金属を再生資源として安定的に供給できるようにし、金属のリサイクル原料の処理量を2030年度までに倍増させようとしている。

　また、ヒートポンプ技術の1つである家庭用エアコンでは、家電リサイクル法の確実な施行や普及啓発などを行い、その回収を推進し、冷媒として含まれるHFCの回収量を増加させることを目指している。

第四次循環型社会形成推進基本計画の進捗状況の第2回点検結果（循環経済工程表） 2050年の循環型社会に向けて

現状・評価

○社会全体での取組により、資源生産性を向上さ
せ、最終処分量を着実に減少させている一方で、
循環利用の取組については今後さらなる取組が
求められている。
○我が国の温室効果ガス全排出量のうち資源循環
が貢献できる余地がある部門の割合としては約
36%と試算。

2019年度の我が国における
物質フローの模式図

2050年の循環型社会に向けて

○循環型社会形成推進基本法に基づく3Rと経済的側面・社会的側面を統合した取組
○循環経済（価値の最大化、資源投入量・消費量抑制、廃棄物発生最小化）への移行：本業を含めた経済活動全体の転換、3R+Renewable（バイオマス化、再生材利用等）
○循環経済アプローチの推進などにより資源循環を進めることにより、ライフサイクル全体における温室効果ガスの低減に貢献。
○全体的な環境負荷削減（生物多様性、大気・水・土壌）
○循環経済関連ビジネスを成長のエンジンに、GXへの投資
○経済安全保障の抜本的強化。持続可能な社会に必要な物資の安定供給に貢献。
○地域活性化等社会的課題解決、国際的な循環経済体制、各主体の連携・意識変革・行動変容
○必要なモノ・サービスを、必要な人に、必要な時に、必要なだけ提供

循環経済実現時の
資源の有効活用の取組

循環経済関連
ビジネス
80兆円以上
2030年

各分野における施策等の方向性

図2.11 環境省「循環経済工程表」の概要

出典：環境省・中央環境審議会循環型社会部会「第四次循環型社会形成推進基本計画の進捗状況の第2回点検結果
（循環経済工程表）2050年の循環型社会に向けて」(2022)[21]をもとに作成

家庭用エアコンは、2022年6月に経済産業省・環境省が別途とりまとめた「家電リサイクル制度の施行状況の評価・検討に関する報告書」では、新たな回収率目標が設定された。2030年に53.9%以上にしようとしているが、令和元年度の回収率は37.6%であり、目標値とのギャップが依然大きい。

　業務用冷凍空調機器は、フロン排出抑制法で機器の冷媒適正管理が求められている。産業構造審議会・中央環境審議会が2019年2月にとりまとめた「フロン類の廃棄時回収率向上に向けた対策の方向性について」では、機器廃棄時の冷媒回収率が低い要因として、特にパッケージエアコン、ショーケース、チリングユニットといった機種で、フロン類の回収作業を実施せずに廃棄される機器が多いことが指摘された。

　以上のとおり、家庭用エアコン、業務用冷凍空調機器のいずれも、廃棄機器と使用されている冷媒の回収が不十分な実態がある。サーキュラーエコノミーの前提の1つである、使用済機器を漏れなく回収して金属、樹脂、冷媒といった資源のリユース、リサイクルを徹底するという観点で、さらなる方策が求められている。

❷ヨーロッパのサーキュラーエコノミーへの取り組み

　ここでは、世界の中でも特にサーキュラーエコノミーへの移行に向けた取り組みが活発化しているヨーロッパの動向について述べる。

　ヨーロッパでは、**表2.10**に示すとおり、2015年12月に採択されたサーキュラーエコノミー行動計画をはじめとして、さまざまな施策が展開されている。

表2.10　ヨーロッパにおけるサーキュラーエコノミーに係る施策動向

時期	動向
2015年12月	欧州委員会が「サーキュラーエコノミー行動計画」を発表。
2019年12月	欧州委員会が成長戦略「欧州グリーン・ディール」を発表、サーキュラーエコノミーへの移行を中核政策に位置づけ。
2020年3月	欧州委員会が「第二次サーキュラーエコノミー行動計画」を発表。
2022年3月	欧州委員会がサーキュラーエコノミー関連の政策パッケージ(第1弾)を発表。
2022年11月	欧州委員会がサーキュラーエコノミー関連の政策パッケージ(第2弾)を発表。

出典：日本貿易振興機構(JETRO)「EUの循環経済政策(第1回)2022年政策パッケージ第1弾においてEUが目指すものとは」(2022)[22]／「EUの循環経済政策(第2回)包装・包装廃棄物規則案を中心とする2022年政策パッケージ第2弾」(2023)[23]をもとに作成

このうち、欧州委員会(EU)が2022年3月に発表したサーキュラーエコノミー関連の新たな政策パッケージ(第1弾)の中核をなす「持続可能な製品のためのエコデザイン規則案」で、「デジタルプロダクトパスポート」(DPP：Digital Product Passport)の導入義務付けが新たに盛り込まれた。

DPPとは、製品の持続可能性に係る情報の透明性、トレーサビリティ(追跡可能性)を確保することを目的に、製品の製造元、使用材料、リサイクル性、解体方法などをデジタル化したデータの総称である。

このDPPの導入により、消費者(ユーザー)、製造事業者、輸入事業者、販売事業者、再製造事業者など、製品のバリューチェーンに関わる主体がこれらの情報を容易に入手できるようになる。また、EUの環境基準に適合しない製品には高い関税をかけるといった措置なども可能になり、持続可能性の低い製品はEU市場から強制的に締め出される恐れもある。

DPPとして、まずは蓄電池を対象とした「バッテリーパスポート」が2024年より順次導入される見通しとなっており、関連業界の企業連合・団体では「バッテリーパスポート」の開発・実証、規格化に係る取り組みが活発化している。

今後は電子機器、IT機器、繊維製品、家具などの完成品、さらに鉄鋼、セメント、化学薬品などの中間製品から順次導入されていくと見込まれている。

今後、日本を含むサーキュラーエコノミーへの移行を推進する他の国・地域でも、持続可能な製造・製品管理・消費の促進に向けて、製品のライフサイクル全体の情報を一元的に管理する基盤整備に向けた動きが進展する可能性がある。

2.6 〉DXで進める産業のデジタル化

1 DXとは

DX(デジタルトランスフォーメーション)の代表的な定義の1つとして、「企業がビジネス環境の激しい変化に対応し、データとデジタル技術を活用して、顧客や社会のニーズを基に、製品やサービス、ビジネスモデルを変革するとともに、業務そのものや、組織、プロセス、企業文化・風土を変革し、競争上の優位性を確立すること」がよく知られる。

この定義は、2018年に経済産業省がとりまとめた「デジタルトランスフォーメーション(DX)を推進するためのガイドライン」における定義であり、日本ではこのガイドラインを契機としてその概念が広く浸透した。

近年、**図2.12**に示すとおり、フィジカル空間(現実世界)での物理的な事象に係る膨大な情報がサイバー空間(仮想世界)[11]に集積され、デジタルデータで再現できるようになってきている。さらに、サイバー空間では、このビックデータをAIなどのデジタル技術を活用して解析することで、新たな価値を生み出す情報としてフィジカル空間にフィードバックすることができる。

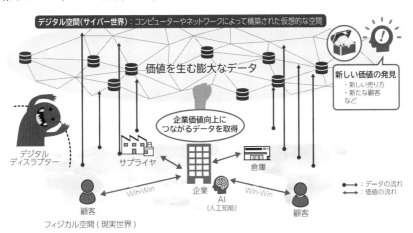

図2.12 DXのイメージ
出典：経済産業省「WG1 全体報告書」(2020) [24] をもとに作成

11　**サイバー空間(仮想世界)**　センサとIoTを活用し、コンピュータやネットワークによって構築される仮想空間。

ビジネスでの価値創出の源泉は、こうしたデータ・デジタル技術の活用に移行しつつあり、これらをうまく活用できず、企業文化・ビジネスモデルを変革できない企業は、今後のデジタル競争に勝ち残ることは難しくなってきている。

　DXの実現を支えるキーテクノロジーは**図2.13**に示すように、「IoT」「AI」「デジタルツイン」「CPS」「5G・Beyond 5G(6G)」が挙げられる。各技術の概要を次に述べる。

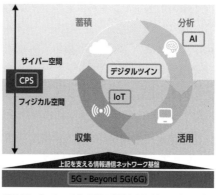

図2.13　Society 5.0・DXの実現を支えるキーテクノロジー
出典：各種資料をもとに作成

❶IoT

　IoT(Internet of Things)は「モノのインターネット」とも呼ばれ、電化製品をはじめ、世の中に存在するあらゆるモノに通信機能を持たせ、インターネットと接続したり、相互に通信を行ったりする技術である。高精度なサイバー空間をつくるためには、多くのデータが必要になり、IoTであらゆるモノのデータを収集し続けることが重要となる。

❷AI

　AI(Artificial Intelligence)とは、人間の思考プロセスと同じかたちで動作するプログラムのことである。また、人間が知的と感じる情報処理・技術全般を指し、膨大なデータを効率的に分析することに長けている。AI自体の情報処理能力の向上に加え、前述のIoTの発展によるデータ量の増加もあり、より正確な未来の予測を実現しつつある。

❸デジタルツイン

　デジタルツインとは、フィジカル空間(現実世界)にある情報をIoTなどで収集・蓄積し、そのデータをもとにサイバー空間(仮想世界)でフィジカル空間を再現する技術である。フィジカル空間の動きがサイバー空間に転写されるようなイメージで、「デジタルの双子」の意味を込めてデジタルツインと呼ばれる。

　デジタルツインは従来のサイバー空間と異なり、よりリアルなフィジカル空間をリアルタイムで再現できることが特長である。その背景には前述のIoTやAIの進化があり、IoTで取得したさまざまなデータをクラウド上のサーバにリアルタイムで送信し、AIが分析・処理をすることでリアルタイムなフィジカル空間の再現が可能になっている。

❹CPS

　CPS (Cyber Physical System)とは、フィジカル空間の情報をサイバー空間に取り込み、分析し、分析結果を用いてフィジカル空間の課題の解決、新たな価値の創出を図るシステムを指す。

　前述のデジタルツインは、フィジカル空間を再現する技術にスポットが当てられているのに対し、CPSは情報の収集、蓄積、分析、フィードバックまでの一連のサイクルを指す。

❺5G・Beyond 5G(6G)

　5Gとは、第5世代移動通信システム(5Generation)のことで、大容量のデータを超高速、超低遅延で送受信できるようになるため、リアルタイムでのサイバー空間へのデータ反映に高い効果が見込める技術である。

　一方、前述のCPSのように、フィジカル空間とサイバー空間をまたいで高度なデータの同期をあらゆる場所で安全・確実に実現していくには、5Gよりも高度な通信インフラであるBeyond 5G(6G)が必要になる。

2 経済成長と社会的課題を解決するSociety5.0

DXに近い概念として、「Society5.0」[12]がある。

Society5.0は、第5次科学技術基本計画で今後目指すべき未来社会像として提唱された概念である。フィジカル空間とサイバー空間を高度に融合させたシステムにより、経済成長と社会的課題の解決を両立する「超スマート社会」と定義されている。

DXは企業などの取り組みを指すのに対して、Society5.0は未来社会像を示す概念である。DXの考え方に基づいて企業などがデータやデジタル技術を活用してより良い製品・サービス、ビジネスモデルを生み出すことが、結果的にSociety5.0の実現につながると捉えられる。

12 **Society5.0** Society1.0が狩猟社会、2.0が農耕社会、3.0が工業社会、4.0が情報社会とされる。

2.7 〉DXの取り組みと施策

1 製造・流通でのDX活用例

　2章6節で述べたデジタル技術を用いたDXの取り組みは、すでにさまざまな分野で広がりつつある。たとえば、**図2.14**に示すように、サイバー空間にフィジカル空間(製造現場)の製造データを取り込み、AIによる解析を通じて最適な運転条件を導き出し、製造プロセスを自動化するデジタルツイン技術の構築に向けた取り組み事例も現れはじめている。

　さらに、製造現場だけではなく、原材料の調達、製造した製品の輸送・販売も含めたサプライチェーン全体におけるモノやお金、情報の流れについても、AIやデジタルツインを用いて高精度に予測している。需要変動に対応した計画作成を自動化するサービスなどもすでに提供され、今後、製造プロセスやサプライチェーン全体の合理化・効率化が進むと期待される。

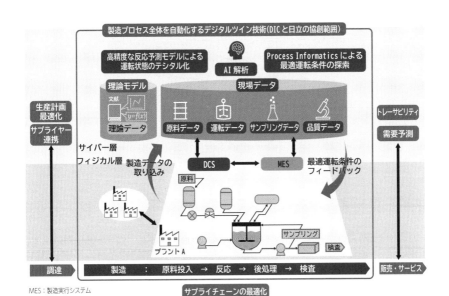

MES：製造実行システム

図2.14　デジタルツイン技術により自動化された製造プラントイメージ
出典：DIC株式会社「DICと日立、樹脂製造における次世代プラント実現に向け本格的な協創開始」(2021)[25]をもとに作成

2 エネルギーマネジメントでのDX活用例

　また、2章1節で述べたカーボンニュートラルや2章3節で述べたサーキュラーエコノミーへの移行を実現する上でも、デジタル技術の活用が不可欠となりつつある。

　たとえば、企業などが脱炭素化を図る上で、高度なエネルギーマネジメントシステムの構築が重要となってきている。具体的には、**図2.15**に示すように、AI・デジタルツインを活用したエネルギーマネジメントシステムの構築である。電力の需給バランスを高精度に予測・管理し、生産性や品質を低下させることなく、設備などを制御することで、使用電力すべてを再生可能エネルギーでまかなうことも可能となる。

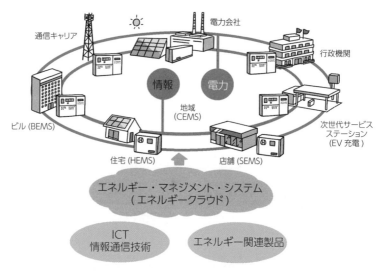

図2.15　デジタル技術を活用したエネルギーマネジメントシステムイメージ
出典：日本電気株式会社 (NEC Corporation)「エネルギーマネジメントシステム(xEMS)」[26]をもとに作成

3 サーキュラーエコノミーでのDX活用例

　また、2章5節で述べたとおり、サーキュラーエコノミーの実現に向けては、機器のライフサイクル全体の情報[13]を、個別の機器単位で一元的に管理する仕組みが必要となる。その仕組みの構築においても、これらのデジタル技術が不可欠となる。

13　**ライフサイクル全体の情報**　機器の使用素材や性能情報、使用状況、使用済み後の回収・処理状況などの情報。

ヨーロッパでは、製品のバリューチェーン全体とライフサイクルの各段階の情報を、統一されたデジタルプラットフォームで記録するDPPの導入が予定されている。まずは蓄電池を対象とした「バッテリーパスポート」（**図2.16**）が2024年より順次導入される見通しとなっている（2章5節参照）。

　こうした動向を受けて、関連業界の企業連合・団体などによる「バッテリーパスポート」の開発・実証、規格化に係る取り組みが活発化している。その中でもブロックチェーン、デジタルツインなどのデジタル技術が活用されている。

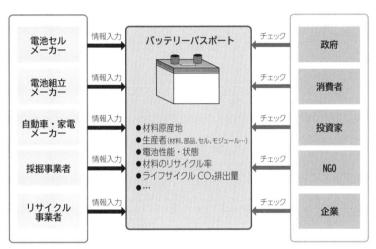

図2.16　バッテリーパスポートのイメージ
出典：Global Battery Alliance「BATTERY PSSPORTPILOT」[27] / Battery Pass「Battery Passport Content Guidance」[28]をもとに作成

4　DX実現に向けて

　こうしたDXを推進し、その結果としてSoceity5.0を実現していく上では、基盤となる情報通信インフラの進化が不可欠である。

　総務省では、2020年6月に「Beyond5G推進戦略」をとりまとめ、**図2.17**に示すとおり、2020年代の間に5Gの機能強化を図り、Beyond 5G ready な環境づくりをしていく方針を掲げている。

　こうした情報通信インフラの整備とともに、2030年代に向けてDXに必要になるキーテクノロジーの発展・高度化も加速していくと見込まれる。

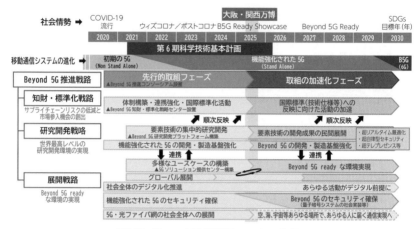

図2.17 「Beyond 5G 推進戦略」ロードマップの概要
出典：総務省「Beyond 5G 推進戦略（概要）」(2020)[29]をもとに作成

2.8 › 持続可能な社会の実現に向けたヒートポンプ技術の役割

1 世界で目指すSDGsとは

「持続可能な社会」とは、「地球環境や自然環境が適切に保全され、将来の世代が必要とするものを損なうことなく、現在の世代の要求も満たすような開発(＝持続可能な開発)が行われている社会」とされている。

その実現に向けた国際目標として、2015年9月の国連サミットで「Sustainable Development Goals(以下SDGs)」が採択された。SDGsは、先進国・途上国すべての国を対象とした世界共通の目標であり、**表2.11**に示す17のゴールから構成されている。

表2.11 SDGsの17のゴール

目標1【貧困】 あらゆる場所あらゆる形態の貧困を終わらせる	**目標10【不平など】** 国内および各国家間の不平などを是正する
目標2【飢餓】 飢餓を終わらせ、食料安全保障および栄養の改善を実現し、持続可能な農業を促進する	**目標11【持続可能な都市】** 包摂的で安全かつ強靱(レジリエント)で持続可能な都市および人間居住を実現する
目標3【保健】 あらゆる年齢のすべての人々の健康的な生活を確保し、福祉を促進する	**目標12【持続可能な消費と生産】** 持続可能な消費生産形態を確保する
目標4【教育】 すべての人に包摂的かつ公正な質の高い教育を確保し、生涯学習の機会を促進する	**目標13【気候変動】** 気候変動およびその影響を軽減するための緊急対策を講じる
目標5【ジェンダー】 ジェンダー平などを達成し、すべての女性および女児のエンパワーメントを行う	**目標14【海洋資源】** 持続可能な開発のために、海洋・海洋資源を保全し、持続可能な形で利用する
目標6【水・衛生】 すべての人々の水と衛生の利用可能性と 持続可能な管理を確保する	**目標15【陸上資源】** 陸域生態系の保護、回復、持続可能な利用の推進、持続可能な森林の経営、砂漠化への対処ならびに土地の劣化の阻止・回復および生物多様性の損失を阻止する
目標7【エネルギー】 すべての人々の、安価かつ信頼できる持続可能な近代的なエネルギーへのアクセスを確保する	**目標16【平和】** 持続可能な開発のための平和で包摂的な社会を促進し、すべての人々に司法へのアクセスを提供し、あらゆるレベルにおいて効果的で説明責任のある包摂的な制度を構築する
目標8【経済成長と雇用】 包摂的かつ持続可能な経済成長およびすべての人々の完全かつ生産的な雇用と働きがいのある人間らしい雇用を促進する	**目標17【実施手段】** 持続可能な開発のための実施手段を強化し、グローバル・パートナーシップを活性化する
目標9【インフラ、産業、技術革新】 強靱(レジリエント)なインフラ構築、包摂的かつ持続可能な産業化の促進およびイノベーションの推進を図る	

出典：外務省「持続可能な開発目標(SDGs)と日本の取組」[30]をもとに作成

2 日本のSDGsの取り組み

　日本においても、政府が2016年5月に「SDGs推進本部」を設置し、政府主導でさまざまな取り組みが行われている。また、2017年11月には、経団連がSociety5.0の実現を通じてSDGsを達成する「Society5.0 for SDGs」というコンセプトを柱に、企業行動憲章を改定した。SDGsの取り組みを推進し、ビジネスの場面でも着実に浸透している。

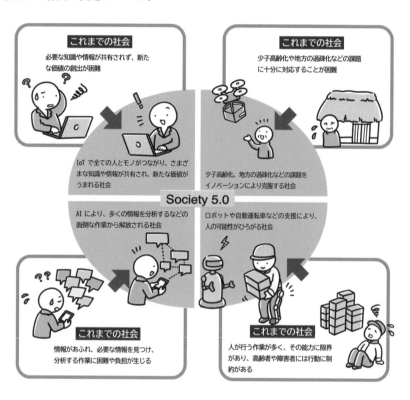

図2.18　Society5.0で実現する社会
出典：文部科学省「2040年に向けた高等教育のグランドデザイン(答申)」(2018)[31]をもとに作成

SDGsへのヒートポンプ技術の貢献

　SDGsそのものは2030年までに達成することを目標としている。しかし、カーボンニュートラルをはじめとした非常に厳しい社会的要請がある中で、どのように持続可能な社会をつくり上げていくかは、2030年を超えても引き続き、検討すべき問題でもある。SDGsとして掲げられたゴールの方向性の多くは、短期間に解決できるようなものではなく、2030年代以降もその多くが引き続き追求すべきものとなるだろう。

　このような中、ヒートポンプ技術も冷媒漏えいによる地球温暖化問題や、機器や冷媒の資源循環が進んでいないなどの多くの問題がある。このため、ヒートポンプ技術そのものに、持続可能な技術への進化が求められている。これを実現した技術こそが、「次世代ヒートポンプ技術」といえる。

　カーボンニュートラル、DX、サーキュラーエコノミーといった社会的要請に応じて進化した次世代ヒートポンプ技術が実現できれば、SDGsの中でも多くのゴールに貢献することを**表2.12**に示す。

表2.12　ヒートポンプ技術による貢献が期待されるSDGsのゴール

次世代ヒートポンプ技術がもたらす価値	貢献が期待されるSDGsのゴール					
	2 飢餓を ゼロに	3 すべての人に 健康と福祉を	7 エネルギーをみんなに そしてクリーンに	9 産業と技術革新の 基盤をつくろう	11 住み続けられる まちづくりを	13 気候変動に 具体的な対策を
【共通】 エネルギー利用の高効率化(省エネ)、再生可能エネルギー・未利用エネルギーの有効活用			○		○	○
【住宅・建築物】 居住環境の健康性・快適性の向上		○			○	
【食】 食料システムの持続可能性・効率性向上 (コールドチェーン、園芸施設など)	○					
【産業】 製造プロセスの改革、生産性向上				○		
【電力需給】 DR・VPPなどへの活用(調整力供出)による電力需給システムの安定化			○			○

次世代ヒートポンプ技術は、本来持つ省エネ・脱炭素性、広範囲な温度、時間、空間制御性という優れた特性から、「目標13：気候変動」に対して貢献するのはもちろん、多様な社会への適用範囲が極めて広い。

　たとえば、居住環境の健康性・快適性の向上、食料システムの持続可能性・効率性向上、製造プロセスの改革・生産性向上など、電力需給システムの安定化などといった価値をももたらし、さまざまな未来社会の実現に貢献する。これらについては、第5章と第6章で具体的に述べる。

第 3 章

ヒートポンプ技術の課題解決に向けた方策

　ヒートポンプ技術は、これまでに述べたように高い脱炭素性を持ち、さまざまな熱を活用する社会システムへの適応力がある。このため、空調、給湯、産業技術へとその用途は広がっており、ヒートポンプ技術のさらなる普及促進に期待がかかる。

　一方で、その普及が進めばヒートポンプ技術による消費電力量が増え、結果として多くのCO_2を排出することにもなる。冷媒の漏えいにより地球温暖化も加速させてしまう恐れもある。また、銅やアルミニウムのような比較的高価な金属を多用し、廃棄物も増えることにもなる。

　このように、ヒートポンプ技術には負の側面も多々ある。持続的な未来社会構築に向けた社会的な要請がある中で、その課題を明確化し、次の技術や社会システム構築へと展開を図る必要がある。

　そこで本章では、現状でのヒートポンプ技術の主な課題やニーズを説明し、その解決に向けた方策や取り組みについて解説する。

廃棄物の増加

課題の明確化&システムの構築

消費電力の増加

ヒートポンプ技術を普及させるには、
課題を明確にして、技術だけではなく
社会システムまで構築する必要があるんだ

3.1 〉脱炭素化・省エネルギー実現の課題

1 ヒートポンプの用途拡大への課題

ヒートポンプによる脱炭素化には、以下の3つの柱が重要となる。

①用途拡大による脱炭素化
②熱の合理的利用による省エネルギー
③機器の性能向上によるさらなる省エネルギー

しかし現状では、①「用途拡大」や②「熱の合理的利用」はなかなか進んでいない。また、省エネルギーを実現していく中では、機器の性能向上を図ることも重要だが、従来のようにデバイスの性能向上だけでは限界がある。性能向上の推進役となる機器性能の評価手法も、現実的な機器の性能とは乖離が大きいことが指摘されている。

ここではこのような課題について解説するとともに、その解決に向けた方策や取り組みについて説明する。

2 寒冷地向け用途の拡大策

ヒートポンプ技術の導入は、電化による燃焼転換ができるため、圧倒的にCO_2排出削減効果がある。そこで、燃焼技術が主に用いられる暖房などで、ヒートポンプのさらなる利用拡大を図ることが重要である。とりわけ、ヒートポンプ導入に効果が期待される領域の状況について解説する。

❶低外気温度対策の必要性

空気熱源を活用するヒートポンプでは、寒冷地での利用があまり進んでおらず、これらの地域への用途を拡大することがとりわけ重要となる。

寒冷地では外気温度が一般地よりも大幅に低く、外気から奪える熱が少ないため、機器性能だけではなく、加熱能力までもが低下してしまう。このような特性は、ヒートポンプの宿命でもあるが、これによって外気温度の影響をほとんど受

けず、低外気温度でも安定した熱供給が可能な電気ヒータなどの燃焼機器が多用されている。なお、後述する液インジェクションとガスインジェクションを組み合わせた二相インジェクションを取り入れた、寒冷地向けのヒートポンプなど開発されてきている。

寒冷地でのヒートポンプの用途拡大を実現するためには、低外気温度であっても性能低下を最小限に抑え、加熱能力が十分に発揮される機器の開発が求められる。

❷熱交換器の性能向上

たとえば、空気を熱源とするヒートポンプでは、寒冷地での温熱(暖房・給湯)生成には、熱交換器の性能向上が必要不可欠である。

寒冷地のように外気温が低い場合には、空気中の水蒸気が熱交換器に結露して霜になり、霜層が成長する。これにより、風量や伝熱性能が低下し、熱交換器の性能が大幅に低下してしまうため、**図3.1** に示すように定期的に除霜する必要がある。

特に除霜(デフロスト)に対しては、熱交換器としてフィン表面の難着霜化(滑水塗膜、微細加工など)や、サイクル制御の最適化による除霜時間の最小化が有効となる。

さらには、除霜時の暖房・加熱の中断を防止するため、圧縮機の排熱を蓄える蓄熱機能により、その熱を使いながら、連続暖房・加熱を行うことも効果的である。

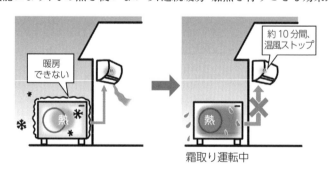

図3.1 寒冷地の除霜機能
出典：パナソニック株式会社・パナソニック マーケティング ジャパン株式会社
「冬、エアコン暖房が止まる理由」[1]をもとに作成

❸圧縮機の機能低下を防ぐ技術

外気温度が低下すると、圧縮機の吐出温度が高温になる。吐出温度が高くなりすぎると圧縮機の寿命や信頼性に影響してしまう。そこで、吐出温度を低減させ

るシステム技術の一例として、**図3.2**に示す液インジェクション方式の導入が有効である。

　凝縮器出口の液冷媒の一部を、圧縮機内部の圧縮室内に噴霧する技術である。液インジェクションを行うことで圧縮機の吐出温度を低下でき、圧縮機の回転数を上昇させることで冷媒循環量が増加し、結果として暖房能力の増加が可能となる。

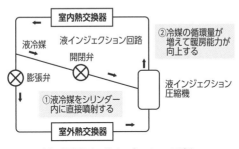

(a) 暖房運転中に液インジェクション回路を動作させたときの冷凍サイクル

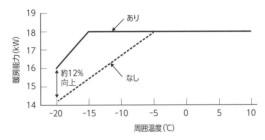

(b) 液インジェクションあり／なしの暖房能力比較

図3.2　液インジェクションの例
出典：佐野充邦（東芝キャリア株式会社）他
「高い暖房性能と省エネを両立させた寒冷地向け店舗・オフィス用エアコン」(2020)[2]をもとに作成

　また、吐出温度を低下させて*COP*を改善する方法として、ガスインジェクションも有効なシステム技術である。

　これは、冷凍サイクルの膨張弁による減圧手段を2段階で構成し、その中間に気液分離器を設けてガス冷媒と液冷媒に分離し、ガス冷媒のみを高低圧の中間圧力で圧縮機の圧縮途中のシリンダ内に直接導く回路を設けたものである。これにより、凝縮器で冷媒循環量が増加することになり、暖房能力を増加できる。同時に、圧縮仕事の低減により、*COP*も改善される。

3 高温熱生成による産業用途の拡大策

　ヒートポンプの適用温度範囲は、現状の実用化レベルでは、高温側では120℃程度に限定されている。通常、工場などの産業用では、180℃程度(蒸気圧が8kf/cm₂程度)の蒸気利用が多いため、200℃程度の熱生成にまで対応できると一気にそのニーズが高まることになる。

　200℃を実現していくためには、高い圧縮機吐出温度に対応した、圧縮機の信頼性、寿命の確保が重要となる。その対策案の1つが、潤滑油を使わない磁気軸受けを活用したオイルフリーターボの使用であり、国立研究開発法人新エネルギー・産業技術総合開発機構(NEDO)プロジェクトでの研究開発が進められている(**図3.3**)。

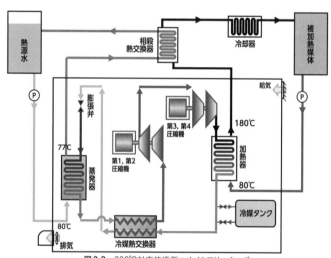

図3.3　200℃対応技術例：オイルフリーターボ
国立研究開発法人新エネルギー・産業技術総合開発機構(NEDO)
「省エネルギーへのフロンティア 未利用熱エネルギーの革新的活用技術研究開発」(2023)[31]をもとに作成

　磁気軸受け技術も革新が進み、価格も大幅に低下している。これまでは、ヒートポンプに適用するには高価だったが、今後は産業用ヒートポンプなど高価な機器から順次採用されていくものと考えられる。

　ヒートポンプの適用温度の高温化が進むと、わずかな放熱なども機器性能低下に大きく影響するため、機器の断熱技術なども重要となる。極めて高い断熱性能を有する真空断熱材の開発も進んできているが、まだ改良の余地も残されており、さらなる技術革新にも期待が寄せられている。

3.2 〉 産業での熱の合理的利用技術

1 　熱の輸送技術改善策

　製造工程には、洗浄・殺菌・乾燥・蒸留・濃縮など、さまざまな温度帯での熱処理がある。これらに対応する産業用熱源としては、集中設置された蒸気ボイラから、必要な利用箇所まで蒸気配管網を引いた蒸気の搬送システムが広く利用されている。

　蒸気での熱輸送であれば、ポンプや送風機などを必要とせず、比較的かんたんに蒸気を流通できる輸送メリットがある。一方、輸送距離が長くなると、搬送時の非常に大きな熱ロスや、排気・ドレンロスが発生してしまう面も持ち合わせている。

　工場では、エネルギーの最終利用側では、蒸気ではなく温水として利用する過程も多く、温水温度90℃以下で貯湯槽の温度を一定に保つ循環加温用途に用いられることが多い。

　このような場合には、温熱利用箇所の近くに空気熱源式循環加温ヒートポンプをオンサイトで設置することで、熱搬送時のロスを防ぎ、エネルギー利用の効率化が図れる（**図3.4**）。いわゆるヒートポンプによる熱の分散利用である。

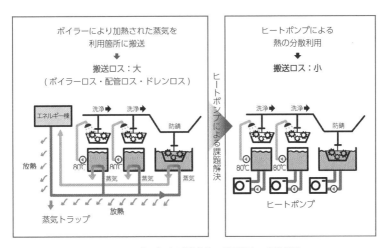

図3.4 ヒートポンプによる分散供給　利用箇所への近接配置
出典：一般社団法人日本エレクトロヒートセンター／産業用ヒートポンプ.COM「蒸気ロスの削減」[4]をもとに作成

2　未利用エネルギーの活用

　ヒートポンプは、熱源として大気中の空気熱のみならず、地中熱、河川からの熱、工場からの排熱、生活用水の下水熱などさまざまな未利用エネルギーを活用できる。これにより、大幅な省エネルギーが実現できる。これらが活用できるプロセスでは、積極的に有効利用を進めるべきである。

　ヒートポンプはオンサイト設置が容易でもあるので、これらの未利用エネルギーの活用を想定したオンサイト利用を検討していけば、その可能性も大いに広がる。

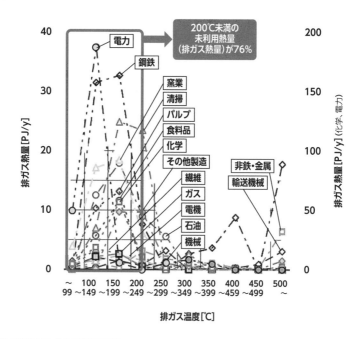

注）化学、電力は右軸、その他業種は左軸

図3.5　業種別・温度帯別の未利用熱量（排ガス熱量）の全国推定値
国立研究開発法人新エネルギー・産業技術総合開発機構（NEDO）ニュースリリース
「15業種の工場設備の排熱実態調査報告書を公表」（2019）[5]をもとに作成

3 冷温熱の同時利用技術

　産業分野では、冷熱と温熱利用過程が混在していることも多い。加熱過程では主に、蒸気ボイラから蒸気配管を通って送られてくる蒸気で加熱を行う。

　冷却過程では、冷凍機やチラーで冷却し、その際に排出される排熱は、有効に活用されることもなく、外部に放出されている。

　このような場合、冷凍機から排出される凝縮排熱を回収し、加熱過程で同時に利用することで効率化できる（**図3.6**）。いわゆるヒートポンプの冷温熱同時利用である。

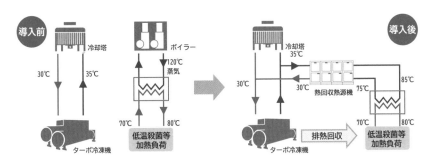

図3.6　ヒートポンプの冷温熱同時利用
出典：東芝キヤリア株式会社「熱源システム総合カタログ」(2022)[6]をもとに作成

　これらは、産業用だけではなく、民生用でも可能である。たとえば、ヒートポンプ給湯機は、冷熱を外部に放出している。また、冷蔵庫や冷房での温排熱は、給湯などの加熱も行われていても有効に使われることなく、そのまま外気に放出されてしまっている。このような冷熱と温熱利用の無駄をなくし、冷温熱の最大限の有効利用を促進することが求められている。

　このため、これらの相互活用や複数機器の一体化まで進めることがエネルギーの有効利用、CO_2排出削減の観点から効果的である。なお、この場合には、必要とされる冷熱と温熱の利用時間が同時とはならないが、その時間的なギャップは蓄熱によって吸収できる。

4 冷凍冷蔵ショーケースの排熱処理

　店舗で冷凍冷蔵ショーケースを使用している場合、夏季では、冷気が外に漏れ出すため、エアコンよりも効率の悪い冷凍冷蔵ショーケースが室内を冷やしているようなケースも多々ある(**図3.7**)。また、排熱を室内にそのまま放熱するタイプの一体型ショーケースも多々利用されている。

　ただ、これらの機器に、外部に排気する機能を加えることにより、夏季でのエアコンの空調負荷低減による大きな省エネルギー効果をあげる技術が開発されてきている。

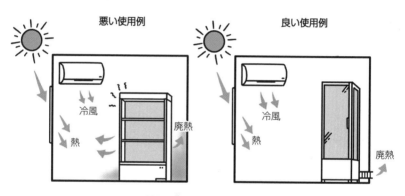

図3.7 ショーケースの使用例

　以上のようにヒートポンプ技術の温度制御性を利用して熱の分散利用を進める、あるいは逆に冷温熱同時利用のように熱の効果的な集中利用化を進めることによって、さらなる熱の合理的活用を進めることが可能となる。

　この際には、DXなどを活用し、さまざまな機器の連成制御の実現が必須となる(3章6節参照)。

3.3 〉性能向上を実現する性能評価手法

　ヒートポンプ技術の性能向上を実現していくためには、機器自体の性能向上だけではなく、機器の性能向上をけん引できる性能評価手法の高度化も同時に重要となる。この節では、これらの課題やニーズ、対策について説明する。

1　ヒートポンプ機器の性能向上の必要性

❶デバイスの性能向上策とその限界

　ヒートポンプ機器は、電化によってCO_2を排出せずに燃焼転換ができる一方、その普及が進めば、電力消費によって間接的なCO_2排出量も増大してしまう。このため、カーボンニュートラルを実現するためには、やはり機器自体のさらなる性能向上も必須である。

　ヒートポンプ機器の効率を向上させるために、構成デバイスに対してもさまざまな対策が講じられてきた。たとえば、以下のような性能の向上が進められてきた。

表3.1　デバイスの性能向上策

熱交換器	伝熱性能の向上、冷媒偏流の低減、伝熱管細径化による高密度化
圧縮機	各損失低減(機器内の冷媒漏えい損失低減や内蔵モーターの高効率化)
送風機	モーターの効率向上

　熱交換器の伝熱管細径化の例としては、**図3.8**に示すマイクロチャネル熱交換器が挙げられる。マイクロチャネルとは「微細加工技術などを使って加工した狭隘な流路」[7]であり、それを利用することで、小型化、高耐圧化、冷媒充填量の低減ができる。

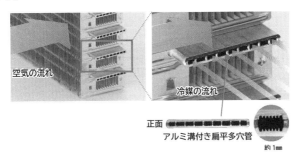

空気の流れ

冷媒の流れ

正面

アルミ溝付き扁平多穴管

約1mm

図3.8　マイクロチャネル熱交換器
出典：ダイキン工業株式会社「カーボンニュートラルへの挑戦」[8]

このように、個々のデバイスの性能改善を進めながら、機器全体の性能向上が進められてきた。一方で、デバイスの性能が大きく向上したが、多くのデバイスで、これ以上の大幅な性能向上には限界が見えてきているのが現状である。

デバイスのコンパクト化が引き続き重要であることは疑いの余地はないが、デバイスの性能向上だけでは、カーボンニュートラル実現に資するような機器全体の大幅な性能向上は見込めないというのが共通認識である[9]。

❷制御システムの向上

運転制御をはじめとしたシステム技術には、大いに省エネルギーに貢献できる余地があるため、その高度化が求められている。

システム技術に対する最大の革新は、インバータ制御技術である。従来の一定速機では、必要になる空調などの負荷に対し、機器の発停を繰り返して必要な能力を調整してきた。ただし、このような発停を繰り返せば、機器の性能は大きく低下する。ちょうど発停を繰り返す自動車の街乗り運転が、定速で走る高速道路の運転よりも、圧倒的に燃費が下がってしまうことと同じである。

その一方で、インバータでは、圧縮機の回転数を調整した運転ができる。必要になる空調などの負荷に見合った回転数で運転することで、機器の発停を繰り返すことなく、連続的な運転を実現してきた。これが圧倒的に機器の性能を向上させてきたのである。

しかし、最近になり、建物の断熱性能が向上してきたこともあり、空調負荷が低減している。負荷が大きく低下すると、機器がインバータでは連続的な容量制御ができなくなり、断続運転が発生し、機器性能が大きく低下する(**図3.9**)。これについては、断続運転に陥りにくい新たなシステム制御技術などでの対応が進められている。

同時に、インバータによる運転範囲を拡大できる圧縮機や、低負荷時に発生する熱交換器内での冷媒偏流を防止するハード的技術も必要である。このようなハード的技術も、従来のようなデバイスの性能向上によるシステムの性能改善ではなく、制御性能向上の観点からのシステム性能向上を目指したものが必要となる。

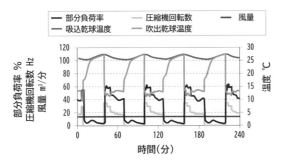

供試機：三菱重工サーマルシステムズ株式会社　パッケージエアコン4馬力機
試験条件：冷房・外気温度29℃・負荷率25%・容積147㎡
試験設備：本学（早稲田大学）室内機室2

図3.9　負荷低下時のインバータの動作例

2 性能評価手法の革新による性能向上の必要性

　機器の性能向上を加速させるには、性能評価手法が重要である。これは、導出された機器性能値が向上するように機器設計が進められるからである。同時に、この機器性能値をもとに年間の消費電力や電力料金を推定し、表示されるため、消費者による機器選定時の大きな選定指針にもなる。

　より正確に機器性能を評価するように、$COP^{[1]}$から$APF^{[2]}$へ性能評価指標は進化している。しかし、依然として実使用環境での運転性能とは大きな乖離があることが、ユーザーサイドから指摘されている。

　たとえば、低負荷運転時の性能低下がたびたび議論されてきたが、機器によらず、簡易な性能低下係数のようなもので、ひとくくりに表されてしまっている。システム技術で低負荷時の性能低下を改善したとしても、その効果は、APFに反映されず、その改善へのインセンティブはまったく働かないのである。このため、機器の性能向上を実現していくためにも、性能評価手法に基づいて導出された性能と、実際の運転性能との乖離を解消していくことが強く求められている。

　この課題を解決するためには、より実態を反映する動的な運転特性までをも評価できる規格が重要である。空気を熱媒とする機器では、空気の温度分布や風量分布のために、機器の定常的な運転性能を把握することすら容易ではない。この

1　**COP**　エネルギー消費効率(*COP*：Coefficient Of Performance)を表す省エネ指標。成績係数とも呼ばれ、定格点での性能を評価する。

2　**APF**　通年エネルギー消費効率(*APF*：Annual Performance Factor)を表す省エネ指標。2006年9月に改正された「エネルギーの使用の合理化に関する法律(省エネ法)」により、*COP*から省エネの指標の基準値と定められた。日本工業規格(JIS)の規格にもとづき運転環境を定め、1年間運転した場合の運転効率を示す。

3・3

性能向上を実現する性能評価手法

ため、機器の性能は、**図3.10**に示すように温度や風速分布があっても正しく測定可能な試験室で測定される。試験室は、設置スペースなどにも大きく依存してしまうため、同じ形状がまったくないほど多様である。このような試験室で、動的な実運転性能を把握しようとすると、試験室の構造や熱容量などにも機器性能が依存してしまうため、さらに困難を極める。

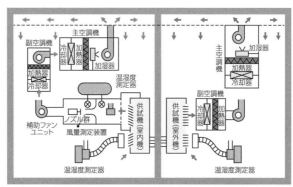

図3.10 エアコンの試験装置の例
出典：一般財団法人 日本空調冷凍研究所「試験設備の紹介」[10]をもとに作成

　早稲田大学では、**図3.11**に示すように運転環境をエミュレーターで仮想的に計算し、機器の運転条件として与えることで、試験室による影響因子を除外し、同一の運転環境下で機器性能を把握できる新たな試験方法の構築が進められている。このように試験室によらず、機器性能が把握できる方法が確立されれば、より実際の運転を反映した機器性能評価手法の高度化に弾みがつく。

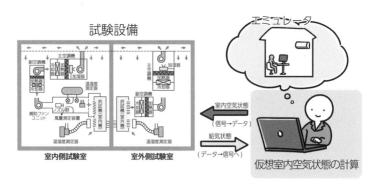

図3.11 エミュレーターを活用した試験装置の例
出典：齋藤潔（早稲田大学持続的環境エネルギー社会共創研究機構）他
「エミュレーター式負荷試験装置によるエアコンディショナーの動的試験」日本冷凍空調学会論文集(2023)[11]をもとに作成

3.4 〉次世代冷媒への転換

1 環境問題による冷媒の規制

❶冷媒転換がなぜ必要か

　これまでに述べた通り、冷媒については、もともとは、オゾン層破壊に端を発して、CFC、HCFC系の冷媒から代替冷媒としてのHFC系冷媒への転換が図られてきた。しかし、この代替冷媒としてのHFC系冷媒は、地球温暖化効果が極めて大きいGHGであることがわかり、その大幅な削減が求められている。

　これらの冷媒は、規制をせざるを得ない環境問題を引き起こしているが、逆になぜ導入が進んできたのかというと、扱いやすく多様な温度帯に対して高い機器性能が発揮できたからである。ヒートポンプの発展は、このような優れた熱力学的性質を持つ冷媒の開発によって支えられてきたが、ここにきてそのほとんどの冷媒が使えなくなるのである。

❷低GWP冷媒への転換

　今後の冷媒は、オゾン層破壊の主要因である塩素の代わりに可燃性が高くなる水素を使わざるを得ない。GWPを下げるためには、冷媒自体の安定性をあえて低下させざるを得ないため、多くの課題が発生することは必然である。

　モントリオール議定書やキガリ改正、カーボンニュートラル実現に向けて、GWPが低い冷媒を探す必要があることはいうまでもないが、一方で、低GWP冷媒開発ばかりに目が向けられてはならない。これは、今後冷媒の多くが可燃性を有するとともに、冷媒によっては、人的な悪影響も想定されているためである。このため、次のような冷媒に対応できる機器構造や、社会構造の変革まで含めた総合的な検討が必須なのである。

❶ 機器性能が担保できる冷媒（充填時の性能変化や経年変化も含む）
❷ 地球温暖化以外にも、人類や環境への影響がない冷媒（人体への蓄積、毒性など）
❸ 機器としての安全性を担保できる機器構造、安全基準や法制度などを含めた社会システム

次世代の低GWP冷媒への転換では、すでに述べたようにどうしても性能、安全性など、他のさまざまな問題点とのトレードオフが発生する。冷媒としては、究極的には、自然冷媒への転換を目指すことになるが、性能や安全性を含め、自然冷媒への転換ができない機器への対応が課題として残されていく。

現段階では**表3.2**に示すように、冷凍・冷蔵機器での自然冷媒の採用にめどが立ちつつある。空調分野でのターボ冷凍機などの大型機では、HFO系冷媒での対応が可能である。間膨式が用いられる一体型の機器は、機器内での冷媒の管理がしやすいため、HFO系冷媒や自然冷媒の導入が進んでいくだろう。

一方で、ルームエアコンや店舗用パッケージエアコン、ビル用マルチエアコンなどでは、HFO系冷媒が候補に挙がっているが、単一の冷媒(たとえば、HFO1123やR1132(E)など)では、不均化反応[3]を引き起こすため[12]、混合冷媒を用いなければならない状況であり、その開発が急ピッチで進んでいる。

しかし、従来のHFC系冷媒と比較すると性能が劣ることが想定され、これを回避するために、配管径や熱交換器をはじめとしたデバイスのサイズを大きくすることも求められる。不均化反応を抑制しながらも、機器のサイズアップは最小限に抑制しながら、最大限機器性能が高くなる冷媒の探索が進められている。小型機に関しては、炭化水素導入に向けて一気に動き出している。

人体の健康に影響する化学物質規制が国際的にも強化されている中で、HFO系冷媒の一部は、PFAS規制の対象とも指摘されている。規制対象となれば、使用禁止も想定されることから、この規制の動向を見極めながら冷媒転換を進める必要がある。

3 **不均化反応** 外部から与えられるエネルギーによって、2個以上の分子がお互いに反応して、2種類以上の異なる種類の生成物に分解する化学反応。

表3.2 機器毎の冷媒転換予測一覧

機種		現在の主な冷媒	移行期の冷媒候補	自然冷媒以外のGWP10以下の冷媒候補	自然冷媒しか許容されない場合の最終冷媒補
ルームエアコン		R32	HFO混合冷媒(R454Cなど)	HFO混合冷媒(開発中)	A3冷媒(R290など)
店舗用パッケージエアコン		R32(一部R410A)	HFO混合冷媒(R454Cなど)	HFO混合冷媒(開発中)	A3冷媒(R290など)のチラーに転換(※)
ビル用マルチエアコン		R410A	R32、HFO混合冷媒(R454Bなど)	HFO混合冷媒(開発中)	CO₂、A3冷媒(R290など)のチラーに転換(※)
内蔵型冷凍冷蔵機器		R134a、R404A、R410A(一部CO₂)	HFO混合冷媒(R454Cなど)	HFO混合冷媒(開発中)	CO₂、A3冷媒(R290など)
コンデンシングユニット	冷凍冷蔵ユニット	R404A、R410A	HFO混合冷媒(R454Cなど)	HFO混合冷媒(開発中)	CO₂、A3冷媒(R290など)
	中型コンデンシングユニット	R404A、R410A(一部CO₂)	A2LのHFO混合冷媒に転換される可能性もあるが課題あり。	ー HFO混合冷媒(開発中)	CO₂、別置型ショーケースを内蔵型に切り替え、A3冷媒(R290など)のチラーに転換(※)
	大型コンデンシングユニット	R404A、R134a、R407C	A2LのHFO混合冷媒に転換される可能性もあるが課題あり。	ー HFO混合冷媒(開発中)	A3冷媒(R290など)のチラーに転換(※)
チラー	スクロールチラー	R410A	R32、HFO混合冷媒(R454Cなど)	HFO混合冷媒(開発中)	A3冷媒(R290など)
	スクリューチラー	R404A、R134a	HFO混合冷媒(R454Cなど)	HFO混合冷媒(開発中)	A3冷媒(R290など)
	ターボチラー	低圧冷媒:R123、R245fa 高圧冷媒:R134a、R513A	ー	低圧冷媒:R514A、R1233zd(E)、R1224yd(Z) 高圧冷媒:R1234yf、R1234ze(E)	
車両用エアコン		R134a	ー	R1234yf	CO₂、R290
輸送用冷凍冷蔵ユニット		R404A、R134a	R452a	ー	
高温用ヒートポンプ		100℃未満:CO₂ 100℃以上:R1234ze(E) R1233zd(E) R1336mzz(E)	ー	100℃未満:ー 100℃以上:R1234ze(E) R1233zd(E) R1336mzz(E)	100℃未満:CO₂ 100℃以上:A3冷媒(炭化水素など)

注)チラーへ転換する場合、機器導入コストの増加、消費電力の増加といった負の影響が生じる可能性に留意が必要

　一方、自然冷媒であるが、可燃性や毒性を有する炭化水素やアンモニアのような冷媒を用いることになれば、高圧ガス保安法など、関連規格などについても十分な検討が必要となる。

2 冷媒転換に必要な対策

　今後の冷媒が可燃性であることを考えると、自然災害が多い日本では、まずは、機器としての安全性が担保できる技術開発を進めなければならない。同時に安全管理も必要になり、施工業者をはじめとして人材育成が急務である。認証制度の充実など、学術界なども巻き込んだ連携が必要である。

　一方で、冷媒の漏えい防止と、回収・再生も重要な対策になる。機器側としては、漏えいを極限まで低減する配管接続方式や、封入される冷媒を容易に回収できる機構などが有効である。接続が容易で安価な配管など、配管の革新も必要だが、直膨式から間膨式への大胆な転換も検討すべきである。ただし、たとえば空調の水配管への転換は、場合によっては、建物の大幅な改修なども必要であり、機器側だけでは対応できず、建築サイドとの連携が必須となる。

　環境影響や安全性に課題のある冷媒を使用し続けるのであれば、冷媒に関する情報管理の「見える化」が必須であるが、これについては、3章6節で述べる。

　技術開発には一定の期間が必要になり、規制動向などを先取りし、十分余裕を持った対応が必要になる。冷媒の早期転換には、付随する対策こそ早急に進めるべきである。

3.5 〉 サーキュラーエコノミーによる 資源循環

1 資源循環を促進する政策

　政策的な後押しもあり、サーキュラーエコノミーへの移行が今後さらに加速していくと見込まれる。ヒートポンプも例外でなく、その実現を目指す必要がある。この際、使用済みとなった機器から部品や素材、冷媒を回収し、それらを再利用して機器製造を行うことが前提となる。

　ヒートポンプ技術では、熱利用機器であるがゆえに伝熱が重要となることから、伝熱性能の良い材料を使わざるを得ない。このため、比較的高価な銅やアルミニウムなどが多く使用される。一方で、構成デバイス数はあまり多くない。このため、資源循環の高度化は目指しやすく、実現のメリットも大いにある。

　2020年5月に経済産業省が発表した「循環経済ビジョン[4]」によれば、ヒートポンプ技術で使用されている資源の現状は**表3.3**に示すとおりである。

表3.3　ヒートポンプ技術における資源循環の現状

資源の種類	ヒートポンプ技術における主な使用部位	資源循環の現状
鉄	室外機キャビネットなど	・廃棄物処理業者などにおいて選別、リサイクル実施 ・ただし、実態を把握する仕組みがなく、リサイクルの程度は不明
非鉄金属(銅、アルミニウム)	熱交換器、機内配管、内外接続配管など	・廃棄物処理業者などにおいて選別、リサイクル実施 ・ただし、実態を把握する仕組みがなく、リサイクルの程度は不明 ・特に銅は、採掘・製錬の環境負荷が大きいことが課題
プラスチック	室内機キャビネットなど	・プラスチック部品の解体、回収は限定的でと考えられる ・ヒートポンプ技術への再生プラスチックやバイオプラスチックの利用は限定的
フッ素化合物	冷媒(HFCなど)	・原料である蛍石の生産地は、日本以外の一部の国に偏在し、資源制約リスクが存在

　ヒートポンプ技術では、現場設置工事が必要な機器と、一体型で現場設置工事が不要な機器があり、それぞれ**図3.12**のような流れで製品が供給されている。

4　**循環経済ビジョン**　正式名称は「循環経済ビジョン2020」で、循環性の高いビジネスモデルへの転換などを目指した政策。

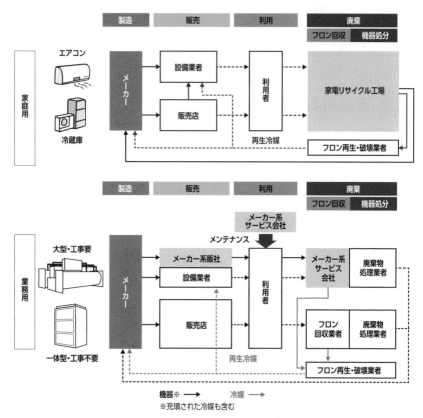

注)実線はメーカーから見える流れ、点線は見えない流れ。なお、実際には販売店、利用者なども重層的に存在する場合も
あり、それぞれの内部で見えない流れも発生している

図3.12 ヒートポンプ技術のサプライチェーンの現状

　このため、設置から廃棄まで一貫してメーカーがサポートすることが多い大型の機器(ターボ冷凍機など)であれば、機器や冷媒の循環もメーカーから見えるようになっている。

　一方、その他の多くの機器は、メーカーによる製品の供給から機器の廃棄の流れの中で、機器の販売にともない所有権が移転していく。販売時は販売店、利用時は利用者など、判断する主体が段階的に変わり、これらが相互に連携していないため、機器や冷媒の動きが部分的にしか見えない状態となっている。このようなサプライチェーンの現状を背景として、資源循環が十分に進んでいない。

家庭用エアコンなどの家庭電化製品は、資源の有効な利用の促進に関する法律（資源有効利用促進法）の「指定再利用促進製品[5]」や「指定省資源化製品[6]」に位置づけられ、家電リサイクル法にもとづいた家庭用エアコンの再商品化率は92％以上と高い。一見大半の製品がリサイクルされているように見えるが、現実的には、製品販売と製品使用の間で情報が分断されているため、最終的にリサイクルされる機器は3割程度しかないのが現実である。

2　業務用機器のリサイクル状況

❶家庭用よりも低いリサイクル率

　業務用のエアコンや冷凍冷蔵機器では、リサイクル法のようなものはなく、**図3.13**のように産業廃棄物として処理されてしまう。もちろん、鉄・銅・アルミニウムなどに分解し再利用もされているが、実態は把握されていない。いずれにしても多くの機器が販売される家庭用や業務用の機器に対しては、機器回収ができる機器構造や社会システムの構築が求められている。

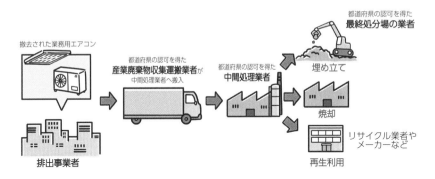

図3.13　産業廃棄物の処理
出典：株式会社エコ・プラン「業務用エアコン　廃棄物の流れ」[13]をもとに作成

5　**指定再利用促進製品**　再生資源または再生部品の利用促進に取り組むことが求められる製品を指す。
6　**指定省資源化製品**　原材料などの使用の合理化、長期間の使用の促進、その他の使用済み物品などの発生の抑制に取り組むことが求められる製品を指す。

とりわけ回収率の低い業務用のエアコンやコンデンシングユニット(別置型ショーケースなど)の回収をまずは進めるべきである。しかし、現状では、これまでの法改正による規制の強化にも関わらず、これらの機器を確実に回収ルートにのせる仕組みが整っていない。機器のフローを確実に把握して適切な処理を確保できる仕組みを早急に整える必要がある。

機器がきちんと回収できる仕組みとともに、機器の解体のしやすさ、再利用のしやすさの検討も進められるべきである。すでに述べたように、ヒートポンプ技術はデバイス数も比較的少なく、デバイスの再利用も進めやすい機器である。しかし、相変わらず熱交換器や圧縮機などは、コンパクト化、性能向上ばかりに目が向けられている。サーキュラーエコノミーを実現を容易とするように機器設計の抜本的な変革も必要だろう。

機器だけではなく、冷媒の回収についても同時に進めることが合理的である。両者をバラバラに進めている状況では、よほどの法的拘束力でも働かない限り、機器も冷媒も回収率は向上しない。

❷ フロン類の回収

冷媒に使用されるフロン類は、キガリ改正による生産・消費量の削減が行われることに加え、原料である蛍石は地球上に高く偏在している資源である。今後、市場に存在する機器に充填されたフロン類が現状のペースで漏えいしてしまい、廃棄時も十分に回収できない場合、回収したフロン類の再生利用ができず、冷媒転換の方向性も狭まってしまう。

生産、使用、廃棄などの各断面での規制や取り組みを強化するだけでは、全体の流れや個別に潜む問題点が十分把握できず、効果的な対策には限界がある。ここでも、DXを活用した機器本体や冷媒のトレーサビリティの確保が重要である(3章6節参照)。

さらに、資源循環のサーキュラーエコノミーの実現に向けて、現在の商流が必ずしも最適とは限らない。または不都合が生じることから、たとえばルームエアコンや内蔵型冷凍冷蔵機器では、売り切りモデルから機器のトレーサビリティの確保がしやすいリース、サブスクリプションといった新しいビジネスモデルへの転換も模索すべきである。

3.6 〉DX推進の課題と今後への期待

1 進まないヒートポンプ技術のDX化

さまざまな課題やニーズについて前述したが、その解決に向けては、DXが必要不可欠になる。そこで、ここではDXにおける課題やニーズ、その解決に向けた方策についてまとめておく。

ヒートポンプ技術では、機器内部で発生する熱や流体現象に、その詳細な物理量を安価に測定できないものも多く、結果としてエネルギーに関連する熱量や効率などの情報をデジタル化することが難しい。このため、ヒートポンプ技術は、DX化が難しいアナログ的な技術ともいえる。

このような状況でもあり、実際には、機器がどのように運転されているのかよくわかっていないケースが圧倒的に多く、システム技術として機器の性能向上に向けた検討もなかなか進まない。

2 EMSの活用で省エネルギーを目指す

機器の制御に関しては、当初は単なるオンオフ制御を中心としたアナログ的制御であった。しかし、インバータ制御の導入をはじめとして徐々にではあるがデジタル化も進み、容量制御なども容易になりつつある。

さらに機器単体だけではなく、**図3.14**に示すように外部から、エネルギーマネジメントシステム(EMS)を活用して複数の機器を制御し、省エネルギーを図っていくことも重要となる。

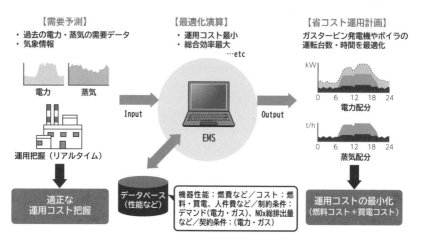

図3.14 EMSでの省エネイメージ

出典：川崎重工業株式会社「エネルギーマネジメントシステム(EMS)機器構成の最適化により運用コストの低減を実現」[14]をもとに作成

　現状では、回転機械を守るための機器の保護制御のため、外部からの機器制御を大きく制限していることがほとんどである。ただし、いくつかのメーカーでは、独自のIoT技術によって、リアルタイムの機器の運転データの収集を開始している。

　インターネットを通してデータを集積し、運転情報を分析するとともに、その結果をユーザー側にフィードバックするようなサービスも始まっている。その詳細は外部にはほとんど明らかにされず、効果の検証の手立てもないため、技術の到達レベルは不明であるが、機器からのエネルギーや効率の情報収集ができるようになれば、より高度なEMSの構築もできる。今後は、EMSによる熱の合理的利用も進んでいくだろう。

　また、機器のシミュレーション技術への期待も寄せられている。熱や流体現象が含まれるヒートポンプ技術に関しては、そのシミュレーションはかなり難易度が高い。一方で、数値流体解析の進展もあり、技術のさらなる飛躍への土壌は整いつつある。シミュレーション技術が高度化してくれば、機器の運転性能の予測、故障診断、最適設計や制御と幅広く活用が可能となる。すでに早稲田大学では非共沸混合冷媒の成分分離などを含めた非定常解析も実現されている。

　このようなシミュレーション技術の活用によって、デジタルツインなどが発展し、EMSの効果の検証なども進めば、高度なEMSの開発にも貢献する。

　さらに、冷媒の漏えい対策や回収のためには、冷媒の生産から回収に至るまでのデータとしての裏付けが必要不可欠である。もちろん、断片的な情報は、収集され始めているが、これでは、なかなか冷媒管理が進んでいかない。DXによって、冷媒の生産から回収に至るまでの情報(充填量、回収量、漏えい量、再生量など)をデジタル的に効果的に一貫して収集・蓄積・管理できる技術や体制の構築が期待されている。

　さらに、貴重な資源を多用するヒートポンプ技術では、機器自体の回収、再利用の促進も重要である。機器の製品情報、回収・リサイクルに関連する情報をデジタル化し、収集・蓄積・管理することで機器の回収、再利用が進むことが期待されている。すでにヨーロッパなどでは、DPPなどによって、これらの情報を収集管理する方法が提示されている。

3.6
——
DX推進の課題と今後への期待

3.7 〉 世界のヒートポンプ技術動向

1 インバータ空調の普及率

　カーボンニュートラル実現のため、今後は、まずは高性能機としてのインバータ機の普及が最優先となる。日本は世界に先駆けてインバータ搭載の家庭用エアコンや業務用エアコンの普及が進んだこともあり、最近の市場規模は1,000万台程度で横ばいであるのに対し、世界全体では需要が拡大し、1億台を超えている（**図3.15**）。

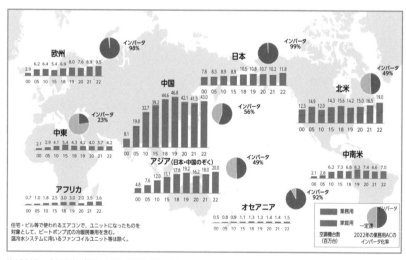

注)2000〜2022年／推計：11,777万台(2022年)

図3.15　世界の空調需要とインバータ化率
出典：一般社団法人日本冷凍空調工業会「世界のエアコン需要推定」(2023)[15]をもとに作成

　本需要推移の通り、日本は空調機の普及だけではなく、インバータ化もおおむね完了している。一方、空調の普及が進んでいない地域(アフリカなど)や空調は普及しているものの、インバータ搭載機の普及が進んでいない地域(北米など)など、状況はさまざまである。

地域別の空調・給湯機の活用状況

冷凍空調機全体の課題を考えるためには、世界市場を捉えることが重要となる。しかし、地域によって自然環境や文化的な背景から、利用する機器の種類や機器の使い方は異なる。特にその違いが大きいのが空調と給湯であり、日本・ヨーロッパ・北米で大きく異なる。**表3.4**に地域別の空調・給湯機の特徴を示す。

表3.4 地域別の空調・給湯機の特徴

地域	空調		給湯
	冷房	暖房	
日本	ダクトレス式・個別空調		ガス給湯器(瞬間式)およびヒートポンプ(貯湯式:容量370〜560Lレベル)※2
(寒冷地)		燃焼式(灯油・ガス)	
ヨーロッパ	ダクトレス式・個別空調	温水循環式(燃焼器・電気ヒーター)※1	電気ヒーター・ガス燃焼器(貯湯式:容量200Lレベル)
北米	ダクト式・全館空調、ウィンドウエアコン	同左+ガス燃焼・電気ヒータ・温水ファンコイル	ガス燃焼・電気ヒータ(貯湯式:容量200Lレベル)
熱帯アジア(インド・東南アジアなど)	ダクトレス式・個別空調	−	電気ヒータ(貯湯式:容量25〜200Lレベル)
中国	ダクトレス式・個別空調		電気温水器(貯湯式;容量100−200Lレベル)※3
		温水循環式	

注) ※1 ヒートポンプ式温水暖房システムの導入も進む
　　※2 戸建てではヒートポンプの導入も進む
　　※3 ヒートポンプの導入も進む

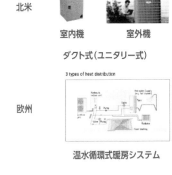

北米

室内機　　室外機

ダクト式(ユニタリー式)

一体型

ウィンドウエアコン・PTAC*
*Packaged terminal air conditioner:窓下に置く一体型空調機

欧州

温水循環式暖房システム

タンク一体型（モノブロック）　　タンク別置き型（スプリット）
Air to Waterで使用されるヒートポンプ

中国

室内機　　室外機
個別空調（Mini-VRF）

Air to Waterで使用される電気ヒータ

空調の方式としては北米の調温した空気を全館に送り出すダクト式(セントラル式の全館空調)と、その他の地域のダクトのない個別空調に大きく分かれる。また、冷房需要と暖房需要の大きさなども反映し、地域により特に暖房方式に差異がある。

ヨーロッパの空調は、暖房のみの利用が基本であったため、暖房を中心に建物の設備が設計されてきた。暖房は温水循環式が多く、燃焼機器や電気ヒータが主に使われてきたが、ヒートポンプ式の温水暖房システム (Air to Water)[7]の導入も進んでいる。北米の場合には、空調はダクト方式で全館空調だが、暖房にはガス燃焼や電気ヒータも併用している。

一方、給湯を見ると、ヒートポンプが利用されているのは日本と中国だけで、まだ世界的には普及していない。燃焼機器と電気ヒータが中心になっている。

このように、ヨーロッパや北米の先進国市場では、それぞれ特徴的な市場形成が進んでいる。また、急速に拡大しつつあるインド、熱帯の東南アジア諸国や中国などは、日本の方式と近い。

表3.5には代表的な空調の例を示す（機器の写真については**表3.4**参照）。

表3.5 各地で使用される空調の例

国・地域	製造元	製品名
北米	Carrier	Vertical AHU 40VMV[16]
		PRODUCTS, INFINITY SYSTEM[17]
		Window Room Air Conditioner R－22 Refrigerant[18]
	AJ Madison	Packaged Terminal Air Conditioners (PTAC)[19]
ヨーロッパ	FUJITSU GENERAL in Europe	SPLIT TYPE High Power Series, System Configuration (ATW SYSTEM)[20]
	MICOE CORPORATION	Low Energy Consumption Monoblock Indoor Heat Pump Water Heater[21]
	Toshiba Carrier Corporation	Air to Water Heat Pump System, ESTIA R410A ESTIA series5[22]
中国	东芝开利空调销售(上海)有限公司	MiNi SMMS系列[23]
		室外机[24]
	Focus Technology Co., Ltd	Made-in-China「Horizontal Hot Water Tank[25]

---

7 **温水暖房システム** 温水を循環させて暖房や給湯に用いるシステム。従来は燃焼器・電気ヒーター方式が主流だったが、ヒートポンプ式が普及しつつある。また冷房ができるシステムも存在する。

ヒートポンプ技術に利用される冷媒は主にフロン類であるが、使用する機器の違いから、使用する冷媒も異なる。最近では、冷媒規制の流れを受けて冷媒転換が進んでいるが、ヨーロッパでは、世界でもっとも厳しいフロン規制を行っていることもあり、自然冷媒の使用が進んでいる。北米では、HFO系の冷媒の開発が盛んで、新たなHFO系冷媒の採用が進んでいる。熱帯の東南アジア諸国や中国などの途上国では、冷媒転換は遅れて進行しているが、中国ではR290を採用したルームエアコンの普及が始まっている[26]。

また、省エネの取り組みは各国で行われており、製品の最低エネルギー効率規制(MEPS：Minimum Energy Performance Standards)も設けられている。ヨーロッパではErP指令のLot10やエコデザイン規制によって最低エネルギー効率規制を規定し、アメリカでもMEPS規制がある。ただし、海外で定められる効率は、測定する温度条件などの評価方法が異なる点には注意が必要である(**表3.6**)。

表3.6　国別のエアコンに対する効率規制の比較(2020年3月時点)

Country	Metric	MEPS	Equipment Capacity	Normalized to Japan APF
Australia/ New Zealand	EER/AEER	3.66	<4 kW	N/A
China	SEER	4.30	<4.5 kW	4.69
EU (GWP>150)	SEER	4.60	<6 kW	4.20
EU (GWP<150)	SEER	4.14	<6 kW	3.84
Japan	APF	5.50	4-5 kW	5.50
Korea	EER	3.50	<4 kW	N/A
US	SEER	3.81	<19 kW	4.28
US	SEER2	3.93	<13 kW	N/A

注)各国のMEPS規制を標準化し、日本のAPFとの比較を実施。測定条件の違いなどにより直接比較は難しい点に留意が必要
出典：Cadeo Group「Domestic Air Conditioner Test Standards and Harmonization Final Report」(2020)[27]をもとに作成

以上のように、世界的にみると空調機器、小型の給湯機器では、地域により状況が大きく異なるが、冷凍技術や産業用のヒートポンプ技術などでは、大きな差がないのが現状である。

たとえば、空調方式については、ダクト方式では、ダクトでの空気輸送時の輸送ロスが大きいため、省エネの観点では、良い方式とはいえない。しかし、設置方法などが建物のつくりとも強く関連してしまうため、簡単には機器や方式を変えることはできない。そこで、それぞれの地域にフィットする形で、適切な機器の導入が求められる。なお、今後空調方式が広まるであろう東南アジアやインド

については、特有の空調文化などが根付いているわけでもないため、日本のインバータを中心とした高性能機の普及をできるだけ早期に促進すべきである。

　冷媒については、転換スピードの差こそあれ、いずれは各国の足並みがそろっていくものと考えられている。

　以上、機器を取り巻く状況について述べてきたが、空調を利用する国民の意識は、日本と世界では、設定温度にあまりに大きな違いがある。日本は、比較的よく設定温度を守っている。たとえば、冷房は、26〜27℃程度に設定していることが多いと思われるが、世界では、20℃を下回るような設定温度もざらである。この設定温度を変更するだけでも、数十％におよぶ節電効果がある。このような設定温度によって、エネルギーの使用量が大きく異なることを世界に広く情報発信していくことも重要である。

第 **4** 章

次世代ヒートポンプ
技術の社会実装

　ヒートポンプ技術はその優れた性質から、これまでさまざまな用途に対象を広げ、社会の中に浸透してきた。しかし、ヒートポンプ技術を取り巻く社会状況や動向を受け、変革を迫られている。

　これに対応するためには、ヒートポンプ技術を取り巻く複雑なバリューチェーンまで含め、ヒートポンプ技術全体の最適化を目指していくことである。できる限り早く全体の最適化に向けたグランドデザインを行い、ルールづくりなども含めたバックキャストで課題解決を進める必要がある。

　そこで、この章では、個別事象だけに注目して解決を進めていくと生じてしまう限界について一例を示す。その後、全体最適化を目指した取り組みにより、どのように「次世代ヒートポンプ技術」が実現されるのかについての事例を紹介する。

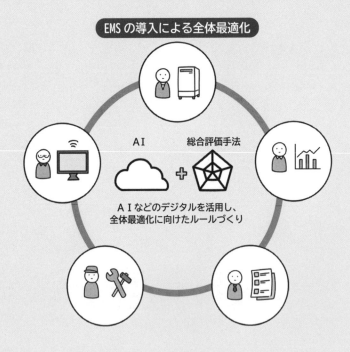

4.1 〉個別課題解決の限界

1 メーカーをまたいだEMS導入の必要性

　熱の合理的利用を実現するために、複数の機器を連成し、最適に運用するためのエネルギーマネジメントシステム(EMS)についても技術が確実に進展していることはすでに述べたとおりである。しかし、ヒートポンプ技術で必要不可欠な熱エネルギー関連の情報は、現状では外部には公開されていないことが多い。いわゆる「見える化」がなされていない。

　もちろんこのような状況下でも同一メーカーの機器であれば、いろいろな連成制御なども進んでいくものと思われるが、これでは、部分的なエネルギーの最適化にとどまってしまう。また、ユーザー側にもEMSの導入効果はほとんど不明のまま、なかなかその導入機運も高まらないだろう。

　重要なことは、異なるメーカーの機器間でも連成制御を進め、プロセス全体のエネルギー利用の最適化を進めることである。このまま、エネルギー関連の情報の公開や共有化が停滞すれば、EMS高度化へのボトルネックとなる可能性が高い。

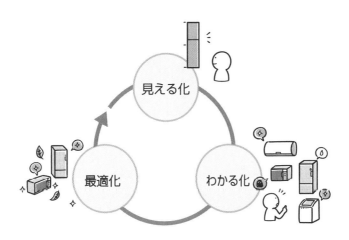

図4.1 環境マネジメントシステム

2　低GWP冷媒の実用化の課題

　今後実用化されていく低GWP冷媒は、可燃性や毒性を持つため、当然安全対策も必要となる。しかし、これによって機器性能が低下することも考えられるため、GWP(地球温暖化係数)を下げられても機器性能が大きく低下するようであれば、省エネルギーにはならない。

　冷媒転換は法的拘束力もあるため、確実に進んでいくだろう。しかし、たとえばエアコンにおいて、システム技術による性能改善や、建物の断熱化による空調負荷の低減効果などが考慮されない規格が放置された場合、機器の性能向上は、デバイス(機器)の大型化で対応せざるを得ない。このままいけば、機器がガラパゴス化し、高性能技術のグローバル展開も遅れてしまう。

　すでに日本のルームエアコンの室内機は、異常な大きさになっている。ヒートポンプ給湯機は、日本国内の事情にあわせたお湯の使い方に機器を最適化してしまったため、海外ではほとんど売れない状況となっていることは周知の事実である。

3　冷媒関連技術との連携の必要性

　冷媒や機器の流通情報を管理する重要性は前述したとおりで、安全性に対するルールづくりを同時並行で進めなければ、メーカーが低GWP冷媒の導入をためらってしまうだろう。間膨化は、冷媒配管から水配管への変更などもともなうため、建築側の大規模な設計変更も必要になる。メーカーだけでは、推し進めることはできない。

　機器性能の向上や冷媒転換にいくら労力を積み重ねても、資源循環が進まず機器価格が高騰すれば、性能の悪い低価格製品が世の中に出回り、CO_2排出削減が遅れることにもなりかねない。東南アジアなどでは、すでにこのような懸念が出始めている。性能が悪い低価格製品の氾濫は、長い目で見れば、環境技術投資を減速させる。

4 社会実装に向けた社会システム構築の必要性

　ヒートポンプ技術では、縦割りされた個別事象の課題ばかりに目を向けて検討を進めても限界がある。脱炭素化、省エネルギー、冷媒転換、資源循環はすべてセットで課題解決を目指さなければならない。

　さらにいえば、機械技術だけに目を向けても、ヒートポンプ技術の大幅な進化は期待できない。技術を超えて、冷媒回収や機器回収を安全で合理的に進められるサプライチェーンの構築や、人材育成まで考えなければ、安心、適正な価格の製品を消費者に届けることもできない。

　持続可能な「次世代のヒートポンプ技術」にするためには、単なる機械技術を超えてヒートポンプ技術を取り巻く社会を踏まえ、次の時代のヒートポンプ技術の開発や社会システム構築を行う必要がある。

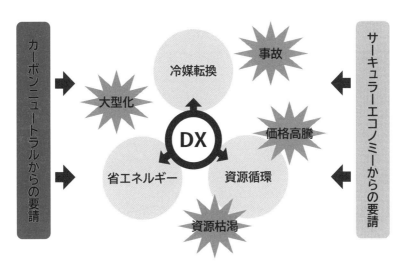

図4.2　ヒートポンプ技術に関する個別課題の現状と相互依存性

4.2 〉 全体最適化を実現する システムの構築

1 システムを一元化する必要性

　ここまでヒートポンプが対応すべき事象と、それぞれの課題解決の方向性を見てきた。ただし、個別事象は独立ではなく相互に強い関連性を持つため、それぞれ個別に対応するだけでは限界がある。このため、個別事象を横断的に捉えて課題解決を図りながら、目指すべき技術や社会システムの姿を全体として最適な解決を試みるのが、全体最適化の基本的な考え方である。

　全体最適化を実現する手段としては、DX、すなわちIoTやシミュレーション、デジタルツイン、次世代通信技術などのデジタル技術がとりわけ重要な基盤となる。これにより、機器運転情報、機器ライフサイクル情報、冷媒管理情報などの多様な情報の「見える化」が進み、情報が集積でき、1つの側面にしわ寄せが行くようなことがなく、全体としての対策が立てられるからである。

　このようなデジタル化やネットワーク化によって、さまざまな側面で、デジタルデータと統合し最適化した機器と、それを取り巻く共通基盤プラットフォームなどのシステム化こそが、「次世代ヒートポンプ技術」が目指す姿である（**図4.3**）。

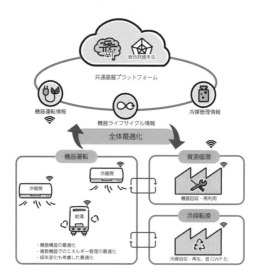

図4.3 全体最適化を実現した次世代ヒートポンプ技術のイメージ

最終的に目指す姿が不明確なまま、個別の課題解決による全体最適化を目指そうとすると、個別の課題に対するルールや対応組織なども体系化されてしまう。さらに、それぞれの個別事象に対応する複数の情報管理システムが構築されてしまい、全体最適化を実現するころには、修正が極めて難しくなることは容易に想像できる。例としては、現在、行政情報などをマイナンバーで紐づけて一元的に管理しようとしているが、形式の違う複数の情報により、大変な困難をともなっている。

　このため、何よりも重要なことは、「次世代ヒートポンプ技術」実現に向けた全体最適化へのグランドデザインをできる限り早く構築することである。次世代ヒートポンプ実現のカギとなる要素は次の2つである。

❶ DXによる全情報一元管理の実現
❷ 総合評価手法の構築

2　情報プラットフォームの構築

　次世代ヒートポンプ技術で全体最適化を進めるために重要となるのが、さまざまな情報システムの共通基盤となるプラットフォームをつくることである。データ授受や機器の相互制御のルールがきちんとできなければ、異なる事象やメーカーなど、相互の連携が決して進まないからである。

　例えば、図4.4に示すように、ヨーロッパで導入が義務付けられるデジタルプロダクトパスポートでは、製品の製造元、使用材料、リサイクル性、解体方法などの情報をデジタル化する。この情報を、製品のバリューチェーンに関わる主体と共有することを目指している。

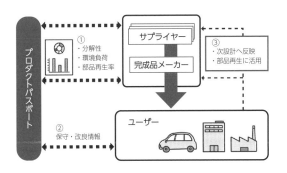

図4.4　デジタルプロダクトパスポートの仕組み
出典：株式会社日立総合計画研究所「1.プロダクトパスポートとは」[1]をもとに作成

このような共通基盤の基本設計を行うことが重要だが、このあたりはヨーロッパが非常に得意とし、日本ではどうしても後手に回っている。これが日本の技術革新を遅らせている最大の要因と考えている。早急な対策が必要である。

全情報一元化の対象としては、静的な情報を集積するデジタルプロダクトパスポートの構想より、さらに広くダイナミックなデータも含めて考える必要がある。

すでに、バッテリーパスポートのような機器のスタティックな情報だけではなく、リアルタイムの機器性能をはじめとしたダイナミックな情報も含めた情報の一元化も進められている。

しかし電池では、必要とされる情報量も圧倒的に少なく、電気系の技術でもあり、このような情報集積も比較的行いやすい。熱利用機器では、電気機器と比較すると情報量も多く、情報集積は圧倒的に困難になる。困難だからこそ実現すれば、日本の優位な技術となる。

3 目指すべき全情報一元管理システム

今後、機器本体を管理するシステムだけではなく、機器の稼働状態を管理するシステム、冷媒を管理するシステムなどが、それぞれの目的で構築されることが予想される。しかし、それぞれが別々に構築され、相互連携が難しくなる前に、全体を一元化する構想を示す必要がある。それらが最終的に全体として統合され、全情報一元管理が実現すれば、より広範囲での全体最適化が可能となる。

これを実現すれば、さまざまな効果をもたらす。たとえば、現在は設計・施工・運用の主体が分かれ情報が分断されているところで使用できれば、運用実態を設計・施工にフィードバックし、改善することが可能となる。また、コネクテッドな機器から得られる「使われ方」の情報や、不具合情報などを組み合わせてビッグデータで解析を行うことで、製品・部品としての損耗度を推定し、資源循環を促進できる可能性がある。将来的には、故障診断なども可能となる。

なお、ユーザーの個人情報などの秘密保護も重要となるが、ブロックチェーン技術や今後の活用が期待される量子暗号鍵などの情報保護技術で、対応できる。

ヒートポンプ技術の総合評価手法の構築

1 ライフサイクルアセスメントとは

　情報を一元管理できれば、それをもとに全体最適化を進めることになる。それには異なる価値を統合し、評価する手法や指標の構築が必要になる。効果的な手法が構築できるかどうかが、全体最適化へ誘導するキーポイントにもなる。

　たとえば、ライフサイクルアセスメント (LCA：Life Cycle Assessment)は、個別の商品の製造、輸送、販売、使用、廃棄、再利用までのライフサイクル全体を通して、各段階の環境負荷を明らかにし、その改善策を総合的に評価する手法である。異なる意味合いを持つインパクトカテゴリー[1]を一括して評価する場合には、それぞれのインパクトカテゴリーを単純に比較することはできない。ただし、異なるインパクトカテゴリーを重みづけし、統合化指標を算出することは行われている (**表4.1**)。

表4.1 LCAにおけるインパクトカテゴリーの重みづけの一例

インパクトカテゴリー	重みづけ1	重みづけ2	重みづけ3	重みづけ4	重みづけ5
温室効果	0.5	1	0.59	1	−
オゾン層への影響	0.5	1	3.0	−	−
酸性化	1	1	2.9	−	−
陸域システムの富栄養化	0.5	1	1.8	−	−
水域システムの富栄養化	0.5	1	1.8	−	−
人間への毒性	0.33	1	0.66	−	0.33
水システムの生態への毒性	0.17	1	0.34	−	0.17
陸域システムの生態への毒性	0.17	1	0.34	−	0.17
光化学オキシダント	0.33	1	0.66	−	0.33
非生物的資源の使用	1	1	−	−	−
生物多様性	0.5	1	−	−	−
生命サポートシステム	0.5	1	−	−	−

出典：環境省／三菱総合研究所「効果的なSEAと事例分析」(2003)[2]をもとに作成

1　**インパクトカテゴリー(影響領域)**　地球温暖化やオゾン層破壊などの懸念される環境問題の課題を項目化したもの。

2 　地球温暖化影響を考慮したライフサイクル指標

　省エネ性能の他にも、温暖化対策としての観点からは製品寿命気候負荷 (LCCP)[2]やライフサイクルアセスメント(LCA)、ライフサイクルCO_2(LCCO$_2$)[3] といった指標での評価が行われている。

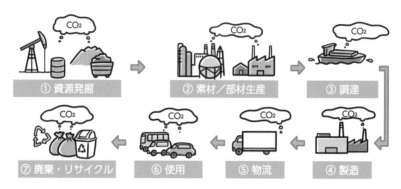

図4.5　LCAのイメージ
出典：三井物産株式会社　LCA Plus 脱炭素プラットフォーム
「脱炭素化で創り出すクリーンな社会を目指して」[3]をもとに作成

　これらは、エアコンがライフサイクル全般(資源採取・製造・輸送・使用・廃棄・リサイクルなど)で地球温暖化にどれだけ影響を与えるかを評価するものである。

　地球温暖化対策としては、これらの値を最小にすることが求められるが、地域や国によっては冷媒の漏えい率の実態や消費電力当たりのCO_2発生量も異なるため、地域や国の特性を加味して評価する必要がある。

　このような手法では、多くのインパクトカテゴリーが関わるため、膨大なデータと多くの重みづけを行うことが必要になる。はじめから完成度が高いものを求めると、いつまでたっても何もできないことにもなる。あくまで、全体最適化へ技術を導くための道しるべとして、いかにシンプルでインパクトある手法、指標が構築できるかがポイントになる。

2　**製品寿命気候負荷**　LCCP (Life Cycle Climate Performance)は、ライフサイクル温暖化特性とも呼ばれ、1つの機器のライフサイクルで、地球温暖化をもたらす影響をGWPのみの評価だけではなく、冷媒と電力消費による影響を含めて総合的に評価する指標。
3　**ライフサイクルCO_2**　LCCO$_2$(Life Cycle CO$_2$)は、GHG排出量をCO_2換算した指標。単に運転に必要な電力をつくるためのCO_2発生量だけではなく、冷媒の漏えいによる影響や、機器や冷媒を生産する際に発生するCO_2の影響なども加味した評価。

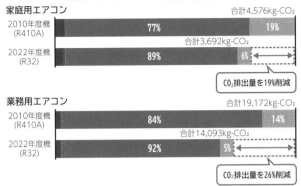

図4.6 LCAの評価例
出典：ダイキン工業株式会社「ダイキングループサステナビリティレポート2023」[4]をもとに作成

3　ヒートポンプ総合評価指標の構築

　一方で、早稲田大学次世代ヒートポンプ技術戦略研究コンソーシアムでは、**図4.7**に示すようなヒートポンプを対象とした総合評価指標の構築が進められている。ここでは、固有の性質（エネルギー効率・冷媒のGWP・安全性・資源消費量など）だけではなく、機器が利用される社会システムで重要となる評価要素も含む指標の構築を目指している。たとえば、エアコンであれば快適性や健康などで、温度だけではなく湿度や気流などもあわせて評価している。

　あえて比較的簡易なものとして早期導入を目指している。各カテゴリーに重みづけをして評価し、100点満点で評価結果が導出されるようになっている。

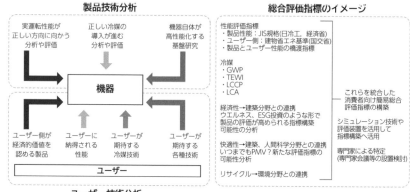

製品技術分析

- 実運転性能が正しい方向に向かう分析や評価
- 正しい冷媒の導入が進む分析や評価
- 機器自体が高性能化する基盤研究

機器

- ユーザー側が経済的価値を認める製品
- ユーザーに納得される性能
- ユーザーが期待する冷媒技術
- ユーザーが期待する各種技術

ユーザー

ユーザー技術分析

総合評価指標のイメージ

性能評価指標
・製品性能：JIS規格(日冷工、経済省)
・ユーザー側：建物省エネ基準(国交省)
・製品とユーザー性能の橋渡指標

冷媒
・GWP
・TEWI
・LCCP
・LCA

経済性→建築分野との連携
ウエルネス、ESG投資のような形で
製品の評価が高められる指標構築
可能性の分析

快適性→建築、人間科学分野との連携
いつまでもPMV？新たな評価指標の
可能性分析

リサイクル→環境分野との連携

これらを統合した
消費者向け簡易総合
評価指標の構築

シミュレーション技術や
評価装置を活用して
指標構築へ活用

専門家による特定
(専門家会議等の設置検討)

図4.7 総合評価指標のイメージ
出典：早稲田大学オープンイノベーション戦略研究機構 次世代ヒートポンプ技術戦略研究コンソーシアム
「ユーザー技術分析」[5]をもとに作成

　早稲田大学次世代ヒートポンプ技術戦略研究コンソーシアムでは、家庭用エアコンを対象に次に示す総合評価指標を検討中である。

❶ 総合評価指標の目的

　目的は以下のa、bのとおりである。製品の販売に当たっては、ユーザーニーズに応えることが必須であることから、aに示した目的にまず優先順位があり、それを受けたbを第二義的な目的としている。

> a. ヒートポンプ技術のユーザーから見た場合に個別のヒートポンプの良し悪しが総合的に判断できる指標の策定
>
> b. ヒートポンプ技術に係る企業の技術開発戦略に寄与する指標の策定。ヒートポンプ技術開発に関する方向性を示唆し、製品の位置づけをポジショニングできるもの

❷ 総合評価実施手順

　総合評価の実施手順を示す。家庭用エアコンの例を参考に挙げている。業務用、産業用などのヒートポンプの場合には、評価指標は家庭用エアコンとは異なる可能性もあるが、評価手順は普遍的なものとして適用可能である。

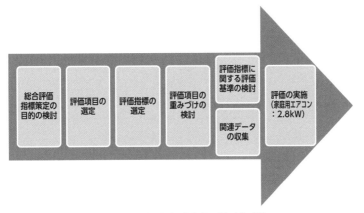

図4.8 検討中の総合評価指標の評価実施手順

❸評価項目と評価指標

　採用した評価項目と評価指標は**表4.2**の通りである。

表4.2 検討中の総合評価指標の評価項目と評価指標

評価項目	評価指標	
エネルギー効率	APF	
安全性	冷媒の燃焼性、毒性	
環境問題	地球温暖化	冷媒のGWP×封入量
	廃棄物	リサイクル対象製品か否か、再商品化率、質量(室内機＋室外機)
快適性	省エネ機能・快適性制御・AI機能、運転音(室内機＋室外機)	
健康性	換気機能・加湿機能・除菌殺菌機能	
IoTとの接続性	遠隔操作・監視機能、他製品との連携	

❹総合評価指標のポイント

　通常、家庭用エアコンであれば、たとえばユーザーはAPFなどのエネルギー効率、換気機能などの健康性をバラバラに見て、いずれのエアコンが良さそうかを総合的に判断する。

　健康性を高めればより電力を必要とするので、エネルギー効率が劣ることになるが、そういったメリット・デメリットを判断した上で、購入に当たっての選好度を検討している。

　総合評価指標は、明確化された点数を用いてそういった判断を行う手法であり、ユーザーにとっては、今まで曖昧な形で判断していた評価を明確な形で実施できる。エアコンメーカーにとっても、そのような明確な形で提示された評価に基づき、技術開発の方向性を決めることができるというメリットをもたらす。

4.4 〉バリューチェーン全体での最適化

1 総合評価手法の構築によるバリューチェーンの最適化

　全情報一元管理を実現するとともに総合評価手法を構築できれば、技術革新や社会システムの変革やユーザーにとっても購買への指向性の変革をももたらすものになる。これにより、資源循環が主体となるサプライチェーンや、冷媒転換まで含んだ総体的な取り組みが行えるようになり、バリューチェーン全体の最適化が進みやすくなる。前述したように、個別事象だけに注目してヒートポンプ技術の課題解決を進めていけば、最終的に目指す「次世代ヒートポンプ技術」の実現に時間がかかり、変革の限界を早期に迎えることにもなる。

2 国家的な仕組みの構築

　一方で、このような全体最適化は、メーカーだけでは実現は極めて困難で、業界団体、行政、学術機関なども含めた全国家的な対応も必要となる。非常に困難な全体最適化となるため、いち早く対応した地域や国家が今後世界のヒートポンプ市場の主導的役割を担うことになる。日本が非常に苦手とするシステム化技術だが、国家が一丸となれば必ず実現できると確信している。現在、世界の主流となっている日本のヒートポンプ技術が引き続き世界のけん引役となれるかどうか、正念場を迎えているといっても過言ではない。

　本書で提案する「次世代ヒートポンプ技術」によるバリューチェーン全体での最適化の姿を図示しておく（**図4.9**）。

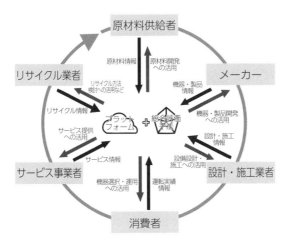

図4.9 次世代ヒートポンプ技術によるバリューチェーン全体での最適化

　全体最適化ができれば、バリューチェーン全体をビジネスとして世界展開させることが可能になる。ちょうど、新幹線を運行システムとセットで世界展開を図っていることなど、良い例である。

4.5 〉 全体最適が実現した場合の効果

　この節では、全体最適化が実現できれば、どのようなことが可能になり、どのような効果が得られるかの一例をいくつか示す。大切なことは、変革の途中では部分的な最適化でもよく、常に次世代のヒートポンプ技術の姿を描き、全体最適化を目指した取り組みを進めていくことである。

1　省エネルギーに向けた全体最適化

❶冷温同時利用が求められるプロセスでの利用

　現状では、どうしても機器単体性能の向上ばかりに目が向けられてしまう。実際の機器の運転状態や運転性能の「見える化」が進んでいないこともあり、ユーザーは規格性能など断片的な情報をもとに、機器選定をせざるを得ない。たとえば、工場や低温物流拠点では、冷却と加温が同時に要求されることがある。また、熱需要が集中的に発生する大規模建物や都心部では、近接して給湯、空調、冷凍などの複数の温度帯の熱需要が発生する。

　このような場合、個別の熱需要ごとに個別の機器で対応するのでは非効率となるが、冷温同時利用のヒートポンプ技術などを用いることで、より極めて効率的な運転が可能となる(**図4.10**)。

図4.10　冷温同時利用ヒートポンプを利用した熱供給のイメージ(蓄熱槽利用)
出典：一般社団法人日本エレクトロヒートセンター「冷暖同時供給システム」[6]をもとに作成

❷デジタルを活用したシステム設計

　図4.10で示したプロセスを実現するためには、個別の機器単位ではなく、機器全体で熱供給システムを設計し、統合的に管理し、最適なヒートポンプ機器を使う必要がある。

機器同士で干渉する場合にも、空調機や冷凍機単体で設計して導入するのではなく、両者の機器構成や配置を最適化する必要がある。それとともに、情報プラットフォームを活用し、異なるメーカーの機器の運転状況を互いに把握しながら、EMSなどで連携することで運転を最適化できる。

　このような機器の統合や、連成運転が高い効果があることはわかっていたとしても、実際に機器を導入した場合に、どれだけの効果があるのかは定量的にはほとんどわからない。ここでも、デジタルツインの技術をはじめとしたDXが大きな効果を発揮するだろう（**図4.11**）。

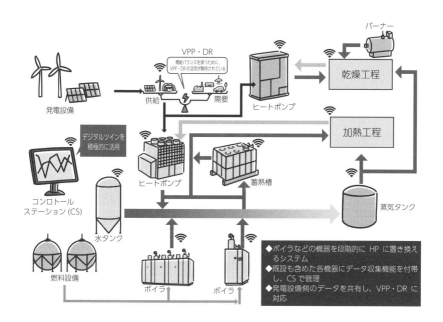

図4.11　EMSによる熱を含めたエネルギー需給の総合最適化のイメージ
出典：一般社団法人産業競争力懇談会「【Ambient Energy Platform の構築と社会実装】〜熱を含めた統合 EMS の早期実現を目指して〜」(2023)[71]をもとに作成

❸デジタルを活用したランニングコストの予測

　これまでは、熱の合理化をするために、ESCO事業者によるランニングコスト予測などに基づき、導入の検討が進められてきた。ただし、現場のエネルギー利用状況や削減効果の正確な把握に一定の限界もあった。しかし、これらの効果が、きちんとしたルールの中でつくられたデジタルツインで、実際の設置環境に基づいた性能やランニングコストの予測ができれば、機器導入へのハードルを大いに

下げる効果がある。同様に導入予測だけではなく、導入効果をデジタルツインで定量的に検証していけば、新たな導入検討へ弾みもつき、さらなる高度なEMSによって有効に活用されるだろう。

　また、再生可能エネルギーを大量導入するためには、ディマンド・リスポンス(DR)は必須であり、産業分野でも今後DR導入が要請されていくだろう。その場合、ボイラを多用している工場では電力の調整ができず、電力需給調整の要請に応えることができない。一方で、ヒートポンプ技術＋蓄熱が導入されれば、蓄熱を有効活用して、DRへの対応が可能となる。このように、次の時代のエネルギー需給の在り方まで踏まえた最適化が志向されれば、DRに対応する需要家向けの契約形態などの経済的優遇策も強化され、ヒートポンプ技術導入へのインセンティブともなる。

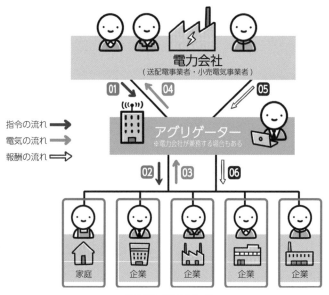

図4.12　DRのイメージ
出典：株式会社日本ビジネス出版　環境用語集「デマンドレスポンス」(2017) [8]をもとに作成

❹熱エネルギーを管理するEMSプラットフォーム

　早稲田大学を中心とした企業連合体によって、第三期SIPにおいて「熱エネルギーマネジメントシステムの基盤技術開発と共通化」が進められている。熱利用技術では、従来のようなデバイスや個別システムの性能向上の積み上げによるさらなる大幅な性能向上や脱炭素化には限界がある。そこで、統合システム化技術として、EMSソフトウェアだけではなく、機器やセンサなどのハードウェアも含めた異業種、異システムを連携するEMSプラットフォームが構築される。

このプラットフォームを活用し、コロナ感染症をはじめとした急変する社会的要請や、今後大幅に利用が増大する再生可能エネルギーの導入も踏まえたいくつかの統合システムを具現化し、社会実装まで進められる。同時に、これまで不明瞭であったEMS導入効果の「見える化」を可能にするデジタルツイン技術により、導入効果の予測や検証技術まで行うエコシステムを構築する。これにより、柔軟で強靭なエネルギー需給体系を実現した未来社会像の早期実現に貢献することを目指している。

空調分野に目を向ければ、これまでエアコンは、機器が実運転において、どのような状態でどのような性能で運転されているのか把握されてこなかった。カタログ性能として表示されるAPF（通年エネルギー消費効率）では、機器性能向上に大いに貢献する制御技術の向上などは反映されないため、実運転性能向上技術への開発のインセンティブがなかった。しかし、エネルギー関連の情報が共有されるようになれば、動的性能評価が可能になる。実際の機器の運転状況を加味した評価がされるようになれば、当然効果があるこれらの検討も進んでいくだろう。

❺デジタルを活用した実運転時の性能評価

機器を使用し続けると、経年劣化や汚れなどにより性能が大幅に低下していく傾向があるが、低下速度は機器によって一定ではない。このため、新品としての性能ではなく、使用期間中を通して性能が高い機器の方が優れている。このような機器や対策を施している機器を、選択できるようにすることが望ましい。

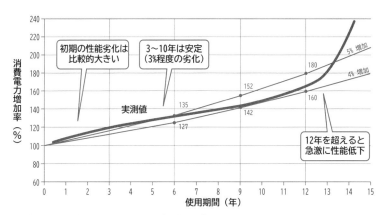

注）冷房能力2.2kwの家庭用エアコン41台による実測値から算出（2009年実施）

図4.13 エアコンの使用期間と消費電力の推移

出典：王子エンジニアリング株式会社「空調設備省エネ対策」[9]をもとに作成

DXでの最適化が進めば、IoTで接続された機器からのデータを活用して運転状態をリアルタイムで継続的にモニタリングし、市場での実性能をトレースできるようになる。このデータに基づきシミュレーションやデジタルツインとの比較検討を行うことで、経年変化や故障などを評価し、使用期間中全体での最適化を図ることが可能となる。当然、産業分野も同様に、EMSによる複数の機器の連成なども評価される。さらなる省エネルギーへの対応が求められている空調分野に、新たな省エネルギーの道が開かれていくことになる。

2 早期冷媒転換実現に向けた全体最適化

❶地球温暖化対策を踏まえたシステム設計

冷媒の情報と連携することにより、機器性能低下によって冷媒漏えいなどの予測も可能になる。当然、機器開発などへのフィードバック、さらなる機器の性能向上に向けた技術革新などへ導くことが期待される。ここでは、多様な情報の一元管理が大いに役立つ。

本来は、エネルギー由来の脱炭素化と冷媒転換は、ともに地球温暖化防止を目指す取り組みとして進めるべきだが、現状では、ほぼ独立事象として検討が進められている。前述した通り、低GWP冷媒に転換したことにより、機器性能が低下し、かえって地球温暖化影響が大きくなったり、機器が大型化してガラパゴス化し、高性能機が売れなくなるような事態も想定される。

ヒートポンプ技術によるGHGの排出としては、大きく見ると、使用時の電力消費によるエネルギー起源のCO_2と、冷媒フロン類の漏えいによるものがある。地球温暖化係数(GWP)の高い冷媒を用いる場合には、後者の影響が無視できない水準となっている(**図4.14**)。このため、ヒートポンプ技術による環境負荷を考慮する際には、コストメリットがある省エネだけではなく、冷媒対策も重要となる。しかし、省エネと冷媒転換はしばしばトレードオフ関係にあり、両立するのは難しい。両者を考慮して最適なシステム設計を行う必要がある。

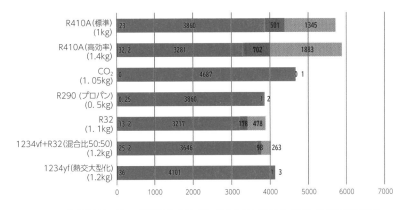

注)計算前提：家庭用エアコン 4kW（CO_2排出係数　0.425[CO_2-kg/kWh]、寿命12年、運転時間 9Hr/Day、稼働時冷媒漏えい率2%/年、廃棄時冷媒回収率30%で評価の場合）　横軸は$kgCO_2$

図4.14　冷媒種別の総合的なGHG排出量（家庭用エアコン4kW）
出典：環境省「日冷工の温暖化防止と次世代冷媒への取り組み」(2011) [10] をもとに作成

❷ LCCPやLCCO₂評価手法の活用

　まだ利用される場面が限定されているが、今後はライフサイクルのさまざまな段階で温室効果ガスの排出を考慮したLCCPやLCCO₂などの評価手法を活用することで、機器単体での省エネと冷媒転換とのバランスを探ることができる。さらには複数の機器を組み合わせた最適化や、冷媒の漏えい防止や回収・再生システムの整備などを通じ、社会全体での管理方法も含めた最適化が可能になる。こうすることで、無理な機器の大型化などを回避し、適切な技術の進展をもたらすことができる。

❸ 冷媒の漏えい対策

　冷媒対策としては、キガリ改正に基づく冷媒生産・消費量の削減と、カーボンニュートラルに向けた冷媒排出量の削減が同時に要請されている。いずれの場合であっても、冷媒の漏えいを防止し、回収・再生を進めることで新規冷媒の投入量が減り、排出量の削減も実現する。このため、低GWP化と、既存冷媒の回収・再生の2つの対策が同時に進むことで、効率的な冷媒転換が進む。

　また、現状では、エアコンは可燃性冷媒であっても微燃性冷媒A2Lの使用の範囲にとどまっているため、機器の安全対策や冷媒漏えい防止技術、冷媒回収技術がなかなか進んでいかない。今後、可燃性の冷媒が導入されれば、機器の安全

対策をハードとして、社会システムをソフトとして同時に進めることに効果がある。総合評価指標などでこれらの効果を高く評価することによって、その推進も図ることができる。

次世代冷媒の早期導入に安全対策が不可欠であることは、すでにわかっていることである。安全な冷媒回収技術や効果的な漏えい対策、回収の社会システムの構築が進めば、より早く次世代冷媒への転換も可能となるだろう。

3　資源循環実現に向けた全体最適化

現状では、省エネや冷媒転換を個別に進めているため、これらによる機器の大型化やコストアップにあまり目が向けられない。無理をすると結局メーカーの利益が減り、環境投資を抑制し、今後より製品開発を遅らせるようなことにもなる。

全体最適化の考え方が進んでいけば、たとえば機器回収の仕組みと冷媒回収の仕組みが統一されることになり、非常にシンプルな管理体制のもと、両者の回収が進むものと考えられる。機器回収と冷媒回収が同時に行えるような機器構造の開発や、新たな商流の生成にも期待が持てる。これにより、次世代冷媒転換にかかるコストの消費者への転嫁を、最小限に抑えることも可能となるだろう。

また、デジタルプロダクトパスポートの仕組みが整備されてくると、機器の材料の情報だけではなく、冷媒の使用状況や機器のエネルギー使用状況などを総合した情報の管理が機器ごとに行う仕組みもできてくる。これらの情報を機器が管理するのか、何らかの機関で一括管理するのかなど、解決しなければならない問題も多い。しかしながら、資源利用の最適化とエネルギー利用の最適化、CO_2排出量の最小化が同時に実現されることになれば、持続可能な社会の実現に大きく貢献することにもなる。

第 **5** 章

生命を守る
ヒートポンプ技術

第5章　概要

　下図に示すとおり、「次世代ヒートポンプ技術」による新たな価値の創造が大きく見込まれる分野としては、「居住環境」、「食料システム」、「産業」、「電力需給」などがあげられる。

　そこで、第5章では、人類の生命維持に欠かせない「居住環境」、「食料システム」分野に対して、これらの分野のニーズ・課題に次世代ヒートポンプ技術がどのように貢献しうるのか、どのように豊かな未来社会像が実現できるのかについて例示する。

　なお、主に日本を念頭に説明するが、上記はいずれも世界共通的に実現が求められている未来像であり、国内のみならず、世界に対しても適用・展開していくことが重要である。

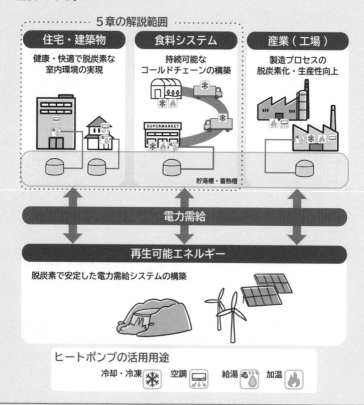

5.1 〉居住環境の現状：ウェルネス

1　ウェルネスの概念とその実現への期待

　世界的に、従来の健康の概念である「ヘルス(Health)」[1]をより広くとらえ、健康を基盤として精神的・社会的により前向きに豊かで活力のある日常と人生を送ることを目指す「ウェルネス(Wellness)」[2][1]という概念が広まっている。日本でも、人口減少・高齢化などが進展する中、健康寿命を延伸し、豊かな人生を送ることへ人々の関心が高まっている。また、企業においても、従業員の健康保持や増進を経営課題としてとらえ、戦略的にマネジメントする健康経営が浸透してきている。

　人々の生活の基盤である居住環境は、ウェルネスを高める上で非常に重要な要素の1つであり、その中でも特に人々の健康状態や快適性への影響が大きいのが室内の温熱環境である。この温熱環境は**図5.1**に示すように、温度・湿度・気流・放射という環境側の4要素と、代謝量・着衣量という人間側の2要素によって決まってくる。

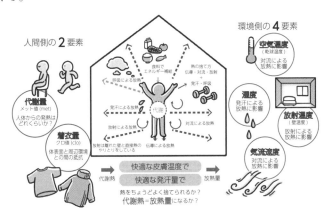

図5.1　温熱環境を構成する6要素
出典：前真之・株式会社 札促社／ReplanWebマガジン
「前真之のいごこちの科学－vol.008／冬のいごこちを考える」(2018)[2]をもとに作成

1　**ヘルス**　世界保健機構(World Health Organization)の憲章前文(1946年)では、健康(Health)について「肉体的、精神的及び社会的に完全に良好な状態で、単に疾病または病弱の存在しないことではない」と定義されている。
2　**ウェルネス**　ウェルネスの定義の一例としてGlobal Wellness Instituteによる「総合的な健康につながる活動、選択、ライフスタイルを積極的に追求すること」などがある。

2 ウェルネスへの影響因子

温熱環境が快適であるためには、人体からの代謝熱量と皮膚表面からの放熱量がバランスしている必要があるが、その熱バランスを決めるのがこれら6要素である。

まず、人間側の代謝量によって人体から放熱すべき代謝熱量が決まる。加えて、人間側の着衣量によって着衣表面温度が決まり、この着衣表面温度と周辺環境の間で熱のやり取り(放熱)が行われることで放熱量が決まる。周辺環境への放熱ルートには周りの空気への対流や周辺物への放射、発汗などがあり、環境側の4要素はこれらに影響をおよぼす。たとえば、湿度が高いと汗の蒸発が進まず、発汗による放熱量が小さくなるため、暑さを感じやすくなり、気流が大きいと対流による放熱が大きくなるため、寒さを感じやすくなる。

このように、快適な温熱環境を実現するためには、温度だけではなく、湿度、気流なども重要な要素であり、住宅・建築物の断熱性能を高めて熱の流出入を防ぐとともに、ヒートポンプ技術を活用した空調機器・システム(エアコンなど)を用いてこれらの要素を適切に制御することが必要不可欠である。

また、新型コロナウイルス感染症の流行以降、換気が非常に重要視されている。多くのクラスターが発生したが、図5.2に示すように適切な換気がその抑制効果が大いにあることは周知の事実である。

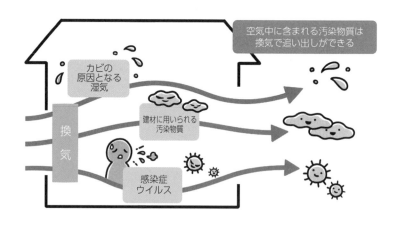

図5.2 換気の重要性
出典：清水工業株式会社「住宅やオフィス・店舗で上手に換気を行う方法を教えます」(2020)[3]をもとに作成

一方で、換気によるエネルギーロスは、大変大きなことも事実である。居住者が少ない状況でも、通常の換気や空調が継続されれば、脱炭素化へは大きく逆行してしまう。

　また、2章1節で述べたカーボンニュートラルの実現に向けては、日本全体の温室効果ガス排出量全体のうち、約30％を排出する住宅・建築物（家庭・業務部門）における排出削減が不可欠である。このため、上述のような快適な温熱環境を実現しつつ、省エネルギー化・脱炭素化とも両立していくことが必要となる。

5.2 〉居住環境の現状：脱炭素

1 住宅のエネルギー使用量

❶断熱性能基準を満たしていない日本の住宅

　日本と海外の住宅の断熱性能基準を**図5.3**に示す。横軸は暖房デグリーデー[3]という冬期における外気温の低さを表す指標であり、数字が大きいほど寒冷、小さいほど温暖である。縦軸の外皮平均熱貫流率(UA値)は熱の逃げやすさを表し、数字が小さいほど高断熱となる。日本の現行の省エネルギー基準は、特に温暖地において海外の基準より低い水準であることがわかる。一方、国土交通省の資料によると、2020年時点でこの現行基準を満たしていない住宅ストックが全体の90%程度を占めており、そのうち、現状では無断熱相当の割合が30%程度である[4]。

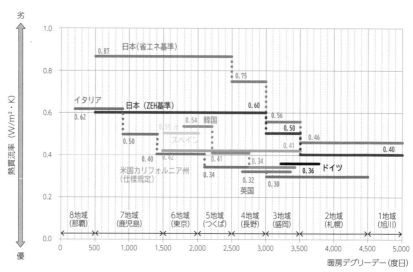

図5.3　住宅の外皮平均熱貫流率(UA値)基準の国際比較

出典：国土交通省「今後の住宅・建築物の省エネルギー対策のあり方(第三次答申)及び建築基準制度のあり方(第四次答申)について」(2022)[5]をもとに作成

3　**暖房デグリーデー**　住宅などの一冬の暖房に必要な熱量を計算する際に用いられる指標。その地域で暖房を必要とされる期間中の統計上の日平均外気温と暖房温度の差を積算して算出される。

❷日本の建材・暖房水準の低さ

　日本の住宅は断熱性能が低いだけではなく、暖房水準も低い。**図5.4**は世帯当たりの用途別エネルギー消費量を国際比較したものだが、日本の暖房用途でのエネルギー消費量が、欧米と比較して非常に少ないことがわかる。

　比較に際しては気候や住宅の大きさ、文化など、さまざまな条件が異なることには注意が必要だが、これほどの差異が見られるのは、他国は住宅全体もしくは居室を長時間暖房する運転方式（全館連続運転方式、居室連続運転方式）が主流であることが大きく影響している。その一方、日本は居間や寝室などといった居室のみを必要な時間帯だけ暖房する運転方式（居室間歇運転方式）が主流である。

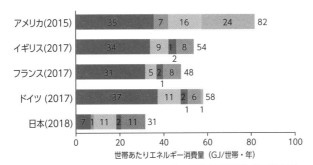

図5.4　世帯当たり用途別エネルギー消費量の国際比較
出典：環境省「令和2年版 環境・循環型社会・生物多様性白書」(2020)[6]をもとに作成

❸地域差のあるエアコン・ヒートポンプ給湯機使用率

　環境省の統計調査によると、暖房に使用されている機器としては、**図5.5**に示すように、寒冷地以外ではエアコンを主に暖房機器として使用する割合が30〜40％を占めるが、寒冷地、特に北海道では灯油ストーブの使用割合が高く、エアコンを主に暖房機器として使用する割合は戸建住宅で1％、集合住宅で3％と非常に少ない。同調査によると、北海道では夏季における冷房需要が小さいこともあり、エアコン使用世帯（エアコン普及率）が30％程度にとどまっている（全国では90％以上の世帯がエアコンを使用）[7]。

　寒冷地でエアコンの普及が進んでいない要因の1つとして、室外機への着霜が挙げられる。エアコンは暖房運転の際に室外機の熱交換器表面で外気の熱を奪うため、熱交換器内部の温度は外気温度よりも低い必要がある。そのため外気温が非常に低く、熱交換器内の温度が氷点下になるときには、熱交換器の表面に空気

中の水分が霜となって付着して外気との熱交換が阻害されて暖房能力が低下し、さらに、霜の融解に別途エネルギー投入が必要となる場合がある(寒冷地向けエアコンでは、低気温時の性能がかなり改善されている)。

　また、輻射式(放射式)[4]で熱を伝える灯油ストーブと対流式[5]エアコンとでは、使用者にとっての快適感も異なり、灯油ストーブに慣れ親しんだ世帯では、エアコンへの転換に抵抗感を持つことなども推察される。

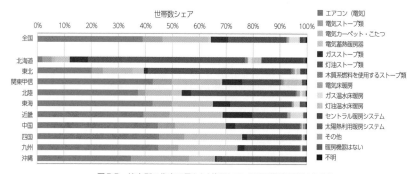

図5.5　地方別の住宅で最もよく使用している暖房機器(2021年度)
出典：環境省「令和3年度家庭部門のCO$_2$排出実態統計調査」(2023)[8]をもとに作成

　なお、給湯についても同様で、**図5.6**に示すように、温暖地の戸建住宅ではガス給湯器とヒートポンプ給湯機のシェアが高いものの、寒冷地、特に北海道では灯油給湯器のシェアが高く、ヒートポンプ給湯機は5%未満である。

　また、集合住宅では地域によらず、ガス給湯器が主流で、ヒートポンプ給湯機のシェアはいずれの地域でも5%未満にとどまっている点が特徴的である。

　ガス給湯器は、ヒートポンプ式給湯機と比べると安価であり、また瞬間湯沸かしが可能であるため、貯湯槽の設置が不要で、設置スペースに制約が少ないことに優位性がある。このためヒートポンプ式給湯機は、寒冷地ではエアコン同様に着霜の面での課題、また集合住宅では設置スペース制約上の課題があり、普及の阻害要因となっている。

4　**輻射式**　赤外線などの電磁波により生じる熱移動。熱媒体は不要で真空中でも離れた場所でも熱移動が生じるため、熱いものがあるとその方向が暖かく感じる。壁や床も温めることができるが、空間全体を温めるには時間を要する。
5　**対流式**　温度差などによって生じる流体の流れによる熱移動。暖かい空気を対流させることで早く空間全体を温めることができるが、壁や床は直接的には温めないため、壁や床を温めるには時間を要する。

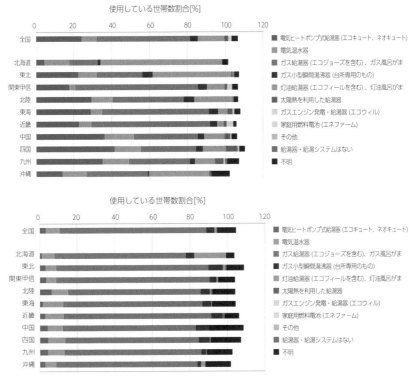

注）複数使用している世帯が存在するため、世帯数割合の合計値が100％を超える。

図5.6 地方別・建て方別の住宅で使用している給湯器・給湯システム（上：戸建住宅／下：集合住宅）

出典：環境省「令和3年度家庭部門のCO_2排出実態統計調査」(2023)[9]をもとに作成

2 建築物のエネルギー使用量

　住宅以外の建築物についても、国土交通省資料によると、2020年度時点で無断熱相当がストック全体の30％程度を占めており、住宅と同様、その断熱性能は高いとはいえない状態にある[7]。

　建築分野（業務部門）における用途別のエネルギー消費内訳(2020年度)は、**図5.7**に示すとおり、空調（暖房・冷房）用途が約27％、給湯用途が約13％、厨房用途が10％、動力他が50％となっている。

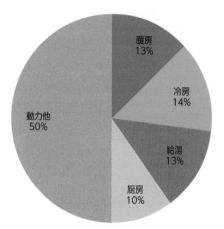

図5.7 業務部門における用途別エネルギー消費量の内訳
出典：日本エネルギー経済研究所「EDMCエネルギー・経済統計要覧2022」(2022)[10]をもとに作成

　上記用途のうち、空調で用いられる機器としては、ヒートポンプ式の業務用空調機器が中心である。一方、給湯で用いられる機器としては、ヒートポンプ給湯機のほか、ガスだき温水ボイラ、油だき温水ボイラなどの燃焼式給湯器があるが、現状は燃焼式給湯器の出荷シェアが圧倒的に高く、ヒートポンプ給湯機の出荷シェアは1%未満に留まっている[11]。

5.3 〉居住環境が抱える課題とニーズ

1 日本の住宅性能

❶住宅の熱効率性

　5章2節でも述べたように、日本の住宅は、外皮性能の低さや他国とは異なる空調運転方式(居室間歇運転方式)から、快適な温熱環境を実現できていないという問題を抱えている。世界保健機構(WHO)では、健康の観点から、冬季でも住宅内の温度を18℃以上とするよう強く推奨しているが、日本の住宅の室温実態を調査した例では、**図5.8**に示すように、居間では平均16.7℃、脱衣所では平均12.8℃との結果が得られており、WHOによる最低18℃以上という推奨室温を満たしていない住宅が多いとの結果もある。

■ 居間の平均室温（在宅中）の分布

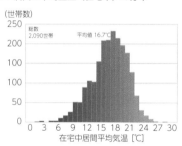

■ 脱衣所の平均室温（在宅中）の分布

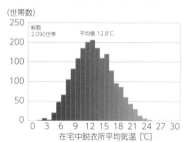

図5.8　室内の平均気温の分布 (左：居間、右：脱衣所)
出典：一般財団法人ベターリビング「健康に暮らすためのあたたか住まいガイド」(2019)[12]をもとに作成

　このように快適な温熱環境を実現できないことにより、夏季には熱中症、冬季にはヒートショックに起因する事故が室内で多く発生している(室内の熱中症発症者は年間2万8千人[13]であり、入浴中の急死者は年間1万9千人[14]とも推計されている)。今後、高齢化がさらに進展する中、こうした健康被害を防ぐべく、快適な室内環境の実現の重要性がより増してくる。

住宅以外の建築物のニーズについても、住宅と同様に、まず大前提として快適な室内環境を実現することが挙げられる。建築物では、熱中症、ヒートショックなどの健康被害が発生するケースは少ないものの、前述のとおり、企業の健康経営への意識の高まりなどから、従業員の健康性・知的生産性向上に資する室内環境へのニーズが高まっている。

前述した通り、感染症対策も十分に行われる必要がある。ただし、当然脱炭素化へ逆行するようなことがあってはならない。このため、感染症急拡大時などに向けてレジリエントに換気量を調節できるようなことも求められるであろう。

また、上記ウェルネスの観点だけではなく、カーボンニュートラルの観点からも、住宅・建築物におけるエネルギー消費機器・システムの在り方などの変容が求められている。

❷ヒートポンプ技術を活用した住宅設計の必要性

5章2節で述べたとおり、寒冷地では住宅用の暖房・給湯用途にガスや灯油などによる燃焼式機器が依然として多く用いられており、また集合住宅では地域によらず、ガス給湯器が主流となっている。脱炭素化に向けては、最大限の電化を図っていく必要があるため、技術開発などを通じて、現状のヒートポンプ機器の課題(着霜、設置スペース制約など)を克服し、燃焼機器からの転換を図ることが重要となる。

住宅以外の建築物についても同様で、空調に関してはすでにヒートポンプ技術が広く用いられているが、給湯に関してはガスだき温水ボイラ、油だき温水ボイラなどの燃焼式給湯器のシェアが圧倒的に高いのが現状である。省エネルギー化・**図5.9**に示すようなZEH/ZEB[6]化という観点に加え、脱炭素化に必要不可欠な電化促進という観点からも、燃焼式給湯器からヒートポンプ給湯機への転換が望まれている。

ただし、ヒートポンプ機器に転換する上では、冷媒の低GWP化に対する対策をあわせて実施することが必要不可欠である。たとえば炭化水素などの可燃性冷媒を使用することを前提に漏えい対策を行うことや、ヨーロッパで普及しつつある温水暖房システムを用いることが考えられる。

---

6 **ZEB/ZEH**　ZEB(Zero Energy Building)とZEH(Zero Energy house)は、消費するエネルギーと同量のエネルギーを再生可能エネルギーなどで創出し、エネルギー消費量を実質0とするビルや住宅のこと。

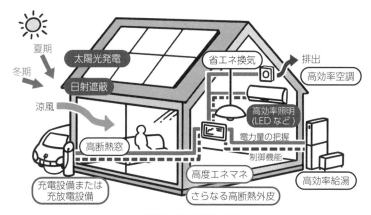

図5.9 ZEH住宅のしくみ

出典：一般社団法人 環境共創イニシアチブ「2023年の経済産業省と環境省のZEH補助金について」(2023)[15]を
もとに作成

　なお、冷媒対策は既存のヒートポンプ機器についても求められる。現在GWP
の小さいR32への転換が進んだところであるが、さらにもう一段の冷媒対策は避
けられない。炭化水素などの可燃性冷媒を、冷媒量などを制限して直膨式で使用
するか、熱搬送に冷媒ではなく冷温水を用いるチラーなど(上述の温水暖房シス
テムも含む)を用いた間膨式への転換が必要となるだろう。その際、前者では冷
媒の漏えい対策などの安全性の確保など、後者では水漏れ対策などの配慮が必要
となり、いずれにしてもより厳格な管理が必要となる。チラーを利用しようとし
た場合、水漏れのほか、効率が低下することが課題となるが、空調、給湯を組み
合わせてシステム化することで効率を向上させることも考えられる。

5.4 › ヒートポンプ技術で創る 居住環境の未来像

1 ウェルネスと脱炭素化の同時実現

すでに述べたとおり、現状の住宅・建築物では主に以下の課題・ニーズを抱えている。

1	住宅の外皮性能の低さや他国と異なる空調運転方式のために、快適な温熱環境を実現できていない。
2	住宅以外の建築物では、健康経営の浸透によって、室内環境に対する意識が高まっており、温度制御だけではなく、湿度、気流も含めた高度な制御や換気に対するニーズも高まっている。
3	上記ウェルネスの観点に加え、カーボンニュートラルの観点も重要。寒冷地の住宅における暖房・給湯用途や集合住宅における給湯用途、建築物における給湯用途では、ヒートポンプ機器の普及が求められている。ただし、冷媒の対策をあわせて実施することが必要不可欠である。感染症対策も含めて換気が非常に重要となっているが、多くのエネルギーをロスするため、不要な換気は脱炭素化を妨げてしまうことにもなる。

これまで、居住環境においては、省エネルギーばかりが追及され、快適性や健康についてはあまり考慮されることはなかった。事実、快適性を実現しようとすれば、どうしても多くのエネルギーを必要としてしまうからである。

今後は、ウェルネスと脱炭素の両方を同時に実現した居住環境が求められることになる。これに対して、5章3節でも述べたとおり、今後は住宅・建築物の省エネ規制強化などの施策により外皮性能向上が見込まれる中、住宅・建築物自体の性能や関連する機器・設備などと連携・協調して全体での最適化が可能である。また、技術的課題(可燃性冷媒使用、着霜、設置スペース制約など)の克服により、寒冷地・集合住宅、業務用建築物にも適用できる次世代ヒートポンプ技術の導入を進めることで、上記の課題・ニーズに対応できる。

具体的な住宅・建築物の未来像を**図5.10**に示す。住宅・建築物の外皮性能向上にあわせて、温度だけではなく湿度や気流の観点も含めて、より高い水準でウェルネスを実現する次世代ヒートポンプ技術(全館空調、デシカント空調など)が活用されている。エネルギーの観点からも、空調用途、給湯用途、冷凍用途、換気用とも含めたシステム全体としての最適化が図られた、機器選定・構成が実現される。

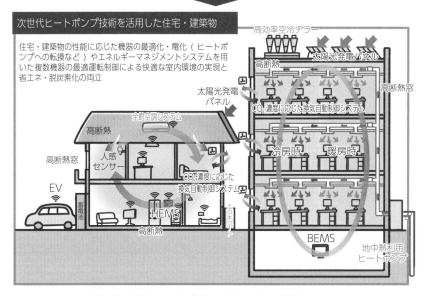

現状の住宅・建築物

空調設備を運転している居室・時間帯だけが快適な温度となっている。非居室空間などでは不快なままで、健康被害も発生しやすい。
燃焼機器の使用による CO_2 排出も多い

吸収式冷温水機

冷房時　暖房時

ガソリン車

ガス／灯油給湯器

次世代ヒートポンプ技術を活用した住宅・建築物

住宅・建築物の性能に応じた機器の最適化・電化（ヒートポンプへの転換など）やエネルギーマネジメントシステムを用いた複数機器の最適運転制御による快適な室内環境の実現と省エネ・脱炭素化の両立

高効率空冷チラー

高断熱　太陽光発電パネル

高断熱窓

太陽光発電パネル

CO_2濃度に応じた換気自動制御システム

全館空調システム

高断熱

人感センサー

高断熱窓

EV

蓄電池

CO_2濃度に応じた換気自動制御システム

HEMS

エコキュート

高断熱

冷房時　暖房時

BEMS

地中熱利用ヒートポンプ

図5.10　次世代ヒートポンプ技術で実現される住宅・建築物のイメージ

　また、運用段階においても IoT・デジタル技術などの活用により、室内の温度・湿度、CO_2濃度データをベースとして熱を見える化し、さらに電力消費データに基づき最適運転制御を可能とすることで、快適な室内環境の実現と省エネルギーを両立できる。制御は、個別機器毎に行うのではなく、空調用途、換気用途、給湯用途、冷凍・冷蔵用途として用いられている複数のヒートポンプ機器が、熱源を統合化して一体的に制御され、より省エネルギー化が図られる。さらには、今後さらなる導入拡大が見込まれるオンサイト太陽光や蓄電池、蓄熱、EV なども含めた住宅・建築物全体としてのエネルギーマネジメントシステムを構築し、ヒートポンプ技術をオンサイト太陽光の自家消費率向上手段などとしても活用するなどにより、全体最適化を図ることで、需要家にとってのメリットが最大化される。

　また、冷媒に関しても、IoT・デジタル技術を活用して可燃性冷媒に対する漏えい検知システムや複数機器を一体化させた制御などが装備され、省エネルギーと冷媒対策の両立が図られる。状況によっては、水配管の復活も視野に入れた検討が必要となる。

5.5 〉食料システムの現状

1 CO₂排出量

　食料システムとは、農林水産物を生産し、食品加工、流通、販売により消費者に食品が届き、最終的に廃棄されるまでの一連の流れ（サプライチェーン）を指す。日本における食料システムは、高品質・高付加価値な農林水産物・食品を消費者に提供している一方で、慢性的な自給率の低さ、大規模自然災害、地球温暖化などの気候変動への対応や農業者の減少にともなう生産基盤の脆弱化など、持続可能性に係る課題に直面している。

　また、昨今の議論では、畜産物の生産拡大にともない、牛のゲップに含まれるメタンや、飼育に必要とされる飼料用穀物や土地・水の利用にともなうCO_2排出、さらには廃棄食品の埋立時に発生するメタンなどにより、食料システムが気候変動の原因となる温室効果ガスの排出と吸収のバランスに大きく影響を与えることが指摘され始めた。国際連合食糧農業機関(FAO：Food and Agriculture Organization of the United Nations)の推計によると、**図5.11**に示すとおり、世界の食料システム関連の温室効果ガス排出量は、人為起源の温室効果ガス排出量全体の3分の1にも相当するとされている。

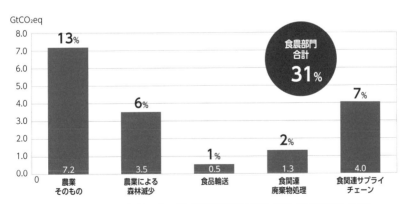

※パーセント表示は、人為起源の温室効果ガス排出量に対する割合。端処理を四捨五入により行っており、総数と内訳の計が一致しない。
※データは、2019年ベース。

図5.11　世界の食料システム関連の温室効果ガス排出量
出典：株式会社三菱総合研究所「フードテックを何のために推進するのか？　気候変動緩和策としての期待」(2022)[16]
をもとに作成

前項のような問題を抱える一方で、最終的に人に食べられずに終わる食品ロスの量は大きい。FAOの報告書によると、世界では食料生産量の約2割に相当する約9億トンの食料が毎年廃棄されている。

日本では、**図5.12**に示すとおり、523万トンもの食料が廃棄されており、こうした食品ロスによる経済的な損失[7]は4〜6兆円程度とも試算されている[17]。食品ロス対策の進展により、2000年度時点の食品ロス量980万トンと比較すると大幅に減少しているものの、近年は下げ止まり感もある中で、さらなる低減を図る必要がある。また、食品ロスの削減は温室効果ガスなどの環境負荷低減の観点だけではなく、将来的な人口増加による食糧危機への対応、経済的な損失の回避などの観点からも世界的に非常に重要であることから、日本国内だけではなく、世界全体での食品ロス削減への貢献に向けた取組が求められる。

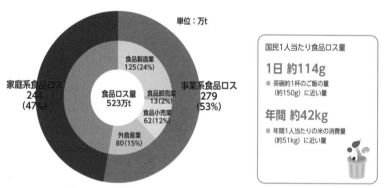

図5.12 食品ロスの発生量と内訳(2021年度推計値)
出典:農林水産省「食品ロスとは」[18]をもとに作成

こうした背景を踏まえて、日本のみならず、世界全体としてサプライチェーン全体の合理化・効率化、食品ロスの低減などにより、食料の生産性向上や安定供給とそれに加えて、脱炭素化をも実現する持続可能な食料システムを構築することが強く求められている。

---

7 **食品ロスによる経済的な損失** 東京工業大学・国立環境研究所による試算例では、2015年の食品ロス発生による経済的損失が4兆6722億円と試算されている。

5.6 〉コールドチェーンの現状

　コールドチェーンとは、食料システムの中でも**図5.13**に示すように、食品な
どを生産地から消費者に届けるまで適切な温度(低温・冷凍・冷蔵)や湿度を保っ
たまま管理し、流通させる仕組みを指す。コールドチェーンは、食料システムの
中でも重要な役割を担い、ヒートポンプ技術が多用されている。そこで、ここで
は、コールドチェーンを中心に、その現状や課題・ニーズと未来像について、解
説する。

　コールドチェーンは、安全安心な食の提供だけではなく、食の自給率向上にも
貢献していくものと考えられている。この各工程(生産・加工、輸送、保管、販
売など)において、ヒートポンプ技術を活用した冷凍・冷蔵設備(冷凍機など)が
用いられている。このため、ヒートポンプ技術がコールドチェーンに与える影響
は多大である。特に流通の各工程においては、冷凍・冷蔵設備を常時運転し続け
る必要があり、相当なエネルギー消費をともなうのも事実である。ここでは、コー
ルドチェーンの中でも、特に食料品の温度・品質などの管理に課題を抱える、中
間流通以降のプロセスである「物流倉庫」、「輸送・配送」、「小売店舗」に焦点を
当てて、使用されている機器やエネルギー消費量などの現状を述べる。

| 生産 | 低温輸送 | 加工 | 低温輸送 | 冷蔵倉庫 | 低温輸送 | 小売 |

生産地から小売店まで適切な温度（低温・冷蔵・冷凍）や湿度に管理して流通させる仕組み

図5.13　コールドチェーンのイメージ
出典：各種資料より作成

1 物流倉庫(冷蔵倉庫)での温度管理

物流倉庫とは、ただ商品を保管するだけではなく、荷役や梱包、流通加工などのサービス機能を備え、さらにこれらのサービスを効率的に行うための情報システムも導入された倉庫を指す。物流分野では、商品の保管時の温度について「冷凍($-18℃$以下)」「冷蔵($-18〜10℃$)」「常温($10〜20℃$)」に分けて呼ぶことが多く、このうち「冷凍」「冷蔵」で保管される物流倉庫を冷蔵倉庫と呼ぶ。

日本冷蔵倉庫協会資料によると、冷蔵倉庫で使用されるエネルギーの多くは冷凍・冷蔵設備の動力に要する電力であり、その電力消費量は2021年度実績で19.3億kWhとなっている[19]。昨今は冷蔵倉庫の建て替えが進み、老朽化した事業所が廃止され、新設される冷蔵倉庫では大型化が進み、冷凍・冷蔵設備も省エネ機器が採用されることでエネルギー使用効率が向上している。また、昨今は冷蔵倉庫の屋根に太陽光を設置し、冷凍・冷蔵設備などの電力需要を賄う事例も増えている。冷蔵倉庫の屋根は面積が広いことが多く、MW規模の太陽光を導入する事例もある。

冷凍・冷蔵設備に使用される冷媒としては、従前はHCFC(R22)が主流であったが、フロン冷媒に対する規制が強まる中で、環境省の補助事業による後押しもあり、自然冷媒への転換が進展しており、特に昨今はアンモニア冷凍機でCO_2を冷却し、冷蔵庫内にCO_2ブラインを送るアンモニア／CO_2方式が増加している(**図5.14**)。

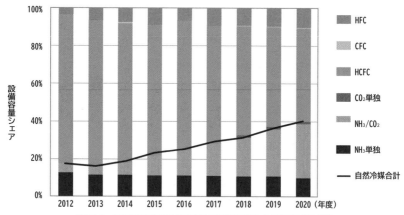

図5.14 日本冷蔵倉庫協会会員企業の冷蔵倉庫における使用冷媒の推移

出典:小金丸 滋勝(一般社団法人日本冷蔵倉庫協会)「(一社)日本冷蔵倉庫協会の地球環境問題への取組」2022)[20] をもとに作成

アンモニア／CO$_2$方式冷凍機の例を**図5.15**の左に示す。アンモニアは冷凍サイクル効率が高いものの、安全性（毒性、臭気性、可燃性など）に課題があったが、アンモニア／CO$_2$方式とすることで、高い効率はそのままに安全性が格段に高まり、広く採用されるようになった。また、近年は、**図5.15**の右のようなCO$_2$コンデンシングユニットが開発され、中小事業者の比較的小型な空冷R22冷凍機からの更新設備としての採用が増えており、**図5.14**のとおり、2018年度の1.3％から2020年度には4.2％と急激にシェアが上昇した。

図5.15 アンモニア／CO$_2$方式冷凍機と空冷CO$_2$コンデンシングユニット
出典：株式会社前川製作所（左）「高効率自然冷媒冷凍機 NewTon（ニュートン）」[21] ／
（右）「CO$_2$コンデンシングユニット COPEL（コペル）」[22]

その一方で、**図5.14**からわかるように、全体で見ると依然としてHCFC(R22)も半数程度のシェアを占めており、引き続き自然冷媒を含む、低GWP冷媒への転換が必要である。

2 小売店舗での温度管理

スーパーマーケット、コンビニエンスストアなどの小売店舗では、コンデンシングユニット・ショーケースを用いて飲食料品などを−25℃〜8℃程度に保冷しており、小売店舗の電力消費量全体のうち空調機、コンデンシングユニット・ショーケースが1／2程度を占めるとされる[8][23]。物流倉庫と同様に、小売店舗においても昨今、屋根置き太陽光を導入し、その電力需要を賄う事例が増えてきており、コンビニエンスストアなどが加盟する日本フランチャイズチェーン協会の資料によると、2021年度時点で加盟店舗56,448店舗のうち、13,620店舗で太

8　**小売店舗の電力消費量**　資源エネルギー庁が作成している、事業者向けの「省エネ・節電メニューリーフレット」で示されている業種別の電力消費内訳では、夏季ではエリアによって卸・小売店舗で約40〜50％、食品スーパーで約70〜75％、冬季ではエリアによって卸・小売店舗で約20〜40％、食品スーパーで約60〜65％を占めるとされる。

陽光が導入されている[24]。

　ショーケースの種類は、食品の保管温度やディスプレイの仕方に応じて選択されており、冷蔵温度帯の商品は、多段式のオープンショーケースが選択されることが多い。冷凍温度帯の商品は縦型陳列され、扉が付いたリーチインタイプと、開口が上方に向いた平型オープンショーケースとして用いられているが、近年では平型オープンショーケースが増加傾向にあり、縦型と平型を組み合わせたデュアルタイプもある。また、**図5.16**に示すように近年は省エネルギーの観点から冷凍・冷蔵温度帯ともに扉を取り付けるタイプが増加してきており、後から追加設置できる扉も提供されているが、普及率は低い。

　小売店舗のコンデンシングユニット・ショーケースは施工配管が長いことが多く、年間16％の冷媒が稼働時漏えいとして発生している。またストック全体で見ると依然としてGWPが高い R404Aの冷媒を使用している機器も多いため、その漏えいインパクトも大きくなっている。

図5.16　扉付自然冷媒ショーケースの例
出典：株式会社ローソン「ローソン初 店内で使用する要冷機器を完全"ノンフロン化" 地球温暖化防止と高効率エネルギー利用を目指し〜機器のIoT化による節電制御への取り組みも実施〜」(2019)[25]

　輸送・配送段階においても低温を維持するためには、周囲環境との高い断熱を持たせることや、冷凍機により冷却を行いながら移動することが必要となる。倉庫や店舗に比べれば冷却すべき時間が短く、また積み替えなどで冷却場所が切り替わることもあり、かつては断熱材による保冷、またはこれに蓄冷材を付加して保冷時間を長くする手法が主に採用されてきた。しかし、輸送距離の伸長や、食の安全の観点、温度管理を前提として品質を担保する医薬品の発達などにより、より厳密な温度管理が求められるようになった。これに応えるために冷凍機による温度管理が、トラック輸送、鉄道輸送、船舶輸送では主流となった。ただし、現在でもスペースや重量の制約が厳しいリヤカーや自転車などの軽車両もしくは、密閉空間内に置かれるため排熱処理が困難な航空では、断熱材による保冷に蓄冷材を付加した仕組みが多く用いられている。

　トラックでは車両単位で冷凍機が取り付けられることが多く、**図5.17**に示すとおり、ディーゼルエンジンを搭載したサブエンジン式、トラックのエンジン動力を用いる直結式、トラックからの電力供給や搭載したバッテリーからの電力供給で稼働する電動式がある。

　電動式では、近年のトラックの電動化にともない、トラックの走行用電池から冷凍機に電力を供給するタイプも開発されており、再エネの利用も含め、車両としてのトータルエネルギー効率向上を目指す環境が整いつつある。

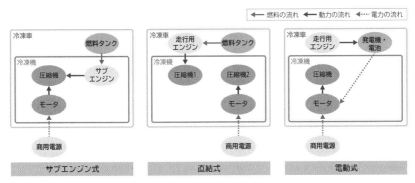

図5.17　輸送用冷凍機のエネルギーフロー

出典：公益社団法人日本冷凍空調学会「冷凍サイクル制御（日本冷凍空調学会専門書シリーズ）」(2018) [26]をもとに作成

また、ラストワンマイルと呼ばれるコールドチェーンの最下流では、上述のような低温維持機能を持った車両のみならず、保温機能を持たない通常の小型自動車や軽車両に蓄冷材を入れた保冷ボックスを搭載することも多かった。近年では、これを超小型の冷凍機を搭載した保冷ボックス(**図5.18**)に置き換えた運用も増えてきており、コールドチェーンの末端まで確実な温度管理を行う流れとなってきている。

図5.18　小型冷凍機搭載保冷ボックス
出典：ヤマトホールディングス株式会社「エネルギー・気候〜気候変動を緩和する〜」[27]

5.7 〉 コールドチェーンが抱える課題とニーズ

1 複雑化するコールドチェーンの流通形態

　5章6節で述べた通り、コールドチェーンを維持するには、冷凍・冷蔵設備を常に稼働し続けなければならず、相当なエネルギーを消費しているため、既存の省エネルギー型設備(小売店舗であれば扉付ショーケースなど)の導入促進に加え、設備のさらなる高効率化やエネルギーマネジメントなどによる省エネルギー化が必要である。また、脱炭素化の観点からは、省エネルギー化に加えて、再生可能エネルギー由来の電力の活用や、冷凍・冷蔵設備に不可欠な冷媒の問題への対応も進めていく必要がある。近年は低GWP冷媒への転換も進展しつつあるが、市場ストック全体で見ると依然としてGWPが高い冷媒を使用している機器が多く残っており、引き続き、低GWP冷媒への転換を進めるとともに、既存機器からの漏えい対策・回収などを進める必要がある。

　また、ネットショッピングやEコマースが浸透する中で、消費者のニーズが多様化・高度化しており、店舗を介さず、生産地や物流倉庫から消費者に直接配送される形態が増加するなど、コールドチェーンの流通形態の複雑化が進んでいる(**図5.19**)。

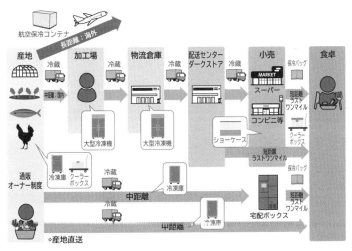

図5.19 コールドチェーンの流通プロセスの複雑化・使用機器の多様化
出典：各種資料をもとに作成

冷蔵倉庫は、従来のように水産市場や食品メーカーの近くで商品保管を行うタイプではなく、近年は生産拠点と消費拠点の中間で多種多様な商品を保管、仕分け、加工などを行う物流拠点タイプのものが増えている。また、倉庫と店舗の中間に位置する配送拠点として、ピックアップ作業を行う、ダークストアといわれる施設なども増えてきている。これにともない、コールドチェーンで使用される冷凍・冷蔵機器についても、輸送用を中心に多種多様化が進んでいる。

2　コールドチェーンをとりまく課題

　このように流通形態の複雑化にともない、生産地から消費者に食品などが届くまでに多様なプレイヤーが関与するようになってきており、使用機器の多様化も進む中で流通プロセス全体を通じて一気通貫で温度・湿度などの管理をすることが難しくなってきている。その一方、消費者の食品の鮮度・品質に対する要求水準は高まっており、また食品ロスの低減も求められている中で、コールドチェーンの流通プロセス全体における温度・湿度の適切な管理や低温化へのニーズは今後さらに強まっていくと見込まれる。

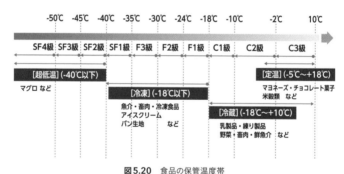

図5.20　食品の保管温度帯
出典：一般社団法人 日本冷蔵倉庫協会「保管温度帯について」[28]をもとに作成

　ただし、低温化が進むほど冷凍・冷蔵機器のエネルギー効率が低くなり、エネルギー使用量の増大につながりうる上、低温領域で使用できる冷媒はGWPが高くなるため、高効率化とあわせて冷媒漏えい防止、新たな低GWP冷媒の開発などがより重要となる。

　加えて、コールドチェーンの現場では、労働力不足も深刻な課題となっている。食品を含む宅配の取扱個数は右肩上がりで年々増加しており、国土交通省発表資

料によると、2021年度には49億個を超えた[29]。ネットショッピングやEコマースの浸透などによる個人宅への産地直送や地元スーパーによる宅配事業など個人が取り扱う宅配便が多くなっていることが増加要因であり、この傾向は今後も続くものと考えられる。

3 ニーズにあわせたコールドチェーンの構築の必要性

　このように、今後さらに労働力不足が深刻化するものと見込まれる中で、輸送・配送の効率化や設備管理の容易化に対するニーズが高まっていくものと考えられる。たとえば、トラック輸送に関しては輸送効率向上、無人運転などへの対応がなされ、輸送用冷凍機もこれらに適合することが求められるようになると考えられる。トラック輸送から鉄道輸送などの少ない労働力で輸送が可能な手段へのシフト、または組み合わせでの利用が進み、輸送手段に紐付かないコンテナ型の輸送用冷凍機の重要性が高まる可能性もある。また、物流分野の課題の一つとなっている再配達を抑制する観点から、消費者サイドへの冷凍・冷蔵機能付き受取ロッカーの設置などに対するニーズも高まっていくと予想される。

　また、フロン冷媒を用いた機器の使用者には、フロン排出抑制法に基づき、定期的な点検を行い、冷媒を漏えいさせないように適正に管理することが義務付けられているが、設備専門担当者のいない現場も多く、その管理が大きな負担となっていることから、漏えい管理を自動化するシステムの導入や、漏えい管理が要求されないノンフロン冷媒への転換などがより強く求められるようになると考えられる。

5.8 〉 ヒートポンプ技術で創る コールドチェーンの未来像

1 次世代ヒートポンプ技術を活用したコールドチェーンの姿

　5章2節2項で述べたとおり、現状のコールドチェーンでは、主に以下の課題・ニーズを抱えている。

1	冷凍・冷蔵設備を常に稼働し続けなければならないため、相当なエネルギーを消費しており、省エネルギー型設備の導入促進、さらなる設備の高効率化やエネルギーマネジメントによる省エネルギー化、再生可能エネルギーの活用が求められている
2	市場ストック全体で見ると依然としてGWPが高い冷媒を使用している機器が多く残っており、低GWPへの転換や冷媒の漏えい対策が必要となっている
3	消費者のニーズの多様化・高度化にともなう流通形態の複雑化、使用される冷凍・冷蔵機器の多様化が進んでおり、プロセス全体を通じて温度・湿度などの管理をすることが難しくなっており、食品ロスの発生にもつながりうる
4	労働力不足の深刻化により、輸送・配送の効率化や設備や冷媒の管理の容易化に対するニーズが高まっている

　これに対して、関連データの一元管理に基づく全体最適化が可能な次世代ヒートポンプ技術を活用すれば、上記の課題・ニーズに対して同時に応えることができる。

　具体的なコールドチェーンの未来像を **図5.21** に示す。次世代ヒートポンプ技術を用いた冷凍・冷蔵設備を核として、コールドチェーン全体のデータを管理するシステムを構築することにより、コールドチェーン上の食料品の温度・湿度情報、冷凍・冷蔵設備の冷媒管理情報、その他の関連情報(エネルギー消費量、CO_2排出量、発注量・生産量など)がデジタルデータとして共有・活用が可能となる。

　これにより、加工・流通プロセス全体を通じて、温度・湿度の最適管理が可能となり、食品の鮮度・品質を維持できるため、消費者の満足度の向上につながるとともに、食品の賞味期限・消費期限を大幅に延伸し、食品ロスの低減にもつながる。

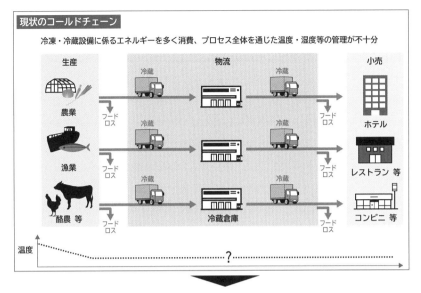

現状のコールドチェーン

冷凍・冷蔵設備に係るエネルギーを多く消費、プロセス全体を通じた温度・湿度等の管理が不十分

生産　　　　　　　物流　　　　　　　小売

農業

漁業

酪農 等　　　　　　冷蔵倉庫

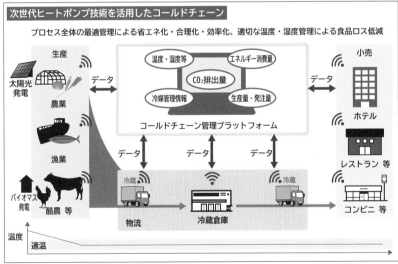

次世代ヒートポンプ技術を活用したコールドチェーン

プロセス全体の最適管理による省エネ化・合理化・効率化、適切な温度・湿度管理による食品ロス低減

生産　　　　　　　　　　　　　　　　小売

太陽光発電

農業

漁業

バイオマス発電

酪農 等

温度・湿度等　　　　エネルギー消費量

CO₂排出量

冷媒管理情報　　　　生産量・発注量

コールドチェーン管理プラットフォーム

物流　　　　冷蔵倉庫

図5.21　次世代ヒートポンプ技術で実現されるコールドチェーンのイメージ

ヒートポンプ技術で創るコールドチェーンの未来像

2 食料システムにおける次世代ヒートポンプ技術の展開

　以上のように、次世代ヒートポンプ技術によって、コールドチェーン全体でのエネルギー消費量・CO_2排出量、冷媒漏えい量などの見える化がなされ、それに基づく冷凍・冷蔵設備の選定・運用の最適化が図られる。それとともに、設備や冷媒の管理も自動化され、それらに要していた手間・コストを削減することが可能となる。加えて、発注量と生産量を高精度にマッチングし、食品製造や食料生産における無駄を極限まで下げ、プロセス全体の合理化・効率化にも貢献できる。

　このように、次世代ヒートポンプ技術を核としたコールドチェーンの確立は、日本が掲げる、生産性向上と持続性向上を両立した持続可能な食料システムのモデルの1つとなる。また、日本のみならず、人口増加、経済成長・所得水準の向上にともなう食生活の多様化や、Eコマース市場の拡大などにともない、近年、コールドチェーン物流サービスへの需要が拡大しているASEAN諸国などにも展開することで、世界にも貢献できる。

　なお、ここではコールドチェーンを中心とした未来像を述べたが、1章7節で述べた通り、次世代ヒートポンプ技術は生産段階の園芸施設の未来像も変える。園芸施設における温度管理の熱源として、現在の主流である燃油式暖房機から次世代ヒートポンプ技術に転換することで、脱炭素化が図れる。それに加えて、温度だけではなく、湿度も含めて高度に制御し、作物の生育・育成をコントロールできるようになる。これにより、生産量の安定化や出荷時期の調整による食品ロスの低減などにもつながり、食料の安定供給に貢献できる。

第 6 章

産業発展や
エネルギー安定供給を
支えるヒートポンプ技術

第 6 章　概要

　5章では、次世代ヒートポンプ技術が生命を守る技術として、居住環境、食料システム（コールドチェーン）などへ大きな貢献を果たすことについて説明した。

　ここでは、下図に示すとおり、「次世代ヒートポンプ技術」による新たな価値の創造が見込まれる分野として、産業（製造プロセス）やエネルギーの安定供給への貢献が考えられる。

　産業では、製造プロセスで多くの熱が利用されているため、製造プロセスの電化による脱炭素化が強く求められている中で、ヒートポンプ技術がその主要な役割を果たすことを述べる。また、エネルギーの安定供給では、需要側における分散型エネルギーリソースの1つとして、ディマンドリスポンス(DR)、バーチャルパワープラント(VPP)などでヒートポンプ技術が重要な役割を果たすことを説明する。

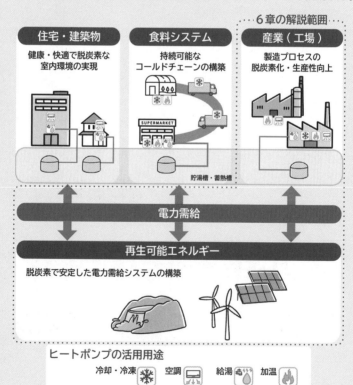

6.1 〉産業（製造プロセス）の現状

1 産業での脱炭素化

　日本が掲げるカーボンニュートラルの実現に向けては、2章1節で述べたとおり、日本全体の温室効果ガス排出量11.7億t-CO_2(2021年度値)のうち、約1／3に相当する3.7億t-CO_2(電気・熱配分後)を排出する産業部門[1]における脱炭素化の取り組みが必要不可欠である。また、国の目標・政策方針としてだけではなく、周囲のステークホルダーからの企業に対する脱炭素化の圧力も急速に高まっている（**図6.1**）。

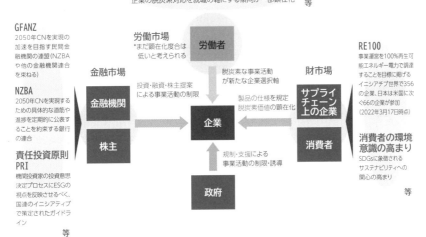

図6.1　企業を取り巻く脱炭素の圧力

出典：経済産業省 産業技術環境局・資源エネルギー庁「クリーンエネルギー戦略 中間整理」(2022)[2]をもとに作成

　グローバルに展開している企業などでは、パリ協定が求める1.5℃目標と整合した削減目標であるSBT(Science Based Targets)[1]などに準拠して、サプライチェーン全体での脱炭素化の動きが加速しており、大企業のみならず、中小企業にも取り組みが求められるようになっている。

　脱炭素化への対応の遅れは、取引先からの契約打ち切り、製品の競争力低下、資金調達の困難化など、企業の経営に関わるさまざまなリスクをもたらす可能性がある。逆に、脱炭素化に向けては、エネルギーや製造プロセスの転換などをいち早く実現できれば、グローバル市場での競争力を維持・強化することにもつながる。

　脱炭素化の他にビジネスの環境を取り巻くマクロトレンドとして、デジタル化の進展が挙げられる。2章6節で述べたとおり、企業が今後のビジネス競争で勝ち残り、成長していくためには、IoT、デジタルツイン・AIなどのデジタル技術を活用してDXを図っていくことが非常に重要となる。

　そこで、この節では、特に産業部門からの排出の中でも大きな割合を占め、ヒートポンプ技術の活用が期待されている製造プロセスの熱利用技術(特に200℃未満の低温帯)を中心に、主に脱炭素化やデジタル化(DX)の観点から、その現状や課題・ニーズと未来像について述べる。

2 製造プロセスの現状

　産業部門での温度帯別の熱需要について、資源エネルギー庁の調査における推計例を図6.2に示す。低温帯から高温帯まで多岐にわたった温度帯が存在するものの、主に蒸気・温水需要に相当する20〜200℃の低温帯の熱需要が1／4以上を占め、もっとも多くなっている。冷熱需要は主に電気(ターボ冷凍機、チリングユニットなどのヒートポンプ)で賄われているのに対して、ボリュームゾーンの蒸気・温水需要に対してはほぼ燃料(蒸気・温水ボイラなどの燃料燃焼式機器)で賄われていることがわかる。また、直接加熱需要についても、工業炉などによる燃焼加熱のシェアが圧倒的に高い。

1　**SBT**　Science Based Targetsの略で、パリ協定が求める水準と整合し、4.2%／年以上の削減を目安に定め、基準年から5年〜10年先を目標年として企業が設定する温室効果ガスの排出削減目標のこと。

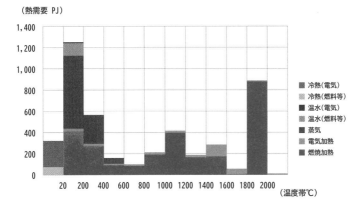

（熱需要 PJ）

注）蒸気受容については電気と燃料等の内訳が示されていないが、同報告書の別の図表によるとほ
ぼ燃料等（ボイラ）によって賄われている

図6.2 産業部門の温度帯別熱需要
出典：株式会社三菱総合研究所「平成29年度新エネルギー等の導入促進のための基礎調査
（熱の需給及び熱供給機器の特性等に関する調査）」(2018)[3]をもとに作成

このため、産業部門の脱炭素化に向けては、蒸気・温水需要、直接加熱需要の脱炭素電力による電化や、脱炭素燃料（水素・アンモニア、合成燃料）への転換が極めて重要となる。特に、低温帯の蒸気・温水需要は、すでに工場などでのプロセス温度管理用のヒートポンプなどの開発が進んでいることから、ボイラからの転換による電化が期待されている分野である。

一方、現状の産業用ボイラ、産業用ヒートポンプの出荷状況は**図6.3**に示すとおりであり、依然として産業用ボイラのシェアの方が圧倒的に高く、産業用ヒートポンプの普及スピードは伸びていない状況にある。

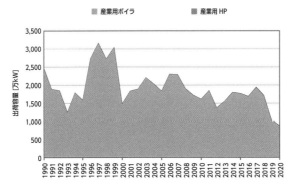

図6.3 産業用ボイラ・産業用ヒートポンプの出荷容量の推移
出典：一般財団法人ヒートポンプ・蓄熱センター／一般社団法人日本エレクトロヒートセンター
「令和4年度電化普及見通し調査報告書」(2022)[4]をもとに作成

その背景には、第3章でも述べたとおり、現状は適用可能範囲が120℃以下と限定的(一部の方式では、165℃まで適用可能)であることなどの課題がある。

3 製造プロセスのDX

製造業でのDX関連の取り組み状況に関しては、いくつかのアンケート調査事例がある。2020年度の総務省委託調査として実施されたアンケート調査では、製造業のうちDXについて「実施している」と回答した割合が22.8%だった。

2021年に株式会社帝国データバンクが実施したアンケート調査では、製造業のうち「DXの言葉の意味を理解し、取り組んでいる」と回答した割合が14.7%である。ばらつきはあるが、いずれにしてもすでにDXに取り組んでいる企業は1〜2割程度に留まると推察され、取り組みが十分に進展しているとはいえない状況にある。

<u>図6.4</u>と<u>図6.5</u>のIoT、デジタルツイン[2]の活用状況を見ても、日本はアメリカに比べて活用が進んでいない。IoTを全社または一部で導入している割合が20%程度、デジタルツインについても製造プロセス、工場、サプライチェーンなどの場面で利用している割合が5〜10%程度に留まっていることがわかる。

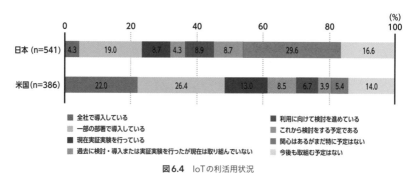

図6.4 IoTの利活用状況
出典：独立行政法人情報処理推進機構(IPA)「DX白書2023」(2023)[5]をもとに作成

---

2 **デジタルツイン** 2002年にアメリカミシガン大学のマイケル・グリーブス氏によって提唱された概念。現実世界の情報をIoTなどで集め、送信されたデータを元に仮想空間で現実世界を再現する技術。現実世界の対(双子)となる環境を仮想空間に構築する意味でデジタルツインと呼ばれる。

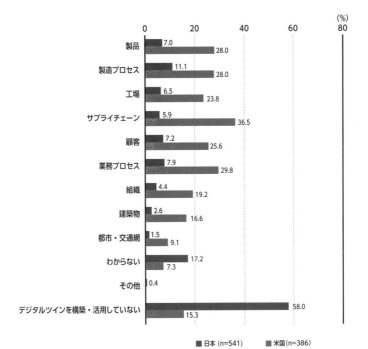

図6.5 デジタルツインの構築・活用状況
出典：独立行政法人情報処理推進機構(IPA)「DX白書2023」(2023)[5]をもとに作成

6.2 〉製造プロセスが抱える課題とニーズ

1 化石燃料にたよる現在の産業

2章2節で述べたとおり、日本における現状の産業部門では熱需要の大部分を、化石燃料を用いる燃焼式のボイラ・工業炉などが賄っている状況にある。

産業部門の熱需要の脱炭素化手段としては、電化のほかに、脱炭素燃料(水素・アンモニア、合成メタンなど)の活用に向けた検討も進められている。そのサプライチェーンの確立には一定の期間を要する中、調達可能時期まで化石燃料を使用し続けると、カーボンロックイン[3]が生じることになる。

また、こうした燃料を国内で大規模に製造することは経済性などの観点から難しく、海外からの輸入に一定程度、依存せざるを得ない。エネルギー安全保障の観点からも、産業用ヒートポンプという電化技術がすでに確立されている低温度帯の蒸気・温水需要に関しては、可能な限り早期に産業用ヒートポンプへ転換しなければならない。

2022年5月に「クリーンエネルギー戦略 中間整理」が公表された。その中で、産業部門の熱需要のうち低温度帯に対しては、ヒートポンプへの転換を有力な選択肢として、現状の課題(適用可能範囲が限定的など)の克服に向けた技術開発・実証、導入拡大に向けた設備投資支援をしていく方向性が示されている(**図6.6**)。

6章 —— 産業発展やエネルギー安定供給を支えるヒートポンプ技術

---

3 **カーボンロックイン** 排出が大きい設備が耐用年数まで維持され、排出が続くこと。

産業部門における温度帯別熱需要を踏まえた今後の対応 〔省エネ・燃料転換〕

- 脱炭素化を進める上で、**熱利用効率化・未利用熱活用等**、熱の有効活用は引き続き重要。
- **低温域の蒸気需要**については、ヒートポンプへの転換が有力な選択肢だが、**適用温度域が限定的である**点や、**事例の横展開が進んでいない**点、設備費用が高額である点などが課題となっているため、これらの課題を整理した上で、**高効率ヒートポンプ開発・実証**（温度域の拡大）や、**導入拡大に向けた設備投資支援**を行う。
- 一方で、ヒートポンプの導入が困難である**中高温域**については、中長期的な電源構成やコスト等を考慮の上、電化や非化石燃料への転換などのうち**適切な選択肢**に対して、**必要な支援策を講じる。**

温度帯		熱源の脱炭素化に向けて取り得る対応の方向性	時期
全体		・熱利用効率化・未利用熱活用、連携省エネの推進、中小企業支援の強化	足下から
	200℃以下 (蒸気)	・ヒートポンプ普及支援・技術開発	足下から
	100〜1500℃付近	・電源の脱炭素化＋電化	2030年以降
		・水素・アンモニア・合成メタン・バイオマス燃料等 非化石燃料の活用／既存燃料との値差を踏まえた支援	足下〜2030年以降
		・天然ガスシフト→非化石燃料への転換／既存燃料との値差を踏まえた支援	足下〜2030年以降
	2000℃付近	・技術革新 (水素還元製鉄等)／既存燃料との値差を踏まえた支援	2030年以降

図6.6 産業部門における熱需要の脱炭素化の方向性

出典：経済産業省 産業技術環境局・資源エネルギー庁「クリーンエネルギー戦略 中間整理」(2022)[6]をもとに作成

2 脱化石燃料で重要なヒートポンプ技術

　蒸気・温水需要の熱源としてボイラを利用することには、化石燃料の燃焼にともなう温室効果ガスなどの排出以外にもさまざまな課題がある。たとえば、工場などでは一般的に一箇所のボイラ室で集中的に高温・高圧の蒸気を発生させ、数百mにも及ぶ蒸気配管を通じて、蒸気を利用する生産設備に供給しているが、その過程で多くの熱のロスが発生している。業種、生産設備の種類、経年劣化の有無によって差はあるものの、**表6.1**に示すように、投入燃料に対して30〜70％もの熱のロスが生じており、投入燃料やそれにともなうコストを無駄にしていることになる。

　また、蒸気配管が長い場合には、ボイラから生産設備に蒸気が供給されるまでに数十分程度の時間を要し、生産設備の状況に合わせて適切な時間に適切な量を供給することが難しくなっており、制御性の面でも課題がある。これに対して、ヒートポンプは制御性の高さが特長の1つであり、その特長を活かすことで生産工程全体の制御性向上と安定化が見込める。

表6.1 工場でボイラー蒸気が生産設備に届くまでの熱のロス

場所	熱のロス （投入熱量に対するロス率）	主なロスの要因
①ボイラー	数%～20%	排ガス、放熱、ブロー、過剰空気比
②蒸気配管	十数%～50%	放熱、蒸気漏れ、過大設計
③生産設備	数%～20%	ドレン、放熱、蒸気漏れ
①+②+③	30%～70%	―

国立研究開発法人新エネルギー・産業技術総合開発機構（NEDO）
「できる、省エネルギー！産業用ヒートポンプ博書」(2020)[7]をもとに作成

3 デジタル技術の活用

　加えて、製造業におけるDX・デジタル化関連の取り組みも、6章1節1項で述べたとおり、アメリカなどに比べて十分には進展していない。一方、ビジネスにおける価値創出の源泉はすでにデータ・デジタル技術の活用に移行しつつある。今後のビジネス競争の中で勝ち残るためには、事業活動によって生み出される各種データを収集・蓄積し、IoTやデジタルツイン・AIなどのデジタル技術を用いて設計開発、生産管理などを効率的に行う。それとともに、より高い付加価値を創出し、競争力を高めていく必要がある。

　上述の脱炭素化を進める上でも、製造プロセス全体、サプライチェーン全体で取り組む必要があることから、組織や企業の枠を超えた関係者間で取り組みを見える化し、その情報を共有するためにデジタル技術の活用が不可欠となってきている。

6.3 〉 ヒートポンプ技術で創る 製造プロセスの未来像

1 ヒートポンプ技術を活用した製造プロセスの脱炭素化

　6章1節で述べたとおり、現状の産業部門における製造プロセス、特に蒸気・温水を用いるプロセスでは、主に以下の課題を抱えている。

❶ 昨今の潮流として企業などに対するさまざまなステークホルダーからの脱炭素化の圧力が非常に強まっており、脱炭素化への対応が企業経営上の必須課題となりつつある一方、現状の製造プロセスにおける熱需要の大部分は、依然として化石燃料を用いる燃焼式のボイラなどが賄っている

❷ ボイラでつくった蒸気を生産設備に供給する方式では、その過程での熱のロスも非常に多いだけでなく、制御性の面でも課題がある

❸ 今後の企業の成長・競争力向上に必要不可欠なデジタル化・DXに係る取り組みについても十分に進展しておらず、IoT、デジタルツインなどのデジタル技術の活用も進んでいない

　これに対して、適用範囲の拡大(高温化など)が図られ、かつ製造プロセス全体で情報の一元管理とそれに基づく全体最適化が可能な次世代の産業用ヒートポンプへの転換を進めることで、上記の課題を解決できる。

　具体的な製造プロセスの未来像を**図6.7**に示す。従来のボイラから生産設備に熱を供給する集中熱源方式から、次世代ヒートポンプ技術の分散設置に切り替えることで、配管などで生じていた熱のロスを大きく低減できる。また、空気熱やこれまで活用されてこなかった工場などにおける排熱の有効活用に加え、冷熱需要もある場合には冷温同時取出による統合的な熱の利用など、次世代ヒートポンプ技術が有する優れた特長により、大幅な省エネルギー化を図ることができる。加えて、ヒートポンプは化石燃料の燃焼をともなわない機器であることから、動力源の電力に再生可能エネルギー由来などの電力を用いることで、温室効果ガス排出量を実質ゼロとでき、脱炭素化に大きく貢献する。

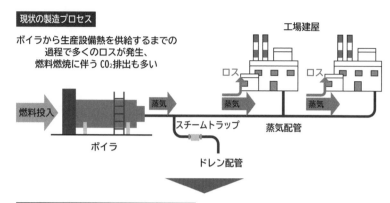

現状の製造プロセス

ボイラから生産設備熱を供給するまでの
過程で多くのロスが発生、
燃料燃焼に伴うCO_2排出も多い

工場建屋

ロス　ロス

燃料投入　蒸気

ボイラ

スチームトラップ

蒸気　蒸気

蒸気配管

ドレン配管

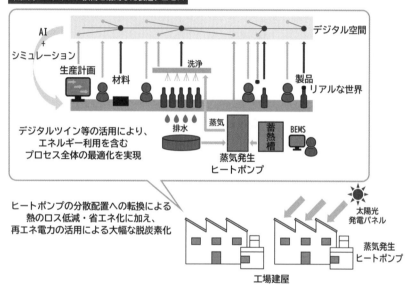

次世代ヒートポンプ技術を活用した製造プロセス

AI
＋
シミュレーション

デジタル空間

生産計画　材料　洗浄　製品　リアルな世界

デジタルツイン等の活用により、
エネルギー利用を含む
プロセス全体の最適化を実現

排水　蒸気　蓄熱槽　BEMS

蒸気発生
ヒートポンプ

ヒートポンプの分散配置への転換による
熱のロス低減・省エネ化に加え、
再エネ電力の活用による大幅な脱炭素化

太陽光
発電パネル

蒸気発生
ヒートポンプ

工場建屋

図6.7　次世代ヒートポンプ技術で実現される製造プロセスのイメージ

2 デジタル技術を活用したヒートポンプ技術の普及促進

　また、再生可能エネルギーのさらなる普及拡大に向けて、需要側におけるディマンド・リスポンス(DR)[4]の重要性が増し、DRに対応する事業者を省エネ法などの制度上、積極的に評価・優遇する動きが出てきている(詳細は次の6章4節参照)。

───────

4　**ディマンド・リスポンス(DR)**　エネルギーの需要側が、供給側からの電力調整指令に対して、賢く消費パターンを変化させる方法のこと。

電力会社においても、**図6.8**に示すようにDRに対応する需要家向けの契約形態や電力料金メニューなどの提供が進んでいる。

　ボイラから産業用ヒートポンプへと転換し、蓄熱システムも含めてDRへと対応可能な熱供給体制を組んでおくことで、エネルギーコストの削減やDRによる成果報酬など、金銭的メリットを享受できる。また、ボイラによる熱供給体制を継続する場合には、脱炭素燃料へと転換していく必要があるが、前述のとおり、海外からの輸入に依存せざるを得ないため、価格変動の不確実性が大きい。これに対して、産業用ヒートポンプへと電化すれば、価格低下が見込まれる再生可能エネルギー電力を活用することができ、燃料に比べて価格変動の不確実性も低い。

　以上のように、ボイラから産業用ヒートポンプへの転換は、競争力を大きく左右するエネルギーコストの低減と変動緩和につながり、競争力向上につながると考えられる。

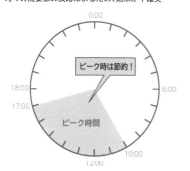

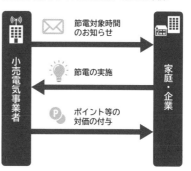

図6.8　DRの仕組み
出典：経済産業省・資源エネルギー庁
「ディマンド・リスポンスってなに？―ディマンド・リスポンスの種類」[8]をもとに作成

また、次世代産業用ヒートポンプは、制御性の高さもメリットである。日本の強みであるインバータ技術などにより、冷水・温水の取出能力・温度などが正確に制御できるため、多様なニーズの熱需要に対応した最適な運転が可能であり、生産工程全体の制御性や安定性の向上につながる。

　加えて、工場などの製造プロセスのデジタル化・IoT化とも親和性が高い。このため、デジタル技術の活用により、工場内の他の設備・機器などとも連携した制御・管理システムを構築することで、製造プロセス全体での最適な構成・運用の実現が可能となる。これにより、業務効率化・生産性向上や高品質製品の生産につながり、日本の製造業の競争力向上に対して貢献できる。

6.4 〉電力需給システムの現状

1 脱炭素を見据えた安定した電力システムの構築

❶電力システムとは

　電力システムとは、水力・火力・太陽光・風力・原子力などの発電設備と、送電線・変電所・配電線などの流通設備、ならびに給電や障害発生時の保護・制御などを行う運用制御システムなど、電気の供給に関わる各種の要素から構成されるシステムである。日本では、10電力会社(旧一般電気事業者)が各々、発電～送配電～小売まで一括した管理・運用を行っていたが、電力システム改革のもとでそれぞれ発電事業者、一般送配電事業者、小売電気事業者に分離された。このうち、一般送配電事業者が電力を安定的に供給するための電力システム全体の運用制御を担っている。

　電力の安定供給のためには、**図6.9**に示すように、常に電力の需給をバランスさせる、すなわち電力の供給量(発電量)と需要量を一致させる必要がある。この需給バランスが崩れると、電力の周波数に乱れが生じ、電力の供給を正常に行うことできなくなり、その結果、安全装置の発動によって発電所が停止し、場合によっては大規模停電を招くことがある。

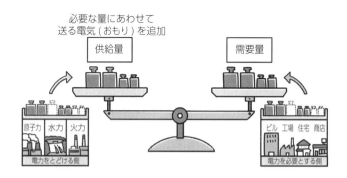

図6.9 電力の需給バランス
出典：経済産業省・資源エネルギー庁
「電気の安定供給のキーワード「電力需給バランス」とは？ゲームで体験してみよう」[9]をもとに作成

このため、電気事業法上、周波数維持義務を負う一般送配電事業者は、常に電気の需要と供給を一致させるために、需要に合わせて市場で取り引きされた電源などを動かすとともに、常時変動する需要に合わせて、電気の安定供給に必要な電源を調整することなどにより、需給バランスを維持している。このように需給バランスを維持するために、発電設備、需要設備などを制御するシステム・仕組みとそれに準じるものの能力を「調整力」という。

❷ 再生可能エネルギー大量導入に向けた電力システムの構築

カーボンニュートラルの実現に向けては、再生可能エネルギーの大量導入が必要不可欠であるが、それにともない、小規模太陽光などの電源の分散化が進むとともに、太陽光・風力などの変動型再生可能エネルギー電源などによる需給変動が現在よりも大きくなるため、電力の安定供給に支障をきたすことや統合コスト（系統安定化費用など）の増加も懸念されている。このため、電力システムの柔軟性を高めるために必要となる調整力を確保することで、脱炭素化を図りつつも安定供給を実現する電力システムの構築が求められている。

これまでは大型の火力発電所などがその調整力の役割を果たしてきたが、今後は調整力についても脱炭素化を図ることが求められている中で、新たな調整力確保の取り組みとして、近年、需要側の分散型エネルギーリソースを供給側にあわせて高度に制御するDR、VPPなどの取り組みが広がりつつある。ヒートポンプ技術や、ヒートポンプ技術と組み合わせて用いられる蓄熱システムなどは代表的な需要側のエネルギーリソースの1つであり、DR、VPPへ活用することによって、電力システムの安定化に資することができ、再生可能エネルギーのさらなる普及拡大に対して貢献することが期待されている。

ここでは、電力システムの現状とさらなる再生可能エネルギーの大量導入に向けた課題・ニーズとして、上記の内容についてより詳細に解説するともに、それに対してヒートポンプ技術の活用によって実現が期待される未来像について述べる。

　現状の日本における電源種別発電電力量の推移を**図6.10**に示す。2012年度に固定価格買取制度が開始して以降、再生可能エネルギーの普及拡大が進展しており、その電源構成に占める割合は2020年度には20%にまで向上している。

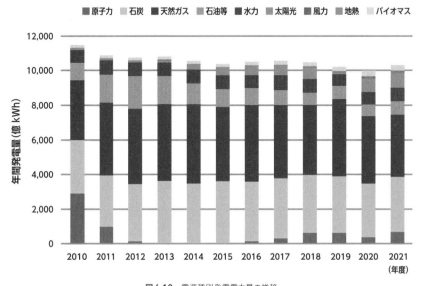

図6.10　電源種別発電電力量の推移
出典：経済産業省・資源エネルギー庁「総合エネルギー統計一時系列表(参考表)」(2023)[10]をもとに作成

　こうした再生可能エネルギーの普及拡大にともない、系統制約が顕在化しつつある。系統制約には、**図6.11**に示すとおり、「エリア全体の需給バランスの制約」、「送電容量の制約」、「変動面での系統制約」の3種類存在する。

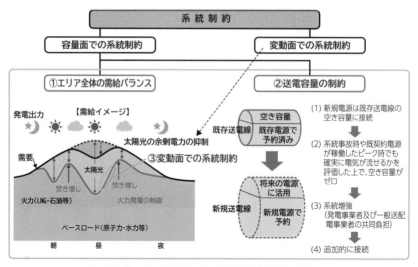

図6.11 再生可能エネルギーの普及拡大にともなう系統制約の種類
出典：経済産業省・資源エネルギー庁「再生可能エネルギーの大量導入時代における政策課題と次世代電力ネットワークの在り方」(2017)[111]をもとに作成

❶エリア全体の需給バランスの制約

　まず、「エリア全体の需給バランスの制約」とは、発電量が需要量を上回り、余剰が発生することを指す。前述のとおり、電力の安定供給のために発電量と需要量を常にバランスさせる必要がある。このため、余剰が発生した場合には、火力発電の出力の抑制、揚水発電・地域間連系線の活用などにより需給バランスを調整した上で、それでも余剰する場合には、再生可能エネルギーの出力制御が行われる。

　再生可能エネルギーの出力制御は、2018年に初めて九州エリアで行われ、その後、四国・東北・中国エリア、北海道エリア、沖縄エリア、中部・北陸エリア、関西エリアでも出力制御が行われた結果、2023年7月時点で未実施エリアは東京エリアのみとなっている（**図6.12**）。

　こうした実施エリアの拡大とともに、再生可能エネルギーの出力制御量の合計も増加傾向にあり、2018年度は約1億kWhであったが、2022年度は全国で約6億kWhまで増加している。

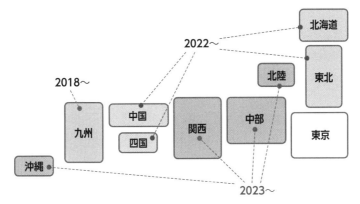

図6.12 再生可能エネルギーの出力制御の実施状況
出典：経済産業省・資源エネルギー庁「再生可能エネルギーの出力制御の抑制に向けて」(2023)[12]をもとに作成

❷ 送電容量の制約

次に、「送電容量の制約」とは、再生可能エネルギー発電事業者などが系統連系[5]するための送電容量が不足していることを指す。通常、発電事業者から系統への接続契約の申し込みがあれば、送電容量の範囲内で、申し込み受付順に送電できる容量が確保されるが、空きがなくなった場合には、希望に応じて新しい送電設備を作り、増えた容量の中で接続を行う。

しかし、送電設備を増強するには多くの費用と時間を要することから、少ないコストで短時間に接続できるよう、既存系統を最大限活用する取り組みなどが進められている。

❸ 変動面での系統制約

最後に「変動面での系統制約」とは、電力を安定的に供給するために、電力需給バランスを制御するための調整力が不足していることを指す。前述のとおり、電力を安定的に供給する役割を担う一般送配電事業者は、あらかじめ確保した調整力で日々の需給管理を行っている。

近年、太陽光・風力などの自然変動型再生可能エネルギーの普及拡大にともない、天候などによる出力変動が大きくなっている中で、出力変動に追随する調整力を確保することの重要性が増してきているが、現状はその大部分を火力発電などに依存している。

---

5 **系統連系** 発電した電気を一般送配電事業者または配電事業者の送電線、配電線に流すために、電力系統に接続すること。

また、こうした動きと並行して、需要側に導入される分散型のエネルギーリソース（屋根置き太陽光・燃料電池などの創エネルギー機器・設備、ヒートポンプ機器・蓄熱空調システム・蓄電池・電気自動車などの蓄エネルギー機器・設備など）の普及も進展してきており、これにともない、従来の上位系統から下位系統への電気の流れだけでなく、多くの下位系統から上位系統への電気の流れも顕在化しつつある。

6.5 〉電力システムが抱える課題とニーズ

1 電力システムの課題

　日本の電力システムが抱える課題としては、6章2節1項で述べたとおり、再生可能エネルギーの普及拡大にともない、系統制約が顕在化したことで、電力系統へ受け入れるための統合コスト(系統安定化費用など)が増大していることが挙げられる。

　今後、カーボンニュートラルの実現に向けて、安定供給を確保しつつ、再生可能エネルギーのさらなる普及拡大を進めていくためには、変動に応じた調整力を効率的かつ効果的に確保し、需給バランスを維持する方策を強化するなど、電力システムの柔軟性を高めていくことが必要となる。

　こうした中、近年普及が進展している需要家側の分散型エネルギーリソースを、電力システムの柔軟性向上に活用するニーズが高まっている。需要側の分散型エネルギーリソースの1つひとつは小規模だが、アグリゲーターがIoTを活用した高度なエネルギーマネジメント技術によりこれらを束ね、遠隔・統合制御することで、電力の需給バランスの調整力として活用できる(**図6.13**)。この仕組みは、複数の分散型エネルギーリソースを、あたかも1つの発電所のように機能させることができるとしてVPP(仮想発電所)と呼ぶ。また、このVPPの実現手段の1つとして、需要家側の分散型エネルギーリソースを制御し、電力需要パターンを変化させることをDRと呼ぶ。

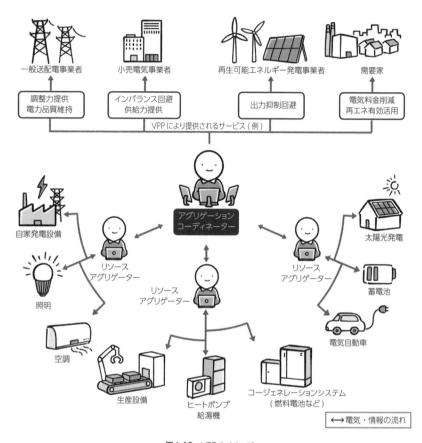

一般送配電事業者　　　小売電気事業者　　　再生可能エネルギー発電事業者　　　需要家

| 調整力提供 電力品質維持 | インバランス回避 供給力提供 | 出力抑制回避 | 電気料金削減 再エネ有効活用 |

VPP により提供されるサービス (例)

アグリゲーション
コーディネーター

自家発電設備

リソース
アグリゲーター

照明

リソース
アグリゲーター

リソース
アグリゲーター

太陽光発電

蓄電池

電気自動車

空調

生産設備

ヒートポンプ
給湯機

コージェネレーションシステム
(燃料電池など)

⟷ 電気・情報の流れ

図6.13　VPP のイメージ
出典：経済産業省・資源エネルギー庁「VPP・DR とは」[13] をもとに作成

2 VPP・DRを活用した分散型エネルギーサービス

　貯湯タンクを有するヒートポンプ給湯機や、ヒートポンプと蓄熱システムを組み合わせた蓄熱空調システムなどは、運転時間を柔軟にシフトできる蓄エネルギー機器・設備として、DR、VPPへの活用が期待される分散型エネルギーリソースの1つであり、すでに関連した取り組みも進められている。

　たとえば、ヒートポンプ給湯機について、住宅用太陽光を導入している住宅などでは、すでに昼間に太陽光発電の余剰電力を使って沸き上げを行う「おひさまエコキュート」が普及し始めている。

　さらに直近では、電力システムの柔軟性を高めるためにDRに活用する取り組みも開始している。**図6.14** に示すように北陸電力では、2022年12月より、自社のリースサービス利用者のヒートポンプ給湯機を遠隔制御により、電力需要の調整として活用する代わりにその対価を支払うDRサービスを開始している。

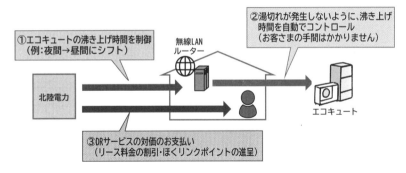

図6.14　北陸電力「エコキュートを活用したディマンド・リスポンスサービス」の概要
出典：北陸電力株式会社・株式会社北陸電力リビングサービス「エコキュートのリースサービス「Easy キュート」の開始について」(2022)[14]をもとに作成

　また、空調に関しても、蓄熱システム(水蓄熱槽、氷蓄熱槽、建物躯体に熱を蓄えるシステム)などと組み合わせた蓄熱式空調システムとすることで、空調使用時間とヒートポンプ運転時間を時間的に切り離すことが可能になるため、居住者などの快適性を確保しつつ、需給調整に対応することできる(**図6.15**)。すでに実証事業などにおいてその有用性が確認されている。

　この他、コールドチェーンにおいても、DRに対応した冷凍冷蔵倉庫などの事例も出てきている。**図6.16** に示す事例は、福岡市にある国内最大級の冷凍冷蔵倉庫を有する物流センターだが、冷凍機の完全自動制御システムにより、人的負担なくDR対応できる冷凍冷蔵倉庫となっている。

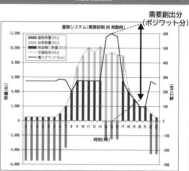

図6.15 蓄熱式空調システムによるDRのイメージ

出典：一般財団法人ヒートポンプ・蓄熱センター「カーボンニュートラル実現への切り札「ヒートポンプ・蓄熱システム」〜『ヒートポンプ・蓄熱月間』がスタート〜」(2023)[15]をもとに作成

図6.16 完全自動制御によるDRが実装された冷凍冷蔵倉庫の事例

出典：前川製作所「国内最大級の冷凍冷蔵倉庫で完全自動制御によるデマンドレスポンスを実装〜無人化での調整力公募参加が可能に〜」(2021)[16]

3 ニーズに合ったデジタルシステムの構築

　このようにさまざまな分野でDRの取り組みが進む中、国においてもDR対応化などの導入支援補助金の創設や、省エネ法の枠組みなども活用したDR対応リソースの拡大について議論が進められている。

　具体的には、家庭部門では、トップランナー制度の枠組みを利用して、家庭の電力消費に占める割合が大きいエアコンやヒートポンプ給湯機について、遠隔制御機能の搭載(DR対応機器化)を求めることが議論されている。

　また、2023年4月に施行した改正省エネ法では、大規模需要家に対して「電気の需要の最適化」の取り組みについての定期報告を義務化がなされた。さらにこの定期報告内容について、「DRの実績」を評価する枠組みを追加的に設けることが検討されており、DR実績の優良事業者について公表したり、関連する補助金で優遇したりするなどのインセンティブ付与も検討されている。このように民生部門のみならず、産業部門においてもDR対応への要請が強くなっている。

　また、近年ニーズが高まっている、分散型リソースを活用したDR、VPPの取り組みが拡大していくことで、その結果として電力需給の安定化、再生可能エネルギーの普及拡大にも貢献することが期待される。

6.5 — 電力システムが抱える課題とニーズ

6.6 〉 ヒートポンプ技術で創る 電力需給システムの未来像

1 ヒートポンプ技術を活用した電力システムの構築

6章2節2項で述べたとおり、現状の電力需給システムでは、主に以下の課題を抱えている。

① 再生可能エネルギーの普及拡大にともない、系統制約が顕在化しており、電力系統へ受け入れるための統合コストが増大している

② 電力の安定供給を維持しつつ、再生可能エネルギーのさらなる大量導入を図っていくためには、電力システムの柔軟性を高めるために調整力を確保する必要があり、その取り組みの1つとしてDR、VPPへのニーズが高まっている

これに対して、電力の供給側の状況に応じた柔軟な制御が可能な次世代ヒートポンプ技術を活用することで上記の課題・ニーズに対応できる。

具体的な電力需給システムの未来像を**図6.17**に示す。まず、次世代ヒートポンプ技術やそれと組み合わせて用いられる蓄熱システムをDR、VPPに活用することで、再生可能エネルギーの普及拡大にともなって余剰電力が発生した場合や調整力不足が発生した場合への対応に際して、余剰電力の吸収対策や調整力として活用できる。このため、再生可能エネルギーの有効活用や、今後のさらなる再生可能エネルギーの普及拡大に資する。

現状の電力需給システム

発電所から需要家への一方向の流れが中心
需要側の電力需要にあわせて発電量の制御を実施

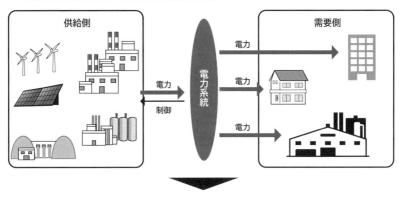

次世代ヒートポンプ技術を活用した電力需給システム

需要家側での太陽光、ヒートポンプ・蓄熱システム等の普及により、双方向の流れが増加
供給側と需要側が連携して需給の最適化を実施

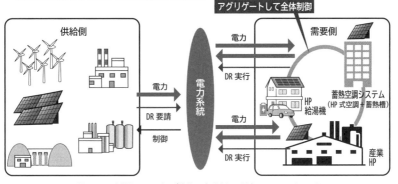

図6.17 次世代ヒートポンプ技術で実現される電力システムのイメージ

　また、DR、VPPにより、ピーク時間帯の需要量を下げたり、別の時間帯にシフトしたりすることで、わずかな時間しか発生しないピーク需要を満たすための稼働頻度の低い発電設備を減らすことができる。また、ピーク時間帯では、燃料費が高い電源の焚き増しにより必要な需要を満たしているケースが多くあり、ピーク需要を抑えることにより、この電源の焚き増しを抑えることも可能となる。こうした対応により発電コストの削減が図れるため、より経済的な電力システムの構築につながる。

　加えて、電気を安定的に供給するための調整力として、これまでは火力発電や揚水発電などのピーク電源が活用されてきた中で、DR・VPPでは本来別の目的で導入されたヒートポンプなどを調整力として活用することになるため、資本費を抑制することができ、低コストに系統安定化を図ることが期待される。

　また、需要家にとってもVPPに参加しDRに応じることで、それに応じた報酬を受け取ることができるため、需要家にもメリットがある。

第 7 章

次世代ヒートポンプ技術の実現に向けた政策やロードマップ

第7章　概要

　7章では、次世代ヒートポンプ技術や未来社会をどのように実現すればよいか、実現に向けたロードマップと政策提言を示す。

　なお、次世代ヒートポンプ技術の実現に当たっては、日本国内のみならず、世界にもそれを展開して世界全体の社会課題の解決に貢献するとともに、日本の産業として発展させていくことも推進すべきである。こうした観点から国際展開に向けた道筋もあわせて検討する。

技術システムの構築

国際展開に向けた道筋

次世代ヒートポンプ技術の実現には、技術システムの構築や、社会状況の把握、国際展開に向けた施策も重要なんだ

7.1 〉 次世代ヒートポンプ技術の 政策やロードマップ

次世代ヒートポンプ技術の実現には、情報の一元化や総合評価手法の推進が不可欠である。しかし、関係する主体がそれぞれ取り組んでいくだけでは、部分的に最適化したモデルが競合し、円滑に達成できない恐れがある。また、実際に次世代ヒートポンプ技術を実現するためには、社会に受け入れられ、普及させる必要がある。

1 次世代ヒートポンプ技術関連社会状況のロードマップ

次世代ヒートポンプ技術を実現するためには、2章で解説した関連社会状況を十分に配慮する必要がある。とりわけ、「カーボンニュートラル」、「冷媒転換」、「サーキュラーエコノミー」、「DX」が大きな影響をおよぼすことになる。重要なポイントは、これらの状況は、密接に関連しあっていることである。

そこで、関連社会状況のロードマップを**図7.1**に示す(2章参照)。

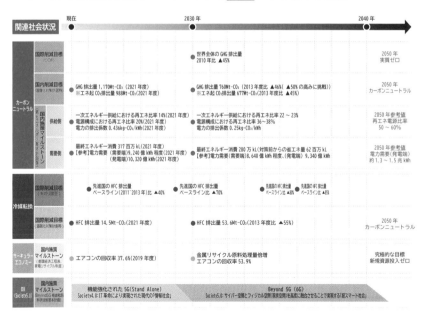

図7.1 次世代ヒートポンプ技術を取り巻く関連社会状況のロードマップ

2 次世代ヒートポンプ技術の技術ロードマップ

　個別課題の解決に向けては、ヒートポンプ技術そのものの改良・高度化を図る必要がある。

　快適性や省エネ性の高い製品であれば自然と市場に受け入れられるが、環境対応などの社会的要請を受けた製品では、利用者に適切に伝わらず、普及は難しい。

　このような技術的な課題以外に対応するためには、ヒートポンプ技術に関わるすべての情報を一元的に管理するプラットフォームと、ヒートポンプ機器のライフサイクル全体での総合的な環境負荷やもたらす効用(快適性など)を総合的に評価する手法を構築し、バリューチェーン全体の最適化を図っていく必要がある。

　ここでは、個別課題の解決から全体最適化の実現に至るまでの道筋として、必要となる技術開発などの取り組みを技術ロードマップとして**図7.2**に示す。

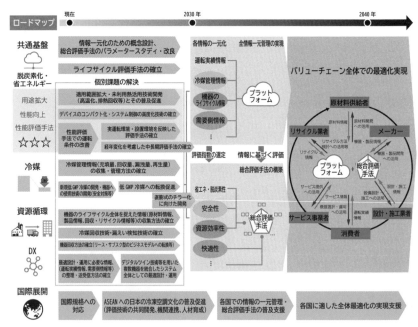

図7.2　次世代ヒートポンプ技術実現に向けた技術ロードマップ

　ヒートポンプ技術を家庭や産業に普及させるためには、「バリューチェーン全体での最適化」を目指す必要がある。その実現に向け、次のとおり進めていくことを提案したい。

2020年代	ヒートポンプ技術の個別課題(冷媒転換、脱炭素化・省エネルギー、資源循環、DX)の解決に向けた要素技術や次世代冷媒の開発・デジタル化の推進
	情報の管理体制の一元化に向けたグランドデザイン(プラットフォームや総合評価手法)、モデル試験など
2020年代後半〜 2030年代前半まで	要素技術を統合した機器・デバイスの開発
	情報一元管理プラットフォームや総合評価手法の実装
2030年代中盤以降	情報一元管理プラットフォームと総合評価手法に基づくバリューチェーン全体での最適化の実現

　2020年代は、課題分野ごとに個別にデジタル化やその情報管理体制の構築を進め、2020年代後半〜2030年代前半にデジタル化した個別の分野を統合した情報一元管理プラットフォーム、総合評価手法の構築に向けた準備を行うことを提案する。

　具体的には、最終的な情報一元化の姿をできる限り早めに形にするため、2020年代より概念設計や総合評価手法のパラメータケーススタディなど、検討・議論は進めていくことを前提とする。

　また、実際に活用可能な手法にするためには、多くの実践を経て改良を重ねる必要がある。このため、2020年代を通じてさまざまな提案をもとに試行的な取り組みを行い、どの手法が最適かを集約させていく。より広い側面の総合的評価手法を確立するには、ライフサイクルでの評価手法の確立も重要になる。そこで機器の種類ごとに適用可能な具体的な手法を開発し、総合評価手法を本格展開する前の2030年頃までに方法を確立するのが望ましい。情報一元管理のプラットフォームでは、用途ごとに評価手法を採用、実装し、2030年代後半にはバリューチェーン全体で総合評価手法を活用した最適化の実現を目指す必要がある。

　さらに、上記は日本国内での取り組みを念頭に整理したものであるが、これらの取り組みを日本以外の国・地域にも展開していくことで、世界全体での脱炭素化をはじめとするさまざまな社会課題の解決に貢献できるようになる。

3 次世代ヒートポンプ技術の未来社会像ロードマップ

　次世代ヒートポンプ技術によって実現する未来社会像ロードマップについて、現状からの変化がわかるように**図7.3**に示す。

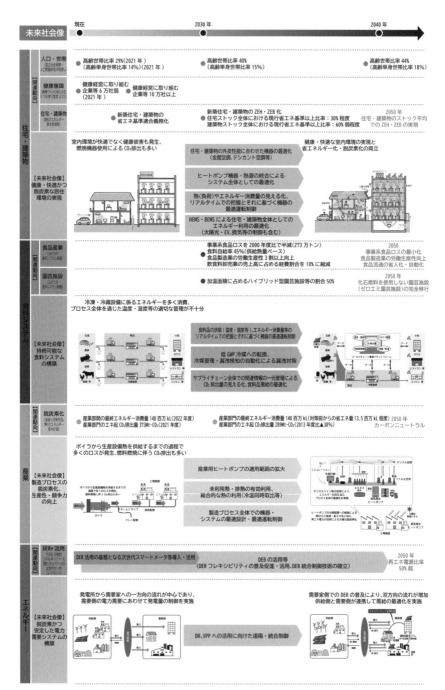

図7.3 次世代ヒートポンプ技術で実現する未来社会像のロードマップ

紙面版 電脳会議 一切無料
DENNOUKAIGI

今が旬の書籍情報を満載して
お送りします!

『電脳会議』は、年6回刊行の無料情報誌です。2023年10月発行のVol.221よりリニューアルし、A4判・32頁カラーとボリュームアップ。弊社発行の新刊・近刊書籍や、注目の書籍を担当編集者自らが紹介しています。今後は図書目録はなくなり、『電脳会議』上で弊社書籍ラインナップや最新情報などをご紹介していきます。新しくなった『電脳会議』にご期待下さい。

大幅増ページで
ボリューム
アップ!

◆ 電子書籍・雑誌を読んでみよう!

技術評論社　GDP	検索

 で検索、もしくは左のQRコード・下の
URLからアクセスできます。

https://gihyo.jp/dp

1 アカウントを登録後、ログインします。
【外部サービス(Google、Facebook、Yahoo!JAPAN)
でもログイン可能】

2 ラインナップは入門書から専門書、
趣味書まで 3,500点以上!

3 購入したい書籍を 🛒 カート に入れます。

4 お支払いは「**PayPal**」にて決済します。

5 さあ、電子書籍の
読書スタートです!

カーボンニュートラル、DX、サーキュラーエコノミーといった社会的要請に応じる形で、技術ロードマップに沿って進化した次世代ヒートポンプ技術は、さまざまな場所・用途で利用され、各利用場所でその社会システムの変革を引き起こす。

図7.3では、5章、6章で解説した通り、特に次世代ヒートポンプ技術による新たな価値の創出が見込まれる次の4つの分野を例として、未来社会像のロードマップとして表した。また、これらの未来社会像の実現が求められる背景となる関連動向（関連政策での目標、見通しなど）についても示している。

- ❶ 住宅・建築物：健康・快適で脱炭素な居住環境の実現
- ❷ 食　　　　　：持続可能な食料システムの構築
- ❸ 産業　　　　：製造プロセスの脱炭素化・生産性向上
- ❹ エネルギー　：安定した電力需給体系の実現

4　次世代ヒートポンプ技術政策の政策提言

次世代ヒートポンプ技術の実現に向け、必要となる政策の方向性を次の3つの観点から提言したい（**表7.1**）。詳細は次節より解説する。

表7.1　次世代ヒートポンプ技術政策提言の一覧

観点	提言	詳細	対応節
次世代ヒートポンプ技術の実現に向けた政策の方向性	❶全体最適を実現するための共通基盤の整備	情報一元化に向けたグランドデザインの提示	7章2節
		情報プラットフォームの構築	
	❷脱炭素性の向上：性能規格の高度化	総合評価手法の構築	7章3節
		実運転性能測定規格の作成	
		実際の設置環境による負荷を考慮した性能評価の作成	
		中長期的な性能評価手法の作成	
	❸冷媒対策	冷媒取扱技術者の教育・資格制度の整備	7章4節
		安全基準の整備	
		廃棄物処理体制の整備	
		安全な処理方法の周知	
		冷媒の管理状況を把握しトレーサビリティを確保するための冷媒管理ITシステムの整備	
	❹資源循環	個体管理を行う仕組みの整備	7章5節
		リース、サブスクリプションサービスのルール化	
	❺DX	熱のデジタル化に必要な技術要素の開発と共有	7章6節
		熱のエネルギー管理のルール作り、プラットフォーム構築	
		デジタル化指標の構築	

次世代ヒートポンプ技術の普及に向けた政策の方向性	❶次世代ヒートポンプ技術の導入推進	初期導入に対する支援	7章7節
		利用に対する支援	
	❷熱供給計画の策定	ヒートポンプ技術で利用する熱の再エネとしての扱いの明確化	7章8節
		熱供給計画による次世代ヒートポンプ技術の位置づけの明確化	
	❸国際展開の推進	エネルギー効率規制の高度化	7章9節
		評価装置の高度化	
		機器・冷媒管理の高度化	
		人材育成交流	
分野別の政策の方向性	❶住宅・建築物	設置環境を踏まえた性能評価手法の構築	7章10節
		ウェルネスの観点を含めたヒートポンプ技術の総合評価手法の開発	
		次世代冷媒に対応した住宅のルール作り	
		再エネの大量導入に資するヒートポンプ給湯機導入のより積極的な支援	
	❷食料システム	コールドチェーンのデータ管理とヒートポンプ機器のデータ管理の構築と連携	7章11節
		コールドチェーンの貢献が見えるようなCO_2見える化の方法論の確立と普及推進 施設園芸などのヒートポンプ機器への導入補助、周知	
	❸産業	高温ヒートポンプ機器への導入補助	7章12節
		ディマンド・リスポンス対応の義務化、インセンティブ付与	
	❹電力需給	ディマンド・リスポンスのルール作り	7章13節
		ディマンド・リスポンスの最適な料金体系の構築	
		蓄熱槽の導入補助	

7.2 ＞ 全体最適を実現するための共通基盤の整備

　ヒートポンプ技術のバリューチェーン全体での最適化を実現するためには、デジタル化の推進と、デジタル化した情報を統合する情報一元管理のプラットフォームと、それに基づく総合評価手法の構築など、共通基盤の整備が必要である。具体的には、次の取り組みを行うべきである。

❶ 情報一元化に向けたグランドデザインの実現
❷ 情報プラットフォームの構築
❸ 総合評価手法の構築

1 情報一元化に向けたグランドデザインの実現

　デジタル化は、個別の取り組みの中でもさまざまな試みが提案され、すでに遠隔監視システム、機器の点検や冷媒の行程管理のための冷媒管理システムなどが運用されている。

　ただし、これらは複数のシステムが併存した状況にあり、また登録されている機器や冷媒も一部にとどまっているため、全体を把握するには至っていない。

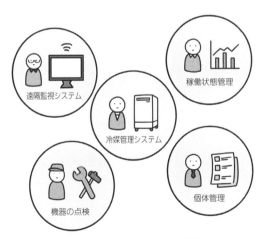

図7.4 個別構築によるデータの分断

全体最適に向けた情報一元化に当たっては、今後整備されていくことが予想される次の事項を全体として一元化していくことが重要である。

- ① 機器を製造から廃棄までのサプライチェーンを管理する個体管理システム
- ② ①を基盤としつつ、エネルギーを管理するための使用中の機器の運転を最適化する、稼働状態を管理する情報統合運用システム
- ③ 冷媒の管理状況を把握し、トレーサビリティを確保するための冷媒管理ITシステム

　これらはバラバラに構築されてしまうと、情報一元化は困難になる。政府は、早期にグランドデザインを示し、それに沿ったシステムの整備が進むよう誘導する必要がある。

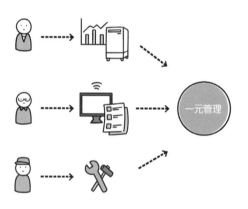

図7.5　情報一元化のイメージ

　次世代ヒートポンプを普及させるためにも、早期に情報一元化の具体的な方向性を示し、概念設計を進めていく必要がある。

　また、情報一元化はすでに一部始まっている稼働状態管理や冷媒管理を拡張していくことも考えられるが、現状の多くは、市中の機器のカバー率が低い。すでに一定の機能を果たしている中で、新たなプラットフォームを利用するインセンティブに乏しく、別のプラットフォームからの移行の方が難しい場合もある。このため、最初から全体を包含するように一元管理を設計し、それに向かって整備していくことが望ましい。ただし、市中にある機器も全面的にカバーすることを前提とすると、移行コストが非常に大きくなる可能性がある。購入時や整備時な

ど、段階的に拡張できるようにすることも考慮し、2030年以降徐々に対象を広げていく。

　なお、情報の一元化は、必ずしも中央集権型のデータ管理を行うという意味ではない。多くの主体の意向を反映しやすく、制度や市場の変化に機動的に対応しやすい分散型のデータ管理[1]として、相互に連携していくことも考えられる[1]。今後の開発において、適切な方法を見出していくのが望ましい。

2　情報プラットフォームの構築

　情報一元化のためには、共通のシステムを作成することも考えられるが、現実的には、別々に作成したシステムを互いに運用できるように、プラットフォームを設けて連結する必要があるだろう。

　このようなプラットフォームでは、デジタルプロダクトパスポートであつかうような機器の情報(属性など)に加え、機器のデータ(稼働状況など)もあつかえるようなヒートポンプパスポートの枠組みをつくる。この枠組みでは、データ項目・形式・取得方法・集積方法などを共通化することになる。

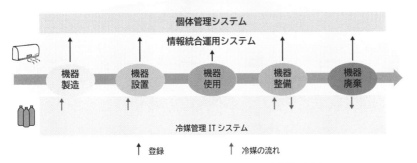

図7.6　適切な利用に向けた機器管理の共通基盤整備の考え方

1　**分散型のデータ管理**　ヨーロッパでサーキュラーエコノミー実現の重要技術として検討されているデジタルプロダクトパスポートでは、製品情報を管理する仕組みとして分散型のシステム構築が進められており、日本でもその方向での実装が検討されている。

この立ち上げに当たっては、法規制などで次のような事項を求めていく必要がある。

① 機器の登録や整備状況の登録
② 冷媒の管理状況の登録
③ リサイクル料金の支払いの記録など

しかしながら、このようなシステムやプラットフォームは、法律で求める範囲を超え、さまざまなサービスへの展開も考えられるため、業界から積極的に仕組みを提案していくのもよいだろう。リース、サブスクリプションサービスを導入すると、このような仕組みでの管理がしやすくなるため、事業形態の変更もあわせて進めていくと効果的である。

3 総合評価手法の必要性

❶ 機器の性能向上

機器自体の性能向上はこれまでも実施してきたため、今後の改善の余地は小さくなりつつある。このため、デバイスの性能向上による機器単体での性能向上というよりは、システム制御性能向上を通じてシステム全体での性能向上を目指す方向となる。このために必要な技術として、デバイスのコンパクト化、システム制御の高度化技術の確立を2030年までに実現したい。

❷ 用途ごとの総合評価手法の構築

一元管理された情報を総合評価する手法は、ヒートポンプ技術のシステムとしての総合評価と、社会システムも含めた総合評価が考えられ、必ずしも1つに集約されるものではない。

場面や用途でも異なる手法が必要となることから、用途ごとに総合評価手法を構築していく必要がある（**表7.2**）。

表7.2　総合評価で想定される用途と評価方法(例)

想定される用途	評価する対象	評価指標の運用
機器の属性・性能の表示と評価	省エネ性、安全性、環境対応	製品販売時に固定
ユーザーによる製品の選択	省エネ性、安全性、環境対応、快適性、健康性など	製品販売時の情報を元にユーザーが調整
機器システムの設計	省エネ性、安全性、環境対応、快適性、健康性など	設置現場の設計情報として設定
運転制御方法の決定	省エネ性、快適性、健康性	リアルタイムに評価し動的に変化

　ヒートポンプの環境性能を評価する上では、省エネの観点からの性能だけではなく、冷媒の影響も考慮したライフサイクルで評価する必要がある。これまで総等価温暖化影響(TEWI)[2]、製品寿命気候負荷(LCCP)[3]などが分析のために利用されてきた。今後は機器本体も含め、ライフサイクル評価(LCA)での評価方法を業界として確立し、運用していく必要がある。

　また、これまでは省エネと冷媒転換は別の政策として運営され、一体的にあつかわれてこなかった。今後は全体最適に向け、ライフサイクル評価を考慮し、省エネ法の規制と、フロン法の指定製品に対するGWP規制と連携(LCCPを考慮した省エネ基準の設定など)していくことが必要である。

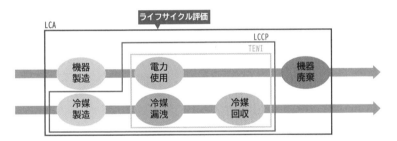

図7.7　ライフサイクル評価への拡張

　さらに、ヒートポンプの持つ属性としては、性能以外にも快適性や利便性などが存在する。ヒートポンプのさまざまな側面を考慮し、最適な属性を選択するためには、これらも含めた総合評価手法の導入も重要である。業界で検討するとともに、広く利用されるように性能をあわせて表示するなど、普及を働きかけることが望ましい。

2　**総等価温暖化影響**　TEWI (Total Equivalent Warming Impact)は、機器の冷媒によって大気に拡散するCO_2の直接的な地球温暖化の影響と、機器の運転によってエネルギーが消費されることで発生するCO_2の間接的な地球温暖化影響を総合的に評価する指標。

3　**製品寿命気候負荷**　LCCP(Life Cycle Climate Performance)は、地球温暖化係数(GWP)のみでの評価ではなく、冷媒の影響と電力消費によって発生する温室効果ガスの影響の両方を考慮した地球温暖化影響を総合的に評価する指標。

7.3 〉 脱炭素化・省エネルギー

1 未利用熱の用途をヒートポンプ技術で拡大

脱炭素化・省エネルギーを図る上では、太陽熱(空気熱)や工場排熱などの自然熱エネルギー、未利用熱エネルギーをこれまで以上に有効活用できるヒートポンプを積極的に導入する必要がある。

燃焼系熱源の代わりとして、ヒートポンプを利用する分野の対象範囲の拡大が重要であり、寒冷地向けエアコンやヒートポンプ給湯機、産業部門を中心に高温ヒートポンプや排熱回収の普及がカギとなる。具体的には、熱交換器や圧縮機といった要素技術開発を行って製品化することと、普及拡大に向けたラインナップ拡充などの製品開発の2段階が必要となる。未利用熱の活用とあわせて2030年頃までに実現することで、2030年代のGHG削減目標へも貢献できる。

2 実際の環境条件での性能評価手法の作成

現在、実運転環境とは少し異なる一定環境下で、性能評価が行われている。この評価基準に基づき性能の高い機器を使用した場合、実際の使用条件では必ずしも省エネにならないことがある。

このため、低い負荷条件での機器性能を評価する方法を改善するため、次世代性能に関する国際規格が議論されている。2026年頃に成立が見込まれているが、2024年の段階ではまだ現在の評価方法の改善にとどまり、実運転環境を見据えた仕組みには至っていない。

カーボンニュートラルに向けて省エネを推進するためには、さらに適切な性能評価による製品選択が要となる。国際規格については、制定後も改定に向けた議論が見込まれ、実運転環境での省エネに貢献する技術を適切に反映するよう、2030年代のはじめに日本から適切な性能規格策定の提案が期待される。

また、試験で評価される規格化された機器性能評価指標のほかにも、新たなデジタル技術を応用した次の技術を実現していくことも必要になる。

デジタルツイン … シミュレーション技術など、実際の設置環境の負荷を考慮した性能評価

IoTデータ ……… 実性能の経年変化をトレースする中長期性能評価の実現

　中長期性能評価は、市場データを収集して経年変化を評価する必要があり、確立に時間がかかりそうだが、それ以外の評価手法は2030年頃までには確立していくのが望ましい。

3　中長期的な評価手法の作成

　さまざまな階層で次世代ヒートポンプの全体最適を実現するためには、すべての個別事象が全体最適へ向かって進むためのインセンティブが必要となる。

　そのためには、全体最適へ向かう道しるべとなる評価手法を確立する必要がある。多くの要素を同時に実現するのは難しいため、最終的な姿を見据えつつ、次のような評価手法を段階的に拡張していけるよう、業界として取り組む必要がある。

❶ 実運転性能測定規格の作成
❷ 実際の設置環境による負荷を考慮した性能評価の作成
❸ 中長期的な性能評価手法の作成

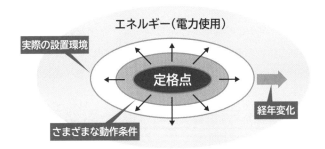

図7.8　全体最適を踏まえた評価範囲の拡張

　また、評価手法ができても、使われなければ機能しない。利用を推進するためには、評価手法を使う仕組みと連動するのが望ましい。このため、省エネ法のトップランナー基準で、低負荷性能や自動運転モードの制御を踏まえた実運転性能評価手法など、新しい省エネ性能評価手法の採用を進める必要がある。

7.4 〉 冷媒転換の国際的な動きと政策

1 国際条約に基づいた冷媒転換

❶代替フロンを規制するキガリ改正

モントリオール議定書でのフロン類規制に、代替フロン(HFC)の生産・消費量の削減を追加したキガリ改正が、2016年10月にルワンダ・キガリで開催されたモントリオール議定書第28回締約国会議(MOP28)で採択されている。

2050年カーボンニュートラル実現に向けては、ヒートポンプに使用する冷媒を、HFCからより低GWPの冷媒へ転換することが欠かせない。その際、低GWPであることに加え、ヒートポンプ技術の省エネ性能などを大きく損なわず、さらに、使用時のリスクをおさえて安心して使えるような冷媒が理想だが、現状では課題が多い。他方で、キガリ改正では、2029年に生産・消費量のベースライン比70%削減が求められている。そのため、次のフローで技術開発を進める必要がある。

2020年代前半	新規の低GWP冷媒の開発技術
	自然冷媒を含む低GWP冷媒の安全対策を含めた機器の使用技術の確立
2020年代後半	低GWP冷媒機器を普及させる

なお、低GWP冷媒への転換は、冷媒量が少なく冷媒が循環する場所が限定されている場合などは、自然冷媒(プロパンなど)やHFOを採用しやすいが、難しい場合は従来の直膨式の機器をチラーなどの間膨式の機器へ転換して対応することも考えられる。

キガリ改正では、2036年には2029年よりさらに厳しい85%削減が求められている。冷媒の低GWP化のみで削減目標を確実に達成するためには、2030年頃からチラー化に向けた開発を本格化する必要がある。なお、直膨機器をチラー化すると省エネ性は悪化するため、単独の機器を置き換えるだけではなく、給湯と空調など複数の機能を組み合わせた機器を開発することを前提に冷媒を選定していくことも重要である。また、建築分野との連携も必須である。

❷削減目標を達成するための使用機器からのHFC回収

すでに市中に多数存在するHFCを使用した機器に対しては、使用時の漏えい対策や整備時・廃棄時の回収を徹底することで、ヒートポンプからGHG排出量を削減することができる。

前述の低GWP冷媒への転換は、市中で稼働する機器を置き換えるのに一定の時間が必要になり、省エネや安全性を含めた最適化を考慮すると、必ずしもすべての機種で同様に実現することはできない。最終的に、一部でHFCを使用した機器が残ると考えられる。しかし、今後の使用時の漏えいや整備時・廃棄時の未回収を最小限にするためにも、低GWP冷媒機器の普及は重要である。

❸ITでの冷媒管理の必要性

冷媒の希少性が高まることによる適正な冷媒の再生市場の確立も重要である。そこで、漏えい対策、回収徹底や再生増加を強力に推進するため、機器と冷媒をライフサイクル全体(販売、使用、整備、廃棄など)で管理できる「冷媒管理ITシステム」を整備し、日本全体での冷媒管理を行う必要がある。その際、このシステムを活用して、前述のキガリ改正での対応が求められる燃焼性を持つ自然冷媒など、慎重な管理が必要な冷媒も含めて管理を行うことが望ましい。

冷媒管理ITシステムを実現するためには、冷媒管理情報(充填量、回収量、漏えい量、再生量)を収集する方法を確立する必要がある。最終的には情報一元化の対象となるため、2030年頃までに整備する。これにより、機器使用状況などの把握や、システム管理者から機器使用者への働きかけを通じ、冷媒転換、排出抑制、回収・再生のあらゆる場面で、使用冷媒量の必要最小限化、冷媒排出量の最小化を実現していく。

2 冷媒転換による政策の方向性

キガリ改正で、フロン類の生産・消費量の削減が決まっていることから、今後、冷媒転換は進行していく。転換によって使用が予想される冷媒には、可燃性・毒性などを持つものが多く、安全に利用できる環境整備が必要となる。

また、フロン類を再生しながら継続的に利用する場合には、冷媒の回収・再生の徹底が必要となる。このため、次の取り組みを業界や学会で、行うべきである。

① 冷媒取扱技術者の教育・資格制度の整備

② 安全基準の整備

③ 廃棄物処理体制の整備

④ 安全な処理方法の周知

⑤ 冷媒の管理状況を把握し、トレーサビリティを確保するための冷媒管理IT
システムの整備

冷媒の種類	フロン冷媒	低GWP冷媒（自然冷媒など）	
冷媒の性質	不燃性（一部微燃性）	可燃性、毒性、高圧などの性質を持つものが多い	
取扱技術	安全性が高く、施工が容易で多くの設備事業者で対応可能	設置時、修理時、廃棄時などで安全性への配慮など、より高度な技術が必要。またチラーで水を循環させる場合は施工性の向上が必要	**技術者の養成 安全な利用体制の確立**
法規制	高圧ガス保安法上の対応が簡易（例：不活性HFCの場合、冷凍能力20トン以上は届出が必要）	高圧ガス保安法上の対応が厳格（例：可燃性ガス(A3およびA2冷媒)の場合、冷凍能力3トン以上は届出が必要）	**安全性を見極めた 上での緩和**

図7.9 次世代ヒートポンプ技術で生じる冷媒転換に向けた課題と解決の方向性

　これらの整備などに当たっては、行政による支援も不可欠である。また、冷媒の回収・再生に対しては、現状でも回収が義務化されているものの、未回収が多いことから、より強固な法的対応も必要である。

7.5 › サーキュラーエコノミーを実現する資源循環

1 使用後の情報を追跡する個体管理システム

❶個体管理システムの必要性

　現状のサプライチェーンは、機器の販売と機器を使用後の情報が途切れているため、販売された機器の使用・廃棄状況を網羅的には把握できていない。サーキュラーエコノミーを実現するためには、機器のトレーサビリティを確保し、使用中の機器、使用済みとなった機器の所在を把握することが重要である。

　サーキュラーエコノミーの実現には、環境省の「循環経済工程表」[2]で示されている施策と両輪となるように、2030年までに機器のライフサイクル全体(製造、販売、使用、廃棄など)の過程を追跡できるような、「個体管理システム」を整備することが必要となる。

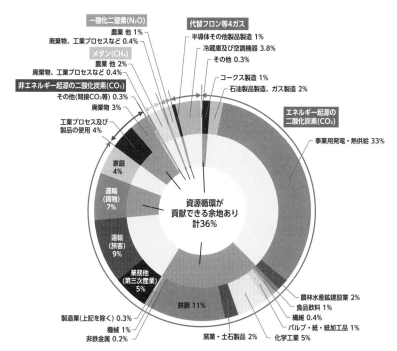

図7.10 資源循環が貢献できる余地がある部門の割合
出典：環境省「第四次循環型社会形成推進基本計画と循環経済工程表の概要」(2023)[2]をもとに作成

❷冷媒の資源循環の注意点

冷媒の資源循環では、回収できる冷媒量を増やすため、使用時の漏えい対策と整備時・廃棄時の回収の徹底も重要である。冷媒の回収技術・漏えい検知技術も2030年頃までには確立していくのが望ましい。

❸サーキュラーエコノミーでの情報一元化

サーキュラーエコノミーは、個体管理システムによる機器の所在の把握のみにとどまらない。機器の稼働情報なども統合的に把握できるような情報の一元化を進めることで、ライフサイクル全体での資源循環、GHG排出などの総合的な環境負荷を評価しつつ、それを低減するようなサプライチェーンを目指すことができる。

なお、これらの仕組みを有効に機能させるため、機器側でも解体、再利用がしやすい方法の検討も進めていく。

2 資源循環を進めるための施策

資源循環を確実に進めるためには、機器や冷媒の使用状況や使用後の道筋が見えるようにしていくことが求められる。このための方策として、次の方向性が考えられるが、具体的な方法を業界で整備し、行政はその導入の法的位置づけを明確にすることで、いずれかの方策を導入すべきである。

❶ 個体管理を行う仕組みの整備
❷ リース・サブスクリプションサービスのルール化

これと同時に行政には、機器や冷媒の回収を促進させる技術などへの積極的な支援を期待するところである。

❶ライフサイクル全体で個体管理する仕組みの整備

機器の所在や性能、素材の種類、使用量などを、機器のライフサイクル全体での個体管理を行うことで、資源の流れが可視化され、資源循環がより確実に行われるようになる。

このような個体管理は、多数の主体間で情報の共有が必要になるため、どのようにデータ化するか、ヒートポンプで必要とされるデジタルプロダクトパスポー

トのルールを整備する必要がある。

　なお、個体管理を行い、機器のコネクテッド化を進めた場合に、管理者／利用者情報などの個人情報・機密情報保護のため情報の活用が制限されることも考えられる。ブロックチェーン技術や今後活用が期待される量子暗号技術などの技術的な解決策が想定されるが、広く社会で有効に活用できるよう、行政は、これらの情報の活用と保護を両立させる制度的な枠組みをつくることも検討すべきである。

❷リース・サブスクリプションサービスのルール化

　製品の確実な回収を可能にするためには、サブスクリプションサービスなどの「サービス売り」を主体としたビジネスへの転換も非常に有効な手段である。

　このようなサービスを推進するためには、サービス内容への信頼性を担保するために、業界において標準的な約款などを整備することや、課題と解決策を検討していくことも必要となる。

　なお、サブスクリプションサービスは、機器の使用サービスとして展開が始まっている [3]。このようなサービスのほかに、機器の使用ではなく、熱の使用として捉え、利用した熱量に応じて課金するサービスも考えられる。

7.6 〉 ヒートポンプ技術の導入に必要なDX

1 熱のデジタル化に必要なDX

　ヒートポンプが取り扱う熱のデジタル化はまだ十分に進んでおらず、DX導入に向けた大きな障壁となっている。しかしながら、全体最適の実現のためには、DXの推進が必須である。

　このため、次のように、必要な技術的基盤を業界として整備するとともに、デジタル化への取り組みが促されるよう、取り組み状況を可視化していく必要がある。

　なお、デジタル化の指標としては、**図7.11**に示すような自動車の自動運転のレベル化のように、何が実現可能なのかを明確に段階として示し、共通理解を促していく必要がある。

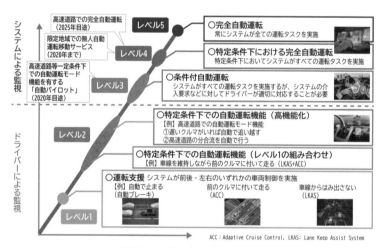

図7.11　自動車の自動運転のレベル分け
出典：国土交通省「自動運転のレベル分けについて」[4]をもとに作成

2 DXの導入に向けた関連分野の整備

❶カーボンニュートラル

2050年カーボンニュートラル達成に向けて、燃焼系熱源の電化とエネルギーの最適供給の実現が必要である。

❷情報通信インフラ

2030年代のSociety5.0の実現を目指してBeyond 5Gを確立するためには、2020年代の間に5Gの機能強化を図り、Beyond 5G ready な環境づくりをしていく方針を総務省が掲げている。

このため、Society5.0を実現した超スマート社会に突入する2030年頃までには、ヒートポンプでもIoT、AIなどのデジタルツイン技術により、実運転性能評価や遠隔監視・制御に基づく最適設計・運用を実現させる必要がある。そのためには、必要な情報とその送受信方法を2020年代前半のうちに確立し、2020年代後半より実装していかなければならない。

❸ヒートポンプの最適設計・運用の実現

次世代ヒートポンプ技術を家庭や産業に普及させるためには、次世代技術をあらゆる視点で組み合わせ、空調や給湯などの個別で最適化を図りシステムを統合し、システム融合を行うことが期待される。

ヒートポンプ技術の導入に必要なDX

7.7 > 次世代ヒートポンプ技術の初期導入・利用に対する支援

　次世代ヒートポンプ技術の導入は、冷媒転換や資源循環など環境への配慮が必要なため、機器の価格が現状より上がることが予想される。このため、新たな機器の導入を促進する各種の措置が必要になる。

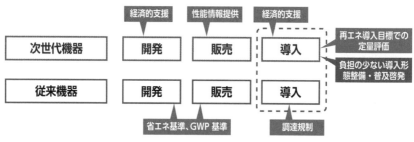

図7.12　次世代ヒートポンプ技術の導入推進の考え方

　機器の導入を促進する意味でも、次の3つの観点から必要な措置を提言する。

① 初期導入に対する支援
② 利用に対する支援
③ ヒートポンプ技術で利用する熱の再エネとしての扱いの明確化

1　初期導入に対する支援

　初期導入に対する支援は、カーボンニュートラルやサーキュラーエコノミー達成という、社会全体の目標に向けて必要となり、行政として次のような措置を実施すべきである。

① 新たな性能情報提供の支援（法定化、経済的支援など）
② 次世代ヒートポンプ技術の機器開発に対する経済的支援
③ 次世代ヒートポンプ技術の導入に対する経済的支援

導入に対する経済的支援としては、従来の用途を限定して自然冷媒機器を支援[4]対象としてきた[5]。その他の用途での低GWP機器の導入や、燃焼系と組み合わせたヒートポンプの導入、導入の前提となるZEB化なども含め、特に普及の初期段階での導入を後押しするように、幅広く対象にするのが望ましい。

　一方で、このような経済的支援は、価格差を埋め合わせることで普及が拡大し、それとともに価格差が縮まるものの、最終的に差異がなくならない機器も残る。このため、初期段階での補助金などの財政支出をともなう支援を、永続的に実施できない。一定の普及が進んだ段階で、従来機器の販売に対する規制を強化[5]し、従来機に対して賦課金などを課すことにより、次世代機器の競争力を確保することも検討すべきである。

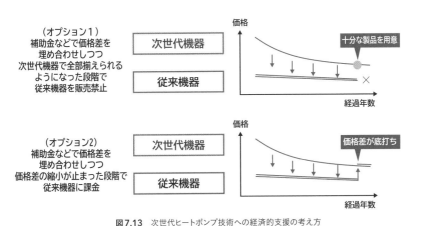

図7.13　次世代ヒートポンプ技術への経済的支援の考え方
(価格差が最終的に残らざるを得ない場合の例)

2　利用に対する支援

　低GWPを目指す冷媒転換や、エネルギー消費をおさえる省エネを推進する取り組みとしては、ヒートポンプ機器本体の導入を促す政策だけではなく、運用時のエネルギー費用に影響を与えることも次世代ヒートポンプ技術に対する経済的支援の1つとなる。

4　**自然冷媒機器の支援**　環境省の自然冷媒導入支援事業(補助金)では、冷凍冷蔵倉庫、食品製造工場、食品小売店舗のみを対象としている。
5　**従来機器の販売に対する規制の強化**　フロン法の指定製品に対するGWP基準の強化、グリーン購入法での指定、販売禁止など。

政府によるグリーントランスフォーメーション (GX)[6]政策の一環で、カーボンプライシング[7]の導入なども検討されているが、このような明確な脱炭素化への経済的な価値化も大きく、次世代ヒートポンプ技術の導入を後押しすることになるだろう。炭素価格も考慮し、市場で公平に比較・評価されるよう、政府として制度を構築すべきである。

---

6 **グリーントランスフォーメーション** GX(Green Transformation)は、GHG(温室効果ガス)を発生させる化石燃料を使用せず、再生可能エネルギー(太陽光発電、風力発電など)のクリーンエネルギーを中心に使った産業、経済社会を目指す政策。
7 **カーボンプライシング** 企業が排出するCO_2に価格をつけて取り引きする手法。代表的なものとして、「炭素税」や「排出量取引」などの制度がある。

7.8 > ヒートポンプ熱の 再生可能エネルギーとしての扱い

1 ヒートポンプの利用量を定量評価に組み込む

　ヒートポンプ機器は、再エネを利用し、省エネにも貢献するものであるが、現在の政策上の位置づけとしては、主に省エネ機器と位置づけられ、明確に熱供給として位置づけられてはない。このためヒートポンプ技術は、省エネ基準や冷媒GWP基準のような規制面からあつかわれ、熱供給全体の中でどのような役割を果たすべきかは示されていない。

　現在、ヒートポンプは省エネ法では、再エネの導入量として定量評価されていないため、各事業者の再エネ導入目標の達成に貢献していない。

　今後、再エネとしてヒートポンプの利用量を定量評価に組み込むことができれば、事業者の積極的なヒートポンプの導入を推進できる。特にまだヒートポンプの普及が進んでいない高温領域の利用を積極的に定量評価できれば、燃焼系機器からの転換のきっかけになる可能性がある。EUの再生可能エネルギー定量評価方法も参考としつつ、定量評価方法を確立し、定量評価すべきである。

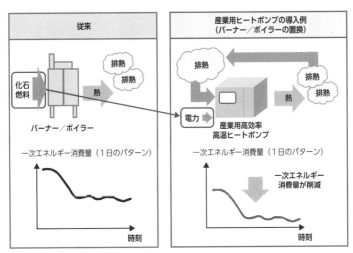

図7.14　ヒートポンプを定量評価に組み込んだ場合のイメージ
国立研究開発法人新エネルギー・産業技術総合開発機構(NEDO)
「ヒートポンプの導入効果を定量評価できる産業用ヒートポンプシミュレーターの開発」(2023)[6]をもとに作成

　カーボンニュートラルに向けた熱供給の在り方を明らかにするため、熱供給計画を定めることを提案したい。そのような計画を策定すれば、次世代ヒートポンプ技術の意義が明確になり、具体的にどの分野でどのように普及を行うべきかを立案できる。また、これまでの規制を行うための体制だけではなく、利用を推進するための体制も必要になるだろう。

表7.3　熱供給計画のイメージ

温度帯	熱需要量	供給形態	
		分野	割合
～20℃	●PJ	冷熱(電気)	95%
		冷熱(燃料)	5%
20～200℃	◆PJ	燃焼加熱	10%
		電気加熱	10%
		蒸気(燃料)	40%
		蒸気(電気)	25%
		温水(燃料)	5%
		温水(電気)	10%

注)冷熱(電気)、蒸気(電気)、温水(電気)をヒートポンプで対応

7.9 〉ヒートポンプ技術の国際展開

1 国際展開の推進

すり合わせ型[8]の機器であるヒートポンプ機器は、日本の製造業の得意とする領域であり、国際的にも日本から働きかけ、次世代ヒートポンプ技術を積極的に普及展開していく必要がある。そのための具体的な方向性としては、次のようなことが考えられる。

❶ エネルギー効率規制の高度化
❷ 評価装置の高度化
❸ 機器・冷媒管理の高度化
❹ 人材育成・交流

❶エネルギー効率規制の高度化

まず、次世代ヒートポンプ技術を普及させるためには、高い性能のヒートポンプ機器の導入が必要であり、各国で設けているエネルギー効率規制への採用などを通じて利用を浸透させることが重要である。特に、ASEAN諸国ではエネルギー効率規制の導入が進んでおり、日本のエアコンと親和性も高いことから、規格化やその普及に向け、重点的に働きかける必要がある。

❷評価装置の高度化

あわせて、次世代ヒートポンプ技術の性能評価を実施できるよう、高度化した評価装置を現地に設置する必要がある。

---

8 **すり合わせ型** インテグラル型とも呼ばれる。すでに設計された部品を他の部品と組み合わせ、複数の要素技術をすり合わせて全体最適設計をした製品のこと。

❸機器・冷媒管理の高度化

さらに、機器や冷媒管理の高度化の仕組みは、既存の仕組みが存在しない途上国でこそ先行して進む可能性もある。先行事例として支援していきつつ、先進的モデルを構築し、日本へ逆輸入を図ることも提案したい。

❹人材育成・交流

これらすべての取り組みの基盤は、人材育成である。各国と交流を図り、今後の日本の製造業の競争力強化、世界での生活環境の改善やカーボンニュートラルとサーキュラーエコノミー実現への貢献のため、行政と業界が密接に連携して戦略的に展開することが求められる。

2 国・地域で異なる利用状況と普及への期待

世界のヒートポンプ製品の活用状況は、地域ごとの自然環境や文化的な背景から大きく異なり、ヒートポンプ技術が広く使われている地域から、普及が進んでいない地域までさまざまである(3章7節参照)。カーボンニュートラルを目指す脱炭素化などの社会状況は、世界全体で対応が求められ、次世代ヒートポンプ技術は、さまざまな社会課題の解決に世界全体で貢献するポテンシャルを持つ。

特にヒートポンプ技術の貢献が期待される国・地域としては、これから拡大していく熱帯や温帯での冷房ニーズが挙げられる。適切な温度設定など、省エネの意識が乏しく空調文化があまり根付いていない国が対象となる。加えて、現在あまり暖房用途として普及が進んでいない、寒冷地での用途拡大も期待され、欧米が対象となる。

また、産業部門の加熱用途であれば、化石燃料を多く消費している国への高温ヒートポンプの適用が期待され、冷凍・冷蔵は、コールドチェーンが今後普及していく特にASEAN地域の国への展開などが考えられる。

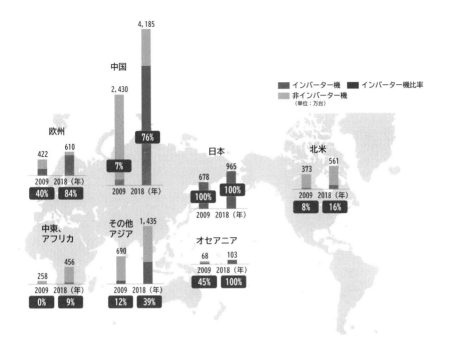

注) 住宅用エアコン：ウインド・ポータブルを除く住宅用ダクトレスエアコン。北米のみ住宅用ダクト式エアコンを含む。
　　一般社団法人 日本冷凍空調工業会データを参考にダイキン工業株式会社作成

図7.15　住宅用エアコン市場需要台数とインバーター機の比率(2018年)
出典：ダイキン工業株式会社／株式会社東洋経済新報社「エアコン「2050年までに約3倍増」問題の深刻度　猛暑に
　　　必須、世界でも需要増で環境に懸念」(2020)[7]をもとに作成

3 | 省エネルギーでのヒートポンプ技術の貢献度

　ヒートポンプ技術の貢献が特に期待される省エネの正確な評価については、現在、低負荷条件を考慮した評価方法の改善に向けて、次世代性能に関する国際規格が議論されている(7章3節参照)。2026年頃に成立が見込まれていることから、国際展開を進めるためには、新たな国際規格に対応していく必要がある。その上で、国による背景・文化などの違いを考慮して、各国に適した製品の開発、情報一元管理プラットフォーム・総合評価手法の構築に取り組まなければならない。また、その運用も含めた支援をしていくことで、各国における社会課題の解決に貢献できる。

2030年代に国内展開を目指した情報一元管理プラットフォーム・総合評価手法の普及にあわせ、速やかに国際展開することができれば、世界全体の社会課題の解決に貢献できる。事前に、省エネや冷媒対策が進んでいる日本の冷凍空調文化[9]を、全体最適化に先立つ基盤として普及、促進しておくことが重要になる。

4 新たな国際規格への対応

空調用途のヒートポンプ技術に関しては、実使用環境と試験環境の乖離を是正するため、国際規格の改定に向けて現在議論が進んでいる。本改定は日本をはじめ、各国の性能評価指標にも反映されてゆくと考えられるため、新たな国際規格に対応したヒートポンプ製品の開発が必要となる。

5 ローカルフィットした製品の開発

各国で空調文化などの考え方や、求められる製品仕様が異なる。各国の背景を勘案し、ローカルフィットした製品の開発が求められる。ローカルフィット製品の開発では、国内向けの機器開発も参考にできるだろう。

具体的には、寒冷地向けの空調開発、コールドチェーンによる食料供給システム、産業部門の高温ヒートポンプなどの国際展開が期待される。

あわせて、適切な温度設定など機器の運用もエネルギー消費量に大きな影響を与えるため、使い方も含めた普及展開も重要になる。

9　冷凍空調文化　機器やその適切な使用方法、整備方法、評価方法、試験研究機関、技術者などの人材と技術を含めたリソース。

7.10 > 住宅・建築物の 次世代ヒートポンプ技術政策

1 健康・快適で脱炭素な居住環境の実現

5章1節で述べたとおり、高齢化や健康の課題に取り組む企業の増加もあり、社会・生活の基盤である住宅・建築物で、より健康で快適な室内環境を求めるニーズが高まっている。また、カーボンニュートラルに向けて、民生部門での住宅・建築物分野の脱炭素化も不可欠である。今後は規制措置などにより、住宅・建築物の省エネ性能の向上が見込まれる (**表7.4**)。

表7.4 住宅・建築物やウェルネスに係る目標・見通しなど

関連動向	指標例	現状と将来の見通し	
高齢化の進展[8]	高齢世帯比率	現状 (2021年)	30%
		2030年	40%
		2040年	44%
健康意識の高まり[9]	健康経営に取り組む企業など	現状 (2021年)	6万社弱
		2025年	10万社以上
住宅・建築物の性能向上 [10][11]	住宅・建築物の省エネ性能に係る政策目標	現状 (2023年)	中規模以上の新築建築物は適合義務化済
		2025年	新築住宅・小規模新築建築物の適合義務化
		2030年	新築住宅・建築物のZEH・ZEB化
		2050年	住宅・建築物ストック平均でのZEH・ZEB実現

出典：国立社会保障・人口問題研究所「日本の世帯数の将来推計(全国推計)(2018年推計)」(2018)[8]／日本健康会議「健康づくりに取り組む5つの実行宣言2025」[9]／経済産業省・資源エネルギー庁「第6次エネルギー基本計画」(2021)[10]／国土交通省「脱炭素社会に向けた住宅・建築物における省エネ対策等のあり方・進め方の概要」(2021)[11]をもとに作成

今後は、住宅・建築物自体の性能向上により、熱負荷が低減される最適な機器・システム構成の実現や、より高度な運転制御技術の確立などによる快適な温熱環境の実現と、エネルギー利用の最適化を両立することが期待されている。

技術ロードマップに沿って進められた次世代ヒートポンプ技術では、上記のニーズを満たす次の機能が実現できる。

❶ 住宅・建築物の性能に合わせた機器の最適化(全館空調、デシカント空調など)

❷ 機器・熱源の統合によるシステム全体としての最適化

❸ 熱負荷の見える化と、それに基づく快適性などを考慮した機器の最適運転制御

❹ HEMS・BEMSなどによる住宅・建築物全体としてのエネルギー利用の最適化

技術ロードマップのうち、「評価手法」で掲げたように、実運転環境・設置環境を反映した評価手法の確立が必要になる。実際の住宅・建築物での熱負荷(温度・湿度など)を考慮した評価がされることで、今後、性能向上が見込まれる住宅・建築物で、より快適な室内環境を実現する機器(全館空調、デシカント空調など)が普及しやすくなる(❶)。

また、「製品技術」で掲げたDXの活用により、各用途の機器単体としてだけではなく、複数の機器・熱源を統合したシステムとしての設計最適化も可能になる(❷)。

加えて、デジタルツインなどは、実際の運用段階での運転制御の最適化に活用できる。前述のとおり、実際の熱負荷(温度・湿度など)を考慮した評価手法が確立されれば、それに基づく運転制御も可能となる(❸)。また、HEMS・BEMSもより高度な運転制御ができるため、住宅・建築物全体としてのエネルギー利用の最適化が可能となる(❹)。

以上のように、次世代ヒートポンプ技術では、上記の機能が実現されることで、**図7.16**(**図5.10**再掲)のように、健康・快適で脱炭素な居住環境の実現が可能となる。

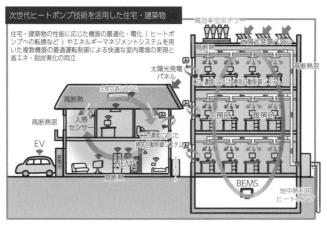

図7.16 次世代ヒートポンプ技術で実現される居住環境のイメージ

2 住宅・建築物の政策提言

　住宅・建築物では主に、空調と給湯を利用することになる。これを念頭に、住宅・建築物での政策の方向性として次のよう事項を提言する。

① 設置環境を踏まえた性能評価手法の構築
② ウェルネス観点からのヒートポンプ技術の総合評価手法の開発
③ 次世代冷媒に対応した住宅のルールづくり
④ 再エネ大量導入に対応するヒートポンプ給湯機の積極的な支援

❶設置環境を踏まえた性能評価手法の構築

　空調の場合には、建物の断熱性や蓄熱性の影響を受けるため、設置環境を踏まえた性能評価を建築業界とも連携して構築する必要がある。建築物省エネ法[10]などの既存の制度でも活用できるように展開し、より良い機器や設計が選択されるよう、手法の普及を図るのが望ましい。

❷ウェルネス観点からのヒートポンプ技術の総合評価手法の開発

　空調の場合には、省エネ性能に加え、快適性や健康性も重要となる。すでにWELL認証[11]のように建築物の空間をウェルネスの観点も含めて評価する仕組みはあるが、これは建築物としての評価であり、ヒートポンプ技術としての評価ではない。快適性なども考慮した適切なヒートポンプ技術の選択につながるよう、業界としてウェルネスの観点を含めたヒートポンプ技術の総合評価手法の開発が必要である。

10　**建築物省エネ法**　正式名称は、「建築物のエネルギー消費性能の向上に関する法律」。2050年のカーボンニュートラル、2030年の度温室効果ガス46%排出削減(2013年度比)の実現に向け制定された法律。日本のエネルギー消費量の約3割を占める建築物分野で地球温暖化ガスの削減を目標に、建築物のエネルギー消費性能の向上を図り、建築物のエネルギー消費性能基準への適合義務などの措置を講じている。

11　**WELL認証**　WELL認証(WELL Building Standard)は、アメリカのDelos社が2014年に開発した建築物の空間評価システム。「人間の健康」の視点から人間工学的な側面の評価だけではなく、その空間で過ごす人間のウェルネスを重視して評価・認証するシステムで、2021年6月時点で世界97カ国、日本では82件が認証、プロジェクト登録を行っている。

❸次世代冷媒に対応した住宅のルールづくり

　空調の場合には、性能面、安全面などから自然冷媒などGWP10以下の冷媒を選択することが難しく、冷媒対策を考える必要がある。チラーを用いる場合には、水配管の敷設など、住宅側の対応しなければならないため、業界として適切なルールづくりが必要となる。

❹再エネ大量導入に貢献するヒートポンプ給湯機の積極的な支援

　給湯の場合には、貯湯槽で保温して時間を気にせずお湯を使うことができるため、ヒートポンプ技術の稼働時間帯を調整しやすい。この特性を生かし、太陽光発電の時間帯にあわせ、お湯を沸かす機器も登場してきている。このような再エネの大量導入に貢献するヒートポンプ給湯機に対する補助金も設定されているものの、特に補助額や補助率では優遇されていない [12]。電力需給調整にも貢献することから、行政がより積極的に支援することが望ましい。

7.11 > 食料システムの 次世代ヒートポンプ技術政策

1 持続可能なコールドチェーンの構築

　世界的に食品のサプライチェーン全体の合理化・効率化、食品ロスの低減など が図られている(5章2節参照)。具体的には、生産性向上と持続性向上の両立を実 現する、持続可能な食料システムを構築することが強く求められている。日本でも、 その構築に向けた戦略を策定し、具体的な目標などが設定されている(**表7.5**)。

表7.5 食料システムに係る目標・見通しなど

関連動向	指標例	現状と将来の見通し	
食品加工・流通プロセスの合理化・効率化	事業系食品ロス	基準年(2000年度)	547万t
		2030年	273万t：基準年(2000年度)比で半減
		2050年	事業系食品ロス最小化
	食料自給率	基準年(2018年度)	37%
		2030年	45%(供給熱量ベース)
	食品製造業での労働生産性	基準年(2018年)	5149千円／人
		2030年	6694千円／人：基準年(2018年)比30%向上
		2050年	AI活用などによるさらなる労働生産性向上
	飲食料品卸売業に占める経費の割合	基準年(2016年)	11.6%
		2030年	10%
		2050年	食品流通の省人化・自動化によるさらなる縮減
農林水産業のゼロエミッション化	【園芸施設】加温面積におけるハイブリッド園芸施設の割合	現状(2018年)	10%
		2030年	50%
		2050年	化石燃料を使用しない施設への完全移行

注)ハイブリッド園芸施設とは、ヒートポンプと燃油式暖房機のハイブリッド運転など技術を活用し、化石燃料のみに依存 しない園芸施設を指す
出典：農林水産省、「みどりの食料システム戦略」(2021)[13]／「『みどりの食料システム戦略』KPI2030年目標の設定に ついて」(2022)[14]／「食料・農業・農村基本計画」(2020)[15]をもとに作成

　食品システムでのヒートポンプ技術は、主に冷凍・冷蔵設備で利用される。食品 などを生産地から消費者に届けるまで、低温を保ったまま管理して流通させるコー ルドチェーンは、食料システムの中核を担う加工・流通プロセスの1つである。**図7.17** に示す。

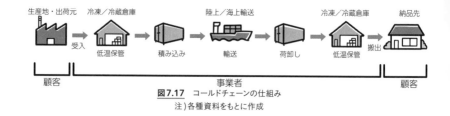

生産地・出荷元　　冷凍／冷蔵倉庫　　　　　陸上／海上輸送　　　　　冷凍／冷蔵倉庫　　　納品先

受入　　低温保管　　積み込み　　　輸送　　　荷卸し　　低温保管　　搬出

顧客　　　　　　　　　　　　　　　事業者　　　　　　　　　　　　　　顧客

図7.17　コールドチェーンの仕組み
注）各種資料をもとに作成

　表7.5で示した目標の実現に向けて、今後はさらなる食品ロスの低減や、プロセス全体の効率化・合理化を図っていくことが求められている。

　技術ロードマップに沿って進められた次世代ヒートポンプ技術では、示したニーズを満たす次の機能が実現できる。

> ❶　食料品の状態(温度・湿度など)、エネルギー消費量などの見える化とそれに基づく機器の最適運転制御
> ❷　低GWP冷媒への転換、冷媒管理・漏えい検知の自動化による漏えい対策
> ❸　その他関連情報も含めた一元管理による食料品需給の最適化

　技術ロードマップのうち「評価手法」の掲げた実運転環境・設置環境を反映した評価手法、「製品技術」で掲げたデジタルツイン技術などの活用により、最適運転制御などを確立する。そうすることで、実際のコールドチェーンの各現場での食料品の状態(温度・湿度など)などを考慮した最適運転制御が可能となり、食料品の鮮度・品質が維持され、食料品の消費期限の延伸などにつながる(❶)。

　また、「冷媒転換」で掲げたように、GWPが高い冷媒を使用している機器が多く残るコールドチェーンでも低GWP冷媒への転換が促進される。それとともに、冷媒管理情報の収集・管理方法の確立により冷媒管理・漏えい検知の自動化がなされ、手間・コストをかけずに漏えい対策が可能となる(❷)。

　加えて、「共通基盤」で掲げたように、上述の温度・湿度、エネルギー消費量、冷媒管理情報、その他関連情報(CO_2排出量、生産量・発注量の取引情報など)も含めて一元管理する基盤が構築される。そうすることで、コールドチェーン全体でのCO_2排出量の見える化や、食料品の需給の最適化も図れる。さらに、ステークホルダーでの協働による脱炭素化の取り組み推進や、食品製造や食料生産での無駄の削減にもつながる(❸)。

以上のように、次世代ヒートポンプ技術では、前述の機能が実現されることで、**図7.18**(**図5.21**再掲)のように、食品ロス低減やプロセス全体の効率化・合理化が図られた持続可能な食料システムの実現が可能となる。

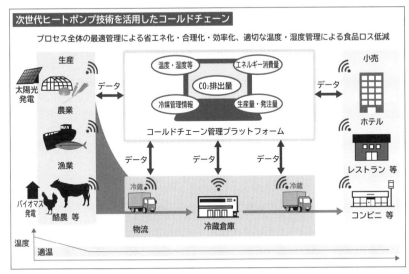

図7.18 次世代ヒートポンプ技術で実現されるコールドチェーンのイメージ

2 食料システムの政策提言

食料システムでは、主にコールドチェーンの整備にヒートポンプを用いる。このため、食料システムでの政策の方向性として、次のことを提言する。

❶ コールドチェーンとヒートポンプ機器のデータ管理の構築と連携
❷ コールドチェーンのCO_2排出量見える化のシステム確立と普及推進
❸ 施設園芸などのヒートポンプ機器への導入補助と周知

❶コールドチェーンとヒートポンプ機器のデータ管理の構築と連携

次世代ヒートポンプ技術では、コールドチェーンをよりきめ細かく管理するため、コールドチェーン全体のデータ管理システムを構築する必要がある。

ここで扱うデータとしては、食料品の温度・湿度情報、冷凍・冷蔵設備の冷媒管理情報、その他の関連情報(取引情報など)が挙げられ、必ずしもヒートポンプ技術に関する情報ではない。このため、コールドチェーンを構築する企業や団

体が主体となり、整備することになる。ただし、ヒートポンプ機器本体や冷媒管理の情報は、AIなどを活用した共通基盤プラットフォームで管理するため、両者を連携する仕組みをつくる必要がある。

❷コールドチェーンのCO$_2$排出量見える化のシステム確立と普及推進

コールドチェーンでの取り組み推進に当たっては、消費者の理解も得る必要がある。食料品のCO$_2$排出量の見える化の検討[16]も進んでいるが、単純にCO$_2$排出量を総量として捉えた場合、生産段階の農業分野の排出が大きく、コールドチェーンのパフォーマンスがわかりにくい。

このため、脱炭素コールドチェーンの基準を設けてそれを認定して表示するなど、流通過程でのCO$_2$排出量も評価方法に含め、消費者にまで見えるようにする方法を日本政府とも連携し、業界として検討すべきである。

❸施設園芸などのヒートポンプ機器への導入補助と周知

施設園芸で用いるヒートポンプ技術など、農林水産分野でのヒートポンプ技術の利用は未来の食料システムには欠かせない要素ではあるものの、まだ進んでいない。

農林水産事業者の場合には、資金力が制約となり、高価な設備導入が難しいことも一因となっている。このため、行政が積極的に補助金を設定する、周知を行うなど、導入推進を進めるべきである。

7.12 › 産業の次世代ヒートポンプ技術政策

1 製造プロセスの脱炭素化と生産性・競争力の向上

カーボンニュートラルの実現に向けては、産業部門(工場など)での脱炭素化の取り組みが必要不可欠である(6章1節参照)。「第6次エネルギー基本計画」、「地球温暖化対策計画」でも省エネ、CO_2削減に係る厳しい目標が課せられている(**表7.6**)。

昨今は、バリューチェーン周辺のステークホルダーからの企業に対する脱炭素化の圧力も急速に高まっている。

表7.6 産業部門に係る目標・見通しなど

関連動向	指標例	現状と将来の見通し	
産業部門の脱炭素化	産業部門での最終エネルギー消費	基準年(2013年度)	168百万kL
		2030年	約140百万kL
	産業部門でのエネルギー起源CO_2排出	基準年(2013年度)	463百万t-CO_2
		2030年	289百万t-CO_2：基準年(2013年度)比38%削減
		2050年	カーボンニュートラル

出典：経済産業省・資源エネルギー庁：「第6次エネルギー基本計画」(2021)[10]／「地球温暖化対策計画」(2021)[17]をもとに作成

表7.6 に示した目標の達成に向けては、産業部門のエネルギー消費のうち、大きな割合を占める熱プロセス[12]の脱炭素化が必要不可欠であり、燃焼式のボイラなどから産業用ヒートポンプへの転換が求められている。また、企業などが今後、生産性・競争力強化を図っていく上では、こうした脱炭素化への対応に加えて、DXも進めていく必要がある。

技術ロードマップに沿って進められた次世代ヒートポンプ技術では、次のニーズを満たす機能が実現できる。

❶ 産業用ヒートポンプの適用範囲の拡大(高温化など)

❷ 未利用熱・排熱の有効利用、統合的な熱の利用(冷温同時取出)

❸ 製造プロセス全体での機器・システムの最適設計・最適運転制御

---

12 燃焼プロセス ここでは、特に200℃未満の低温度帯の蒸気・温水の需要のことを指している。

技術ロードマップのうち「製品技術」で掲げたように、高温化などの適用範囲の拡大が図られることで、産業用ヒートポンプの普及促進につながる(❶)。それとともに、未利用熱を活用するために必要な技術開発(熱交換器などの性能向上)が進むことで、未利用熱・排熱の有効利用なども進展する(❷)。

加えて、同じく「製品技術」で掲げたように、デジタルツイン技術などの活用により、製造プロセス全体での機器・システムの最適設計・最適運転制御も可能となる(❸)。

以上のように、次世代ヒートポンプ技術では、上記の機能が実現されることで、**図7.19**(**図6.7**再掲)のように、脱炭素化、生産性・競争力の向上が図られた製造プロセスの実現が可能となる。

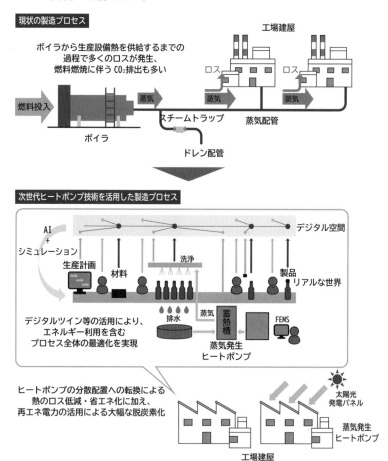

図7.19 次世代ヒートポンプ技術で実現される製造プロセスのイメージ

2 産業分野の政策提言

　産業分野では、空調・給湯なども使われているが、今後に向けて重要なのは、高温領域での乾燥・蒸気発生などを利用する用途である。

　これを踏まえて、産業分野での政策の方向性として、次のことを提言する。

❶ 高温ヒートポンプ機器への導入補助
❷ ディマンド・リスポンス対応の義務化・インセンティブ付与

❶高温ヒートポンプ機器への導入補助

　ボイラなどの燃焼系機器の代替として導入する場合、運転費用は削減できたとしても設備費用が高くなるため、導入が進まない。このため、行政として熱利用計画を策定し、ヒートポンプの積極的な導入の方針を明示しつつ、導入補助金などの経済的支援を行う必要がある。

　ただし、補助金に頼らない普及につながるよう、一定の普及が進んだ段階で、従来機器の販売を抑制する方策も講じる必要がある。

❷ディマンド・リスポンス対応の義務化・インセンティブ付与

　ヒートポンプ技術のディマンド・リスポンス対応の義務化や、インセンティブ付与が考えられる。

　ボイラを利用する工場では電力量調整が難しいが、ヒートポンプ＋蓄熱を利用する工場では、蓄熱を駆使することで、可能な限り生産ラインに影響を与えなずに電力調整をすることができる。このように、次世代ヒートポンプ技術の優位な特性がより明確になるため、この分野での導入の後押しとなることが予想される。

7.13 › 電力需給の次世代ヒートポンプ技術政策

1　脱炭素を目指す安定した電力システムの構築

　カーボンニュートラルの実現には、再エネの大量導入が必要不可欠である。その実現に向けては、電力システムの柔軟性を高めるため、必要な調整力を確保することが重要である（6章4節参照）。

　こうした中、電力システムの調整力確保の新たな手段として、近年普及が進められている分散型エネルギーリソースをDR、VPPへ活用するニーズが高まっている。民生部門のみならず、産業部門を含めた需要側のすべての部門で対応が求められている。

　電力の安定供給を担う一般送配電事業者10社が策定したロードマップでも、需給調整・系統安定化技術の高度化に向け、分散型エネルギーリソースを活用した需給制御技術の確立を目指すことが掲げられている（**表7.7**）。

表7.7　分散型エネルギーリソースに係る目標・見通しなど

関連動向	指標例		現状と将来の見通し
DERの普及・活用進展（需給調整・系統安定化技術高度化）	関連する技術開発・普及目標	2020年代半ば〜	DERの制御などの基盤となる次世代スマートメータなど導入・活用、既存リソースの最大限の活用、DERフレキシビリティの普及促進・活用
		2040年代後半〜	DER統合制御技術の確立

出典：送配電網協議会「2050年カーボンニュートラルに向けて〜電力ネットワークの次世代化へのロードマップ〜」(2021)[18]をもとに作成

　貯湯タンクを備えるヒートポンプ給湯機や、ヒートポンプ技術と蓄熱システムを組み合わせた蓄熱空調システムなどは、代表的な分散型エネルギーリソースとして、DR、VPPへの活用が期待されている。

　次世代ヒートポンプ技術では、技術ロードマップのうち「製品技術」で示したデジタルツイン技術などの最適運用制御技術や、「共通基盤」で示した情報の一元管理プラットフォームの構築を通じ、需要側の生活満足度などを下げずに遠隔・統合制御を実現する。

　このため、DR・VPPに活用でき、**図7.20**（**図6.17**再掲）のように脱炭素化を図りつつも、安定供給を実現する電力システムの構築に貢献する。

現状の電力需給システム

発電所から需要家への一方向の流れが中心需要側の電力需要にあわせて発電量の制御を実施

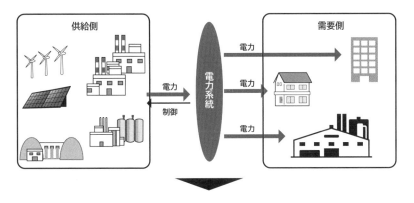

次世代ヒートポンプ技術を活用した電力需給システム

需要家側での太陽光、ヒートポンプ・蓄熱システム等の普及により、双方向の流れが増加供給側と
需要側が連携して需給の最適化を実施

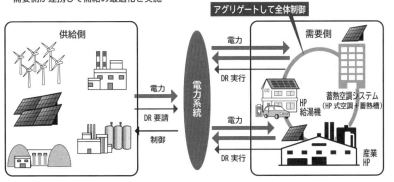

図7.20　次世代ヒートポンプ技術で実現される電力システムのイメージ

電力需給では、電気供給の安定性確保の観点から、ディマンド・リスポンス機能を搭載する機器が普及するのが望ましい。

このため、電力需給での政策の方向性として、次の事項を提言する。

❶ ディマンド・リスポンスのルールづくり
❷ ディマンド・リスポンスの最適な料金体系の構築
❸ 蓄熱槽の導入補助

❶ディマンド・リスポンスのルールづくり

ディマンド・リスポンスを実現するためには、どのようなやり取りで実行に移すか、どのような時間応答が求められるかなどのルールを明確にする必要がある。

❷ディマンド・リスポンスの最適な料金体系の構築

また、ディマンド・リスポンスを実施するためには、インセンティブとなるような料金体系の構築が必要である。

現在、電気で検討されている熱のディマンド・リスポンスの在り方としては、ヒートポンプ機器を扱う業界としても、小売電力会社と対話を行って、望ましい料金体系を構築する必要がある。

❸蓄熱槽の導入補助

ディマンド・リスポンス機能を効果的に発揮しやすくするためには、熱生成の時間帯を自在に変更できる蓄熱槽の設置を推進する必要がある。これにも行政の補助金などの経済的インセンティブがあるのが望ましい。

以上、次世代ヒートポンプ技術の実現に必要と思われる政策の方向性を分野横断的事項と、分野別の事項とをそれぞれ示した。これら全体を推進するためには、冷媒や機器性能といったヒートポンプ技術への環境規制だけではなく、学会、業界、行政が一体となり、ヒートポンプ技術の全体最適化や普及を図る体制づくりが必要である。

付録 1

次世代ヒートポンプ技術の冷媒転換

付録1 概要

　ヒートポンプ技術に使用される冷媒は、オゾン層保護の観点から、CFC、HCFC、HFCと転換が進んできたが、昨今のカーボンニュートラルの実現に向けたGHG排出量削減の観点から、GWPの高いHFCよりもGWPの低い冷媒への転換が図られている。

　ただし、低GWPの冷媒は燃焼性や毒性があったり、HFCを使用する場合と比べ、エネルギー効率が低下する場合がある。このため、安全管理や、使用時と廃棄時のGHG排出量削減を見据えた冷媒転換を実現することが重要である。

　本章では、次の2つの方向性を例示する。

- 新規販売機器の冷媒転換のみでカーボンニュートラルを目指す方策
- 低GWP冷媒を比較的使用しやすい領域(ルームエアコンや業務用の冷凍冷蔵機器など)や、店舗用パッケージエアコンやビル用マルチエアコンなどの領域で冷媒の使用時漏えい削減、廃棄時回収・再生利用の徹底を行う方策

　その上で、キガリ改正に基づくHFC生産・消費量上限の遵守と、トータルでのGHG排出量(エネルギー起源、冷媒排出起源)削減を両立する、「次世代ヒートポンプ」での冷媒利用の例を示す。

［1］ 地球環境に影響するフロン類

　ヒートポンプ機器に使用される冷媒には、主に次の特徴を持つフロン類が使用
されている。

・化学的に極めて安定した性質で扱いやすい
・人体に毒性が小さいといった性質を持つ

　フロン類は、1920年代にクロロフルオロカーボン(CFC)が開発され、アメリ
カ国内で冷媒として普及し、1960年代以降、先進国で消費量が大きく増加した。
　しかし、1974年にカリフォルニア大学のローランド博士らによって大気中に
排出されたCFC冷媒がオゾン層を破壊するのではないかという説が発表された
[1]。以来、数々の科学的知見が集積され、安定であるがゆえに上空の成層圏まで
達し、紫外線によって分解されて塩素ラジカルを放出し、その塩素ラジカルが成
層圏のオゾン層を破壊するということがわかった。

［2］ フロン類の国内外の規制

❶ フロン類規制からの冷媒転換

　オゾン層を保護するため、モントリオール議定書(1987年に採択され、1989年
に発効)により、オゾン破壊係数(ODP：Ozone Depletion Potential)が大きい特
定フロン[1]の段階的生産・輸入廃止と、ハイドロクロロフルオロカーボン(HCFC)
の消費量削減スケジュールが規定された。日本では、モントリオール議定書の国
内担保法として、1988年に「特定物質の規制等によるオゾン層の保護に関する
法律」(オゾン層保護法)が制定された。
　これによって、CFC、HCFCからハイドロフルオロカーボン(HFC)への転換

1
1

冷媒の利用と規制の歴史

1　**特定フロン**　トリクロロフルオロメタン(CFC-11)、ジクロロジフルオロメタン(CFC-12)、トリクロロトリフルオロエタン(CFC-113)、ジクロロテトラフルオロエタン(CFC-114)、クロロペンタフルオロエタン(CFC-115)を指す。

が必要になり、低温機器ではCFC-12、HCFC-22からHFC-404A[2]へ、空調機器ではHCFC-22からHFC-410A[3]へ冷媒転換された。

❷ 冷媒転換によるさらなる規制法

オゾン層保護対策として開発されたHFC冷媒だったが、地球温暖化係数(GWP：Global Warming Potential)が大きく、地球温暖化に悪影響をおよぼす可能性があるという欠点を残していた。

たとえば、前述のHFC-404A、HFC-410AのGWPの値はそれぞれ3,920、2,090であり、HCFC-22の1,810から逆に大きくなった[4]。そのため、1997年に採択され、2005年に発効された京都議定書で、GWPが大きいHFC、パーフルオロカーボン(PFC)、六フッ化硫黄(SF6)の代替フロンなどの3ガスの排出抑制が規定され、GWPの小さい冷媒への転換が要求されるようになる。しかし、中国などの途上国が削減義務を課されていないのは不公平、温暖化対策が経済に悪影響を与えるなどの理由でアメリカが離脱するなど、京都議定書は十分な効力を発揮せず、京都議定書に代わる枠組みが模索された。

2016年10月15日にルワンダのキガリで開催された第28回モントリオール議定書締約国会合で、各国のHFC生産・消費量の削減を規定する改正提案が採択された(キガリ改正[5])。

2　**HFC-404A**　HFC-125／HFC-143a／HFC-134a=44／52／4重量％の混合冷媒。

3　**HFC-410A**　HFC-32／HFC-125=50／50重量％の混合冷媒

4　**GWPの数値**　気候変動に関する政府間パネル(IPCC：Intergovernmental Panel on Climate Change)の第4次評価報告書(2007年)の値を使用している。

5　**キガリ改正**　キガリ改正によるHFC削減スケジュールの詳細や、国内法によるフロン対策については、2章4節参照。

付録 1.2 ＞ 冷媒番号と冷媒の性質

［1］ 冷媒番号の規定

冷媒番号は、アメリカ冷凍空調学会(ASHRAE)[6]のASHRAE Standard34、または国際規格であるISO 817により定められている。

単一冷媒の冷媒番号は、冷媒組成に基づく番号にRを付けたもので、HFC-32はR32、HFO-1234yfはR1234yfと表現される。なお、HFO冷媒は、分子内に炭素間の二重結合を持つ水素、フッ素、炭素で構成される化合物で、大気中で分解されやすく、低いGWPが特徴のHFC冷媒の呼称である。

冷媒組成に基づく番号は、千の位の数は炭素間の二重結合の数を、百の位の数は炭素の原子数－1を、十の位の数は水素の原子数＋1を、1の位の数はフッ素の原子数を表し、異性体はa、b、cなどの小文字のアルファベットを付けて表す。また、混合する冷媒の成分が同じでも、その成分比が異なるものは、番号のあとに大文字のA、B、Cを付け成分比の違いを表す。冷媒番号の付け方を**図A1.1**に示す。

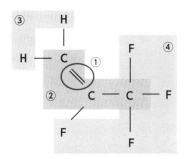

	❶	❷	❸	❹	
	千の位	百の位	十の位	一の位	沿え字
R-	1	2	3	4	yf
	炭素間の二重結合の数	炭素原子数－1	水素原子数＋1	フッ素原子数	構造異性体の区別

図A1.1 単一冷媒の番号の付け方(R-1234yfの例)

6 **アメリカ暖房冷凍空調学会** ASHRAE(American Society of Heating, Refrigerating and Air-Conditioning Engineers)は、暖房、換気、空調、冷凍などの空気調和やHVAC&Rに関わる個人や団体のための国際的な学会。空気調和システムに関する工業規格やガイドラインも策定している。

また、混合冷媒として、非共沸混合冷媒には400番台、共沸混合冷媒には500番台[7]の番号が付与される。番号は申請された順番に連番で付与され、構成される冷媒種が同じ場合は同じ番号となり、混合比率の違いで大文字のアルファベットA、B、Cなどで区別される[8]。

加えて、その他の有機化合物は600番台の番号(下2桁は炭素の原子数 − 4)、その他の無機化合物は700番台の番号(下2桁は分子量)[9]を表す。

［2］ 冷媒の性質と選定時の考え方

冷媒の性質は、毒性と燃焼性によって区分される。毒性は、慢性毒性の指標であるOEL[10]が400ppm以上か未満かでA(Lower toxicity：低毒性)かB(Higher toxicity：高毒性)かが決まる。なお、冷媒漏れの場合、冷媒が室内に長時間存在することはないため、慢性毒性に急性毒性の指標であるATEL[11]を加えた指標で、A／Bの判断をする方法が検討されている。

燃焼性は、火炎伝播の有無、燃焼下限界(LFL：Lower Flammability Limit)、燃焼熱(HOC：Heat of combustion)、燃焼速度(Burning velocity)の4つの基準で区分される(**表A1.1**)。

従来は、不燃性(A1)冷媒(R22、R404A、R410Aなど)が使用されていたが、GWPを低減するために大気寿命を短くすると、大気中での反応性が高い(毒性や燃焼性が高い)場合が多くなることから[2]、低GWP化への要求に応えるため、微燃性(A2L)冷媒(R32、R1234yfなど)への冷媒転換が進んできている。そして、キガリ改正の最終年度(2036年)や2050年カーボンニュートラルに向けて、さらなる低GWPが要求され、強燃性(A3)冷媒(R290など)の使用可能性が検討され、安全性のリスクアセスメントも行われている。

7　**混合冷媒**　400番台は非共沸混合冷媒で、全組成範囲に渡って露点と沸点が分離した混合物としての性質を示す冷媒である。500番台は、共沸混合冷媒で、複数成分の冷媒が一定の沸点をもち、あたかも一成分であるかのような相変化を示す冷媒である。

8　**A、B、C**　申請された順番。A454A、R454B、R454Cなどとなる。

9　**700番台の番号**　例として分子量17のアンモニアであれば、R717となる。分子量が100以上の場合は、7000番台の番号となり、下3桁が分子量を表す。

10　**OEL**　Operational Exposure Limitの略。職場曝露限界。通常の1日8時間、週に40時間労働でほとんどすべての労働者が悪影響を受けることがない時間加重平均の曝露濃度。

11　**ATEL**　Acute-Toxicity Exposure Limitの略。急性毒性となる下限濃度。

表A1.1　冷媒の燃焼性区分

区分	表記	火炎伝播	LFL	HOC (kJ／kg)	燃焼速度
1	No Flame Propagation (不燃性)	無	–	–	–
2L	Lower Flammability (微燃性)	有	>3.5%(ISO) >0.10kg／m³(ASHRAE)	and<19000	and ≦10cm／s
2	Flammable (可燃性)	有	>3.5%(ISO) >0.10kg／m³(ASHRAE)	and<19000	–
3	Higher Flammability (強燃性)	有	≦3.5%(ISO) ≦0.10kg／m³(ASHRAE)	or ≧19000	–

出典：一般社団法人日本冷凍空調工業会「ISO817：2014〜冷媒の安全等級」(2021)[3]をもとに作成

　機器で使用できる最大冷媒量は、安全のため、規格によって制限されている。冷媒充塡量制限の基準の1つとして、冷媒濃度限界(RCL：Refrigerant Concentration Limit)が定義されている。

　これは、次のうちもっとも小さい値と定められている。

❶	急性毒性を引き起こす下限濃度であるATEL
❷	酸素欠乏となる下限濃度であるODL (Oxygen Deprivation Limit)
❸	着火する下限濃度であるLFLの1/4または1/5

　可燃性の冷媒(A2L、A2、A3)は、ほとんどのものではLFLの1／4が最も小さい。A1冷媒では、ODLで最大冷媒量が制限される冷媒が多いが、ATELがODLよりも小さく、ATELで最大冷媒量が制限される冷媒も存在する(図A1.2)。

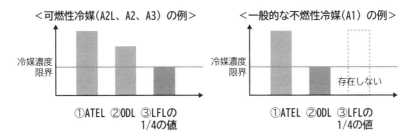

＜可燃性冷媒(A2L、A2、A3)の例＞　　　＜一般的な不燃性冷媒(A1)の例＞

冷媒濃度限界　　①ATEL ②ODL ③LFLの 1/4の値

冷媒濃度限界　　存在しない　①ATEL ②ODL ③LFLの 1/4の値

①ATEL(Acute-Toxicity Exposure Limit)：急性毒性となる下限濃度
②ODL(Oxygen Deprivation Limit)：酸素欠乏となる下限濃度
③LFL(Lower Flammability Limit)：着火する下限濃度

注) ASHRAE Standard 34-2022による定義を図示したもの
図A1.2　機器で使用可能な最大冷媒量の規格

冷媒の選定では、性能面も重要である。沸点(Bubble point)は液体の飽和蒸気圧が外圧と等しくなる温度であり、沸点が低い冷媒は沸点が高い冷媒よりも、同一温度での飽和圧力が高くなり、冷凍サイクルの凝縮圧力・蒸発圧力が高くなるため、冷凍能力・成績係数(COP:Coefficient of performance)が大きくなる傾向がある(**図A1.3**)。

　また、一般的に、圧縮機の吸入密度が大きい冷媒、飽和ガスエンタルピーと飽和液エンタルピーの差が大きい冷媒を選定すると、高い性能を得ることができる。その上で、次のような要素も考慮した上で、機器ごとに適した冷媒を選定することになる。

機器の大きさ	たとえば、ターボ式、スクリュー式の場合、高圧に耐えられないため、圧力の低い冷媒が選定される
使用する温度帯	使用する温度帯において、高い性能を発揮できる冷媒を選定する

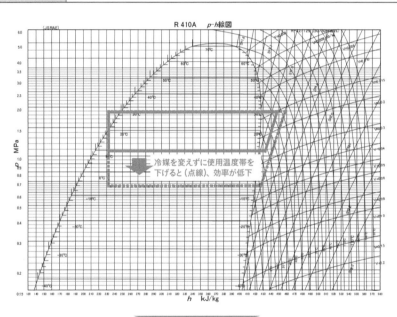

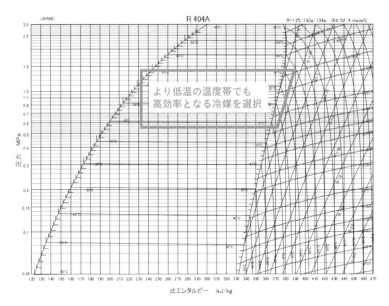

図A1.3 使用温度帯の違いや冷媒の種類による性能の差異イメージ
（例：より低温の温度帯で使用する場合に生じる性能の差異）
注）冷凍サイクル計算プログラムソフトVer.2でp-h線図を作成し、テキストボックスなどを追記している
出典：公益社団法人日本冷凍空調学会「冷凍サイクル計算プログラムソフトVer.2」(2006)[4]をもとに作成

　それぞれの機器に使用する冷媒を選定するためには、冷媒のODP、GWPのみ
ならず、毒性や燃焼性も考慮し、規格で規定されている最大冷媒量を理解した上で、
必要に応じて安全性のリスクアセスメントを行い、さらに、冷凍サイクルシミュレー
ションやドロップイン評価によって、その冷媒を使用した場合の機器性能を把握
する必要がある。参考として、各冷媒の沸点とGWPの関係を**図A1.4**に示す。

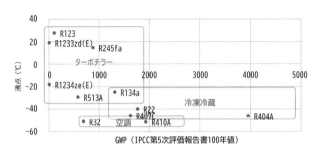

図A1.4 冷媒用途マップ（沸点とGWPによる整理）
出典：日本フルオロカーボン協会「特定フロン（CFC／HCFC）およびフルオロカーボン類の環境・安全データ一覧表」[5]
をもとに作成

［３］ ヒートポンプ機器別の低GWP冷媒検討状況

ヒートポンプ機器の用途別に、候補となる低GWP冷媒とGWP値との関係をまとめたものを**図A1.5**に示す。

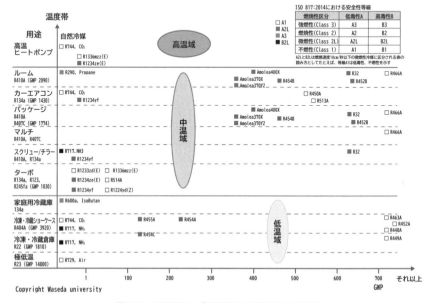

図A1.5 冷媒用途マップ(温度帯およびGWPによる整理)
出典：早稲田大学　w-refrigerant.com「冷媒用途マップ」(2019)[6]をもとに作成

GWP100未満の冷媒は、微燃性または強燃性のものや、高毒性のアンモニア(R717)が候補となっている。ただし、店舗用パッケージエアコンやビル用マルチエアコンは、GWP100未満の候補となる冷媒が具体的に挙げられていないのが現状である。

付録1 ── 次世代ヒートポンプ技術の冷媒転換

付録 1.3 〉低GWP冷媒への転換シナリオ

［1］国内の低GWP化のシナリオ

　将来の冷媒転換を予測するためには、仮定を設ける必要がある。経済産業省と環境省は、今後の冷媒の低GWP化のシナリオを作成している（**図A1.6**）。

　この試算では、次のことを行う必要があるという。

キガリ改正 ※日本では「オゾン層保護法」	削減目標を達成するためには、2030年に新規機種の平均GWPを450程度以下にする
2050年のカーボンニュートラル達成	2036年に新規機種の平均GWPを10程度以下にする

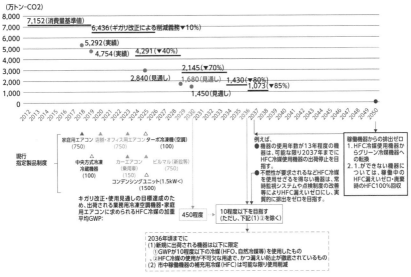

図A1.6　経済産業省と環境省の低GWP化のシナリオ

出典：経済産業省「平成25年改正フロン排出抑制法の施行状況の評価・検討に関する報告書」(2022)[7]をもとに作成

　次に、この試算が正しいとした場合、将来の機器ごとの冷媒転換の予測について記す。ここで、ルームエアコン、店舗用パッケージエアコン、ビル用マルチエアコン、内蔵型冷凍冷蔵機器、コンデンシングユニット、車両用エアコンは直膨

式の機器[12]、チラーは、間膨式の機器[13]である。**表A1.2**に機種ごとの一覧を示す（給湯機については、すでに自然冷媒を使用した機器が普及しているため除く）。

表A1.2 機器ごとの冷媒転換予測一覧

機種		現在の主な冷媒	移行期の冷媒候補	自然冷媒以外のGWP10以下の冷媒候補	自然冷媒しか許容されない場合の最終冷媒候補
ルームエアコン		R32	HFO混合冷媒(R454Cなど)	HFO混合冷媒(開発中)	A3冷媒(R290など)
店舗用パッケージエアコン		R32(一部R410A)	HFO混合冷媒(R454Cなど)	HFO混合冷媒(開発中)	A3冷媒(R290など)のチラーに転換※
ビル用マルチエアコン		R410A	R32、HFO混合冷媒(R454Bなど)	HFO混合冷媒(開発中)	CO_2、A3冷媒(R290など)のチラーに転換※
内蔵型冷凍冷蔵機器		R134a、R404A、R410A(一部CO_2)	HFO混合冷媒(R454Cなど)	HFO混合冷媒(開発中)	CO_2、A3冷媒(R290など)
コンデンシングユニット	冷凍冷蔵ユニット	R404A、R410A	HFO混合冷媒(R454Cなど)	HFO混合冷媒(開発中)	CO_2、A3冷媒(R290など)
	中型コンデンシングユニット	R404A、R410A(一部CO_2)	A2LのHFO混合冷媒に転換される可能性もあるが課題あり。	HFO混合冷媒(開発中)	CO_2、別置型ショーケースを内蔵型に切り替え、A3冷媒(R290など)のチラーに転換※
	大型コンデンシングユニット	R404A、R134a、R407C	A2LのHFO混合冷媒に転換される可能性もあるが課題あり。	HFO混合冷媒(開発中)	A3冷媒(R290など)のチラーに転換(※)
チラー	スクロールチラー	R410A	R32、HFO混合冷媒(R454Cなど)	HFO混合冷媒(開発中)	A3冷媒(R290など)
	スクリューチラー	R404A、R134a	HFO混合冷媒(R454Cなど)	HFO混合冷媒(開発中)	A3冷媒(R290など)
	ターボチラー	1MPa未満：R123 R245fa 1MPa以上：R134a R513A	－	1MPa未満：R514A R1233zd(E) R1224yd(Z) 1MPa以上：R1234yf R1234ze(E)	－
車両用エアコン		R134a	－	R1234yf	CO_2、R290
輸送用冷凍冷蔵ユニット		R404A、R134a	R452a	－	－
高温用ヒートポンプ		100℃未満：CO_2 100℃以上：R1234ze(E) R1233zd(E) R1336mzz(E)	－	100℃未満：－ 100℃以上：R1234ze(E) R1233zd(E) R1336mzz(E)	100℃未満：CO_2 100℃以上：A3冷媒(炭化水素など)

※) チラーへ転換する場合、機器導入コストの増加、消費電力の増加といった負の影響が生じる可能性に留意する必要がある

　GWP10以下となる冷媒候補としては、多くの機種でHFO混合冷媒か自然冷媒が考えられる。しかし、HFO混合冷媒は開発中であり、市場投入の目途はまだ立っておらず、自然冷媒(強燃性のA3冷媒も選択肢に含む)はエネルギー性能が悪化して消費電力が増加するなど、現状では課題が多い。

---

12 **直膨式の機器**　室内まで冷媒が循環している機器。
13 **間膨式の機器**　冷媒が屋外のみで循環し、二次媒体を室内に循環させる機器。

小型で冷媒充填量の少ない、内蔵型冷凍冷蔵機器やルームエアコンなどでは、炭化水素の検討が行われ、一部導入されてきているが、すべての機器のGWPを10以下にするのは、現実的にはかなり難しいと考える。

［2］ ルームエアコンの冷媒転換シナリオ

　家庭用のルームエアコンで現在使われている冷媒は、微燃性(A2L)冷媒のR32で、国内メーカーによる機器の販売対象国は、日本、ヨーロッパ、北米などである。今後の低GWP冷媒への転換シナリオのイメージを、**図A1.7**に示す。

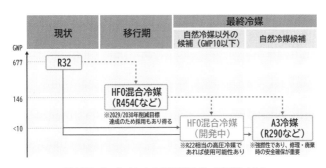

図A1.7　ルームエアコンの低GWP冷媒への転換シナリオ

❶移行期の冷媒候補：HFO混合冷媒

　HFO1234yfなどのHFO冷媒を単体で使用する場合、機器のCOPを同等にするためには、約1.5倍の大きさの室外機が必要になる可能性がある。コスト面・性能面の問題から、最終冷媒(カーボンニュートラルを達成できる冷媒)としてHFO単体冷媒が選択される可能性は低いと思われる。

　R32代替のHFO混合冷媒[14]でGWP10以下のものは現時点では目途が立っていない。HFO混合冷媒の場合、どこまで圧力が高い冷媒を開発できるかが課題だが、R22程度まで圧力を上げられれば、工夫によっては使いこなすことが可能だと思われる。なお、最終冷媒の前に、2029年、2030年の削減目標達成のために冷媒を変えざるを得ない場合には、R454CなどのGWPが150以下のA2L冷媒を採用することも考えられる。

14　**HFO混合冷媒**　HFO冷媒と他の冷媒の混合冷媒のこと。

②最終冷媒候補：自然冷媒

　最終冷媒として、自然冷媒しか許容されない状況になった場合は、R290など
のA3冷媒しか選択肢がなくなる。なお、北米ではA3冷媒に対する独自の制限が
あり、直膨式の機器にA3冷媒を使用するのは困難な可能性がある。

　R290は圧力がR32よりも低いため、現在の機器へのドロップインは困難だが、
工夫によって性能面の問題はなくなると思われる。しかし、R290は強燃性冷媒
のため、修理時や廃棄時などの作業時の安全性をいかに確保するかが課題である。
作業時の安全性は資格制度で担保することができるが、国の資格制度がないと強
制力が弱い。廃棄時は、「特定家庭用機器再商品化法」(家電リサイクル法)の適
法なルート以外に流れるものが多く、これが適法なルートに流れるようにしなけ
れば、安全性が確保できない。

　なお、R290を用いたルームエアコンはすでに中国では27万台以上販売され[8]、
国内ではパナソニックが開発を進め2023年以降にヨーロッパ市場に投入するこ
とを発表した[9]。

［3］ 店舗用パッケージエアコンの冷媒転換シナリオ

　店舗用パッケージエアコンで現在使われている冷媒はR32(一部R410A)で、国
内メーカーによる機器の販売対象国は日本、ヨーロッパ、北米などである。今後
の低GWP冷媒への転換シナリオのイメージを、**図A1.8**に示す。

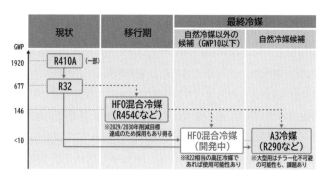

図A1.8　店舗用パッケージエアコンの低GWP冷媒への転換シナリオ

❶移行期の冷媒候補：HFO混合冷媒

店舗用パッケージエアコンは、室外機と室内機をつなぐ連絡配管が長く、さらに建物に埋め込まれていると連絡配管の交換も簡単ではない。連絡配管をそのままにしてHFO単体冷媒を使用するのは、圧力損失が大きすぎるため困難と思われる。

R32またはR410A代替のHFO混合冷媒でGWP10以下のものは、現時点では目途が立っていないが、R22相当の圧力のGWP10以下のHFO混合冷媒が開発されて流通するようになれば、工夫によって使いこなせる可能性がある。

店舗用パッケージエアコンの場合、最終冷媒の前にそれよりもGWPが大きい別のA2L冷媒に変えるのは得策ではない。しかし、2029年、2030年の削減目標達成のため、他の機器とのバランスによっては採用せざるを得なくなる可能性もある。その場合は、R454CなどのGWP150以下のA2L冷媒の採用が考えられる。

❷最終冷媒候補：自然冷媒

最終冷媒として自然冷媒しか許容されない状況になった場合は、R290などのA3冷媒しか選択肢がなくなる。直膨式の機器でA3冷媒を使用できるのは、最大冷媒量の面から小型機器[15]のみであり、大型の店舗用パッケージエアコンも考えると、A3冷媒のチラーに代替するしか方法がない可能性もある。その場合、次のような課題がある。

| ❶ | たとえばヨーロッパでは温水循環式暖房が主流だが、日本では水(漏れ)を避ける傾向があり、水配管を必要とするチラーが普及しない可能性がある |
| ❷ | チラーでは熱交換を二度行うため、一度のみである直膨式の機器に対して性能が悪化する |

［4］ ビル用マルチエアコンの冷媒転換シナリオ

ビル用マルチエアコンで現在使われている冷媒はR410Aで、国内メーカーによる機器の販売対象国は日本、ヨーロッパ、北米などである。

ビル用マルチエアコンでは、直近の課題としてR32(A2L)化がある。室内機を小部屋に設置するためには、冷媒漏えい時の着火事故を防ぐための安全対策である冷媒漏えい検知器と、遮断弁を機器に装備する必要がある。

今後の低GWP冷媒への転換シナリオのイメージを、**図A1.9**に示す。

15　**小型機器**　HFC冷媒の冷媒量が約2kg以下の領域を対象とした機器。

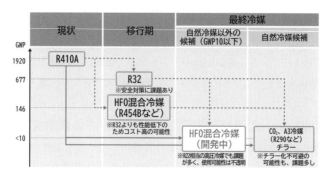

図A1.9 ビル用マルチエアコンの低GWP冷媒への転換シナリオ

❶移行期の冷媒候補：HFO混合冷媒

　ビル用マルチエアコンでHFO単体冷媒を使用するのは、連絡配管での圧力損失が大きすぎるため困難と思われる。R410A代替のHFO混合冷媒でGWP10以下のものは、現時点では目途が立っていない。

　ビル用マルチエアコンでは、圧力がR22相当でGWP10以下のHFO混合冷媒が開発された場合でも、使いこなすためにはかなりの工夫・手間が必要となる。さらに、既存配管の使用が困難になるため、使用できるかは不明である。

　GWP10以下のR410A代替の適切なHFO混合冷媒が開発されなかった場合、今よりはGWPが低いR454B(GWP466)などのR410A代替の冷媒を使用することも不可能ではない。ただし、GWP面から短期間しか使用できず、かつ、R32よりも性能が低下するので、その分の性能回復のために省エネ技術が必要になり、コストが高くなる可能性がある。

❷最終冷媒候補：自然冷媒

　最終冷媒として自然冷媒しか許容されない状況になった場合、CO_2の可能性もあるが、R290などのA3冷媒しか選択肢がなくなる可能性がある。しかしその場合、直膨式の機器はA3冷媒では最大冷媒量の面で適用が困難であり、A3冷媒のチラーに代替するしか方法がなくなる可能性がある。その場合、次のような課題がある。

❶	日本では水(漏れ)を嫌う文化がある(店舗用パッケージエアコンと同様)
❷	直膨式の機器に対して性能が悪化する(店舗用パッケージエアコンと同様)
❸	日本では水配管には鋼管やネジ式の接合部が使用されるため、施工性が悪い。施工が容易なビル用マルチエアコンの代替機器とするためには、ヨーロッパのようにプラスチック配管(ポリブテンなど)やワンタッチのカップリングを水配管に使用できるようにする必要がある
❹	全体をシステム化し、設備設計や施工を容易で安価に行えるようにする必要がある
❺	高圧ガス保安法において、A3冷媒(可燃性ガス)の場合は冷凍能力3トン以上20トン未満では届出が必要で、機器を広く普及させるためには、これを緩和する必要がある

［5］ 内蔵型冷凍冷蔵機器の冷媒転換シナリオ

　内蔵型ショーケースなどの内蔵型冷凍冷蔵機器で、現在使われている冷媒は R134a、R404A、R410Aなどで、国内メーカーによる機器の販売対象国は、日本である。今後の低GWP冷媒への転換シナリオのイメージを、**図A1.10**に示す。

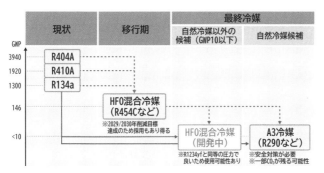

図A1.10　内蔵型冷凍冷蔵機器の低GWP冷媒への転換シナリオ

❶ 移行期の冷媒候補：HFO混合冷媒

　大型の内蔵型冷凍冷蔵機器[16]では、規格に定められたA3冷媒の充塡可能な最大冷媒量を満たすには、冷媒回路を複数に分割する必要がある。コスト面での問題が生じる可能性があることから、A2L冷媒を使用する必要がある。

　HFO1234yfでは冷凍温度領域での性能が悪いため、冷凍温度領域での性能がよいGWP10以下のHFO混合冷媒が必要となる。HFO1234yfと同等の圧力の冷媒でよいため、HFO混合冷媒が最終冷媒になる可能性もある。なお、最終冷媒の前に、2029年、2030年の削減目標達成のために冷媒を変えざるを得ない場合には、R454CなどのGWP150以下のA2L冷媒を採用することも考えられる。

❷ 最終冷媒候補：自然冷媒

　自然冷媒しか許容されない状況になった場合は、一部CO_2が残る可能性はあるが、CO_2では性能が悪いため、ほとんどがA3冷媒になる可能性が高い。自然冷媒を好む特定顧客も性能面を考慮して、CO_2からA3冷媒に採用方針を変更してきている。海外メーカー製のA3冷媒を使用した内蔵型ショーケースも多く輸入されるようになっている。

16　**大型の内蔵型冷凍冷蔵機器**　HFC冷媒で1kgを超えるものを搭載した機器。

A3冷媒を使用する場合、使用時は、リスクアセスメント結果に基づく必要な安全対策を施した機器であれば、大きな問題はない。しかし、輸送、保管、設置、修理、撤去などの作業時には、高圧ガス保安法と一般社団法人日本冷凍空調工業会(JRA)規格に従った運用が必要である。機器を撤去したあとの廃棄方法について、産業廃棄物業者への周知も必要となる。

また、現地で修理を行う際、垂れ壁と干渉してショーケースを引き出せない場合などの冷媒回路修理には、店舗内での修理が必要となる。この場合の安全担保、作業方法の周知が必要となるが、安全面からは、蒸発器を含む冷媒回路を一体化(カセット化)し、冷媒回路をまとめて引き出せるようにする方が好ましい。

[6] コンデンシングユニット：冷凍冷蔵ユニットの冷媒転換シナリオ

冷凍冷蔵ユニットで現在使われている冷媒はR404AまたはR410Aで、国内メーカーによる機器の販売対象国は日本、用途は冷凍冷蔵庫(プレハブ冷蔵庫など)である。今後の低GWP冷媒への転換シナリオのイメージを、**図A1.11**に示す。

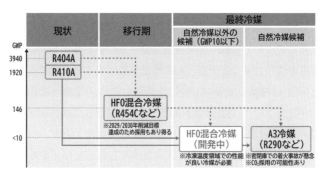

図A1.11 冷凍冷蔵ユニットの低GWP冷媒への転換シナリオ

❶移行期の冷媒候補：HFO混合冷媒

R404AまたはR410A代替のHFO混合冷媒で、GWP10以下のものは現時点では目途が立っていない。HFO1234yfは冷凍温度領域での性能が悪いため、冷凍温度領域をまかなうためには、冷凍温度領域での性能のよいGWP10以下のHFO混合冷媒が必要になる。最終冷媒の前に、2029年、2030年の削減目標達成のために冷媒を変える必要がある場合には、R454CなどのGWP150以下のA2L冷媒を使用することも可能と考える。

❷最終冷媒候補：自然冷媒

　自然冷媒しか許容されない状況になった場合は、性能のよいA3冷媒が採用される場合が多くなると思われる。A3冷媒の場合、作業時は、高圧ガス保安法とJRA規格に従った安全担保が必要であり、機器の廃棄方法についての産業廃棄物業者への周知も必要になる。

　密閉庫に設置されるため、A3冷媒でもし着火事故が発生した場合、ショーケースとは異なり、危害が大きくなる。冷凍冷蔵ユニットは主に一体型であり、修理時以外には現地で冷媒回路を開放することがないため、比較的A3冷媒化はしやすい。それでも、着火時の密閉庫での危害度を懸念して、CO_2が採用される可能性もある。

［7］　中型コンデンシングユニットの冷媒転換シナリオ

　中型コンデンシングユニットで現在使われている冷媒は、R404A、R410A、GWP1500以下のA1冷媒(R404A、R410A代替)とCO_2で、国内メーカーによる機器の販売対象国は日本で、用途は店舗(別置型ショーケース)、冷凍冷蔵倉庫などである。今後の低GWP冷媒への転換シナリオのイメージを、**図A1.12**に示す。

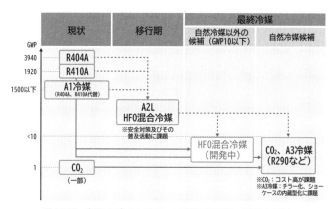

図A1.12　中型コンデンシングユニットの低GWP冷媒への転換シナリオ

❶移行期の冷媒候補：HFO混合冷媒

R404A、R410A代替のHFO混合冷媒(A2L)でGWP10以下のものは、現時点では目途が立っていない。また、A2L冷媒を使用する場合は、ビル用マルチエアコンと同様に、安全対策として、冷媒漏えい検知器と遮断弁を機器に装備するようになる可能性が高い。その上で、A2L冷媒使用時の安全を担保するために、設備設計・施工会社への普及活動を行う必要がある。低温機器では地場の規模の小さい会社が設備設計・施工を行うことも多く、その活動も簡単ではない。

❷最終冷媒候補：自然冷媒

自然冷媒しか許容されない状況になった場合は、次のような選択肢が考えられる。

- CO₂を使用する
- A3冷媒のブラインチラー(ブラインクーラー)を使用する
- 別置型ショーケースの代わりに内蔵型ショーケースを使用する

CO_2を最終冷媒とする場合は、空調機とコンデンシングユニットで異なる冷媒を採用することになるため、部品の共通化ができず、配管や部品の肉厚も厚くなり、コスト高になるのは避けられない。

また、HFC冷媒より性能も悪化するため、HFC冷媒並みの性能にするにはさらにコストがかかる。CO_2は2022年時点では、環境省の導入支援事業[17]で成り立っているが、補助金が出なくなった場合、経済的に成り立たなくなる可能性もある。

A3冷媒のブラインチラー化は、性能が悪化し、さらにビル用マルチエアコンのチラー化で説明した内容と同様の課題がある。また、店舗において、直膨式の機器である別置型ショーケースに、可燃性冷媒(A2L、A2、A3冷媒)を使用するのは、関係者への安全担保方法を周知する面でハードルが高い。

したがって、一部の別置型ショーケースがR290などのA3冷媒を使用した内蔵型ショーケースに置き換わる可能性はある。店舗で別置型ショーケースの一部を内蔵型ショーケースに置き換える場合は、空調機の方がCOPが高いため、逆に省エネルギーになる可能性もある。全部の別置型ショーケースが内蔵型ショー

---

17 **導入支援事業** 　環境省が行っている補助金制度「コールドチェーンを支える冷凍冷蔵機器の脱フロン・脱炭素化推進事業」。フロン類の排出の抑制のため、冷凍冷蔵倉庫、食品製造工場や、食品小売店舗での脱炭素が可能な自然冷媒機器を導入する事業での経費の一部を補助する。

ケースに置き換わると、店舗内の発熱量が増えすぎて空調機の電力が増え、逆にシステム性能が悪化する可能性がある。

［8］ 大型コンデンシングユニットの冷媒転換シナリオ

　大型コンデンシングユニットで現在使われている冷媒はR404A、R134a、R407Cなどで、国内メーカーによる機器の販売対象国は日本である。今後の低GWP冷媒への転換シナリオのイメージを、**図A1.13**に示す。

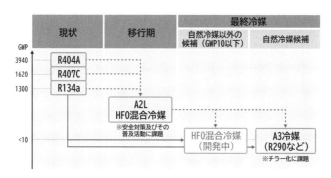

図A1.13　大型コンデンシングユニットの低GWP冷媒への転換シナリオ

❶移行期の冷媒候補：HFO混合冷媒

　スクリュー圧縮機の耐圧面から、CO_2冷媒を使用するのは困難である。HFO1234yfでは冷凍温度領域での性能が悪いため、冷凍温度領域をまかなうためには、冷凍温度領域での性能のよいGWP10以下のHFO混合冷媒が必要になる。直膨式の機器でA2L冷媒を使用するには、中型コンデンシングユニットと同様の課題がある。

❷最終冷媒候補：自然冷媒

　自然冷媒しか許容されない状況になった場合は、A3冷媒のブラインチラー化しか選択肢がなくなる可能性がある。

［9］ スクロールチラーの冷媒転換シナリオ

スクロールチラー[18]で現在使われている冷媒はR410Aで、国内メーカーによる機器の販売対象国は、日本、ヨーロッパなどである。今後の低GWP冷媒への転換シナリオのイメージを、**図A1.14**に示す。

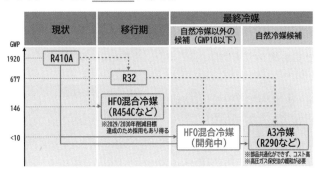

図A1.14 スクロールチラーの低GWP冷媒への転換シナリオ

❶移行期の冷媒候補：HFO混合冷媒

R410A代替のHFO混合冷媒でGWP10以下のものは、現時点では目途が立っていない。空調機とチラーで異なる冷媒にすると、部品の共通化ができずにコスト高になるため、一旦はR32冷媒に転換されるが、よりGWPの低い冷媒への転換が求められる。

日本では、水配管には鋼管やネジ式の接合部が使用されるが、チラーの使用領域を拡大するには、ヨーロッパのようにプラスチック(ポリブテンなど)や、ワンタッチのカップリングを使用できるようにする必要がある。

❷最終冷媒候補：自然冷媒

自然冷媒しか許容されない状況になった場合は、R290などのA3冷媒しか選択肢がなくなる可能性がある。日本では高圧ガス保安法によって、可燃性ガスでは冷凍能力3トン以上20トン未満の場合の届出義務があり、これを緩和しないとA3冷媒化は困難と思われる。

18　**スクロールチラー**　スクロール圧縮機を使用した中型のチラー。

［10］ スクリューチラーの冷媒転換シナリオ

スクリューチラー(スクリュー圧縮機を使用した大型チラー)で現在使われている冷媒はR404A、R134aで、国内メーカーによる機器の販売対象国は、日本、ヨーロッパなどである。今後の低GWP冷媒への転換シナリオのイメージを、<u>図A1.15</u>に示す。

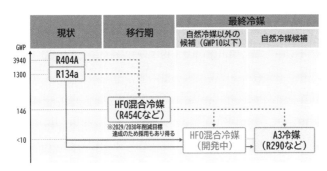

図A1.15 スクリューチラーの低GWP冷媒への転換シナリオ

❶移行期の冷媒候補：HFO混合冷媒

R404A代替のHFO混合冷媒でGWP10以下のものは、現時点では目途が立っていない。なお、最終冷媒の前に、2029年、2030年の削減目標達成のために冷媒を変えざるを得ない場合には、R454CなどのGWP150以下のA2L冷媒を採用することも考えられる。

❷最終冷媒候補：自然冷媒

自然冷媒しか許容されない状況になった場合は、A3冷媒しか選択肢がなくなる可能性がある。

［11］ ターボチラーの冷媒転換シナリオ

ターボチラー[19]の冷媒は、高圧ガス保安法で規制される1MPa以上[20]の冷媒と、1MPa未満の冷媒に大別され、一般には高圧の冷媒は大容量、低温度用途に、低圧の冷媒は小容量、高温用途に適しているとされる[10]。

今後の低GWP冷媒への転換シナリオのイメージを、**図A1.16**に示す。

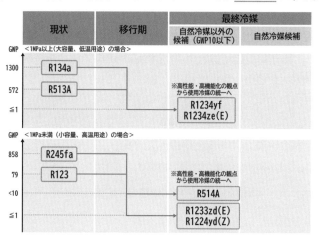

図A1.16 ターボチラーの低GWP冷媒への転換シナリオ

従来は1MPa以上の冷媒としてR134a、R513Aを、1MPa未満の冷媒としてR123、R245faを使用していた。低GWP化を進めるために次世代冷媒として、次のようなさまざまな冷媒が採用されだしている。

1MPa以上の冷媒	R1234yf、R1234ze(E)など
1MPa未満の冷媒	R514A、R1233zd(E)、R1224yd(Z)など

ターボチラーにとって省エネ性が高いこれら次世代冷媒のGWPは、10以下である。高性能・高機能化を目指す観点から、使用冷媒を統一しようとしている。

ターボチラー特有の1MPa未満の冷媒は理論効率が高く、気温によっては大気圧で液体になり、漏えいリスクが小さいという特徴がある。今後も1MPa未満の冷媒を軸に移行が進むと見ているが、1MPa未満の冷媒の使用が難しい超大型機は1MPa以上の冷媒の中で集約されてゆくと考えられる。

---

19 **ターボチラー**　ターボ圧縮機を使用した超大型のチラー。

20 **1MPa以上**　高圧ガス保安法第二条で、「常用の温度において圧力が1MPa以上となる圧縮ガスであって現にその圧力が1MPa以上であるものまたは温度35℃において圧力が1MPa以上となる圧縮ガス」を、高圧ガスと定義している。

［12］ 車両用エアコンの冷媒転換シナリオ

車両用エアコンで現在使われている冷媒はR134aで、国内メーカーによる機器の販売の対象国は日本、ヨーロッパ、北米、中国など(全世界共通)である。今後の低GWP冷媒への転換シナリオのイメージを、**図A1.17**に示す。

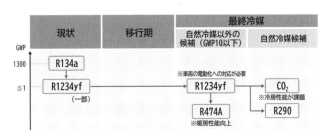

図A1.17 車両用エアコンの低GWP冷媒への転換シナリオ

R134aの代替冷媒としてR1234yfへの転換が、ヨーロッパのカーエアコン指令(DIRECTIVE 2006/40/EC)で先行している。また、日本、北米も順次転換している。

R1234yfは、GWPが4と小さい。さらに低GWP化をする必要はないが、車両の電動化[21]に対応する必要があり、エアコンシステムの電動化も進んでいる。電動車両、特にBEVには、従来車両のエンジンに相当する暖房熱源がなく、当初はPTCヒータ(電気ヒータ)による補助暖房機器での暖房だった。しかし、この場合、特に冬季は暖房による消費電力が大きくなり、航続距離を延長するためには、空調消費電力の低減が重要である[11]。そのため、補助暖房機器との組み合わせによるヒートポンプ化や、補助暖房を用いない本格的なヒートポンプ化が進められてきている。

この場合、R1234yfは、その熱力学的特性から低外気温でのヒートポンプ運転には適さない。暖房性能を重視し、CO_2(R744)を冷媒として使用するシステムの方が望ましいという見方もある[12]。CO_2は、外気温が高い条件での冷房性能がR1234yf対比では悪く[22]、当該システムの市場での採用は現時点では限定的である。

近年、低外気温から高外気温までの全域で空調性能を確保しつつ、車両の航続距離を延長しようとしている。そのため、R474Aをはじめとする新たな低GWP

---

21 **車両の電動化** ハイブリッド電気自動車(HEV：Hybrid Electric Vehicle)、バッテリー電気自動車(BEV：Battery Electric Vehicle)、燃料電池自動車(FCV：Fuel Cell Vehicle)などが対象となる。
22 **CO_2冷媒** CO_2は臨界温度が約31℃であり、外気温がそれ以上の場合は潜熱を利用できないため、性能が悪化する。

混合冷媒と、それらに対応するシステムの研究開発[13]、従来法規格では採用できなかった可燃性冷媒のR290を採用するシステムの研究開発が行われている[14]。

［13］ 輸送用冷凍冷蔵ユニットの冷媒転換シナリオ

　定温輸送用のトラックに取り付け、荷室内(庫内)を冷却(一部は加熱)にする輸送用冷凍ユニットの冷媒はR404Aが主流で、一部の中温(冷蔵)専用の製品ではR134aを用いる。なお、国内メーカーによる機器の販売対象国は、R134aは主に日本だが、R404Aは海外向けも存在する。

　冷媒候補として考慮すべき事項は、次のようなものがある。

❶	氷点下の低温庫内と、排熱の滞留で高温になるアスファルト路面直上の熱移動を実現するため、高温度差で高圧力比の冷凍サイクルに適していること
❷	気密性の高い箱の中を温調する用途のため、換気装置による可燃性流体の爆発範囲回避が困難。不燃性の冷媒が好ましい
❸	路面振動とエンジン振動を受けるため、変位吸収やダンピングとして高分子材料を多用する。反応性が高い冷媒や分子量の小さい冷媒は、高分子材料を使ったゴムホースなどに膨潤や劣化を生じる。そのため、材料の耐性評価などさまざまな検証を行い、候補冷媒を選択する必要がある
❹	車両のエンジン回転を駆動力源にするコンプレッサが多く、コンプレッサのケーシングの外に回転軸を露出させるために軸シール部を持つ。エンジンの回転数の影響を受けて、車両走行の状態に応じて吐出圧力や温度が急上昇、吸入圧力や温度は急低下する。シール部からの大気吸い込みを防ぐため、一般に冷媒圧力を大気圧以上の圧力で運用する必要がある

　低GWPであり、不燃性の有力な候補冷媒は現状ではないが、冷媒転換に関する国内外の動向として次のような動きがある。

　国連環境計画(UNEP)のRTOC(Refrigeration Technical Option Committee)評価報告書によれば[15]、ヨーロッパではR452A(GWP2140)を用いた製品市場投入が2017年まで大手2社によって行われ、国内でも2019年にR452Aを使用した製品が上市された。

　しかし、さらに低GWPの冷媒を採用しようとすると、上記❶〜❹の課題が障害となることから開発や普及に懐疑的である。そのため、低GWP化の規制や普及促進策では、他の機種と同様に扱われることは考えにくい。なお、車両の電気駆動化が将来的に進めば、上記❸、❹の課題は少なくなり、新たな低GWP冷媒の製品開発が加速できる可能性はある。

　次に示した、今後の低GWP冷媒への転換シナリオのイメージは、**図A1.18**のとおりである。

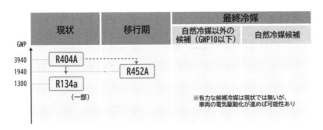

図A1.18　輸送用冷凍ユニットの低GWP冷媒への転換シナリオ

［14］ 高温用ヒートポンプの冷媒転換シナリオ

　高温用ヒートポンプは、使用温度帯が100℃未満の給湯や加温用と、100℃以上の加熱用に大別される。

　前者の給湯や加温用では、CO_2冷媒を用いたヒートポンプ給湯器が主流だが、一部では、モントリオール議定書のキガリ改正以前に製造されたR134aやR245faなどのHFC冷媒を使用した機器も引き続き使用されている。

　また、昨今では、使用温度帯が100℃以上の機器も開発されている。国内ではR1234ze(E)、R1233zd(E)、R1336mzz(E)などのHFO冷媒が使用されるケースが多いが、まだ市場開拓段階である。なお、国内メーカーによる主な機器販売対象国は日本である。

　したがって、100℃未満、100℃以上のいずれの温度帯でも、すでにGWPが10未満の冷媒が主流で、今後高温用途でヒートポンプが普及拡大していく際も、こういった低GWP冷媒機器が主に選択されていくと考えられる。

　次に示す今後の低GWP冷媒への転換シナリオのイメージは、**図A1.19**のとおりである。

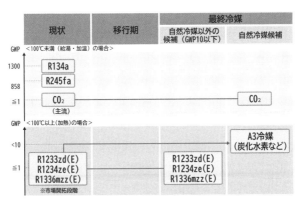

図A1.19　高温用ヒートポンプの低GWP冷媒への転換シナリオ

付録 1.4 〉 冷媒の回収・再生強化シナリオ

　付録1章3節で述べたとおり、経済産業省と環境省は、キガリ改正への対応とカーボンニュートラル実現に向けて、低GWP化を進めるシナリオを作成した。

　しかし、機器の冷媒の低GWP化だけで、パリ協定でのGHG排出量削減目標の達成や、その先のカーボンニュートラル実現は現実的には困難である。冷媒充填量の削減、冷媒漏えい量の削減、冷媒回収率・再生率の向上などを総合した方法で達成していくことが重要である（**図A1.20**）。

　ここでは、このうち、冷媒の回収と再生・破壊について、その現状とHFC削減に対する影響や今後の可能性について解説する。

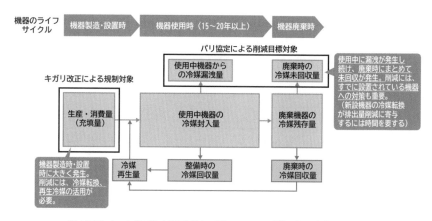

図A1.20　ヒートポンプにおける冷媒のマテリアルフローの段階に応じた対策の必要性

［1］冷媒の回収・再生の現状と課題

　冷媒の製造業者や輸入業者は、オゾン層保護法によって、キガリ改正に沿った削減が義務付けられ、フロン類の供給量が制限されている。一方、冷媒の管理は、「家電リサイクル法」、「フロン類の使用の合理化及び管理の適正化に関する法律」（フロン排出抑制法）、「使用済自動車の再資源化などに関する法律」（自動車リサイクル法）の3つの法律でその運用が定められている。ここでは家電リサイクル法、フロン排出抑制法について述べる。

❶ 冷媒の回収率

　表A1.3は2020年の両法によって公開された冷媒の回収と再生・破壊のデータを集約したものである。このデータから、総量で7,939トンのフロン類が回収されていることがわかる。家庭用機器が2020年でトータル2,705トン、業務用ヒートポンプ機器がトータル5,234トンである。回収したフロン類にはCFCやHCFC、HFCが混在するが、将来的にはHFCの廃棄が増えるので、HFC冷媒回収量も拡大する。

　回収率は、家庭用機器で約30%、業務用機器で41%と半分に満たない水準で低迷している。

表A1.3　冷媒回収量と再生量(実トン)

2020年(トン)	家庭用機器			業務用機器		
	エアコン	冷蔵庫	洗濯機	CFC	HCFC	HFC
回収量	2,505	161	38	124	2,408	2,702
回収率	約30%			41%		
再生量	2,224	91	30	43	1,101	1,060
再生率	87%			35%	46%	39%

注)「再生量」は、第一種フロン類再生業者に引き渡された量、フロン類回収業者が自ら再利用した量と第一種フロン類再生業者、またはフロン類破壊業者に確実に引き渡す者として都道府県知事が認める者に引き渡された量の合計である。家庭用エアコンではR410AとR22が主要な回収冷媒だが、その比率は公表されていない

出典：経済産業省「令和2年度のフロン排出抑制法に基づく業務用冷凍空調機器からのフロン類充塡量及び回収量等の集計結果について」(2021)[16]／環境省「令和2年度における家電リサイクル実績について」(2021)[17]をもとに作成

❷ 家庭用ルームエアコンの回収率

　家庭用ルームエアコンの冷媒回収後の再生比率は、87%と高い(**表A1.3**)。

　これは家庭用機器に関しては、家電リサイクル法で資源のリサイクルが前提になっていることや、冷媒種が業務用に比べて少なく再生しやすいことが要因と思われる。しかし、廃棄されるルームエアコンの機器回収率が37.6%と低い(**図A1.21**)ため、冷媒再生率は総合的に30～35%程度と推定される。今後、再生量を増やすには、家電リサイクル法による機器そのものの回収率の向上が重要になる。

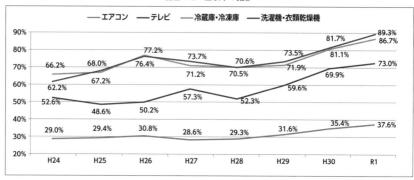

品目ごとの回収率の推移

凡例: ── エアコン ── テレビ ── 冷蔵庫・冷凍庫 ── 洗濯機・衣類乾燥機

エアコン: 66.2%(H24), 68.0%(H25), 76.4%(H26), 71.2%(H27), 70.5%(H28), 71.9%(H29), 81.1%(H30), 86.7%(R1)

テレビ: 62.2%(H24), 67.2%(H25), 77.2%(H26), 73.7%(H27), 70.6%(H28), 73.5%(H29), 81.7%(H30), 89.3%(R1)

冷蔵庫・冷凍庫: 52.6%(H24), 48.6%(H25), 50.2%(H26), 57.3%(H27), 52.3%(H28), 59.6%(H29), 69.9%(H30), 73.0%(R1)

洗濯機・衣類乾燥機: 29.0%(H24), 29.4%(H25), 30.8%(H26), 28.6%(H27), 29.3%(H28), 31.6%(H29), 35.4%(H30), 37.6%(R1)

図A1.21　家庭用のルームエアコンの機器回収率

出典：経済産業省「家電リサイクル制度の施行状況の評価・検討に関する報告書」(2022)[18]をもとに作成

❸ 業務用ヒートポンプ機器の回収率

　業務用ヒートポンプ機器の冷媒回収率は41%で、ルームエアコンと比較して高い（**図A1.22**）。回収された冷媒の再生率はフロン類の合計で42%と低く、HFCでは39%にとどまっている（**表A1.3**）。

　この原因としては、フロン排出抑制法の前身だった「特定製品に係るフロン類の回収及び破壊の実施の確保等に関する法律」（フロン回収・破壊法）が冷媒の破壊を前提としていたため、フロン排出抑制法施行後も従来の破壊処理が継続されている影響が考えられる。

　また、業務用ヒートポンプ機器は家庭用エアコンと異なり、使用される冷媒種が多いため、ボンベや回収機で複数の冷媒が混ざってしまう。さらに、実施可能な引き渡しルートがわかりにくいことが、再生が進まない要因になっている可能性も無視できない。

　冷媒回収率が41%で再生率が42%なので、総合的な再生率は17%程度と推定される。

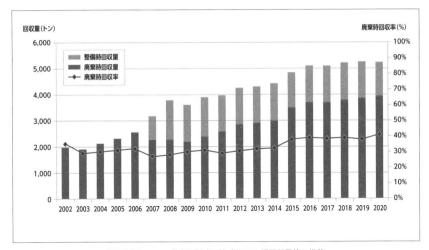

図A1.22 フロン排出抑制法に基づくフロン類回収量等の推移
注)「廃棄時回収率」は機器引渡台数率×機器1台当たり冷媒回収率に分解される

出典：経済産業省「令和2年度のフロン排出抑制法に基づく業務用冷凍空調機器からのフロン類充填量及び回収量等の集計結果について」(2021)[19]をもとに作成

［2］ 冷媒の回収率向上に向けた課題

　前述のとおり、冷媒回収やその後の処理は、家電リサイクル法やフロン排出抑制法で規制されているが、まだ不十分であり、さらなる改善が求められる。

　業務用冷凍空調機器の回収率向上に向けた取り組みは、経済産業省と環境省の合同審議会で詳細な検討結果が報告されている。この中で、廃棄時にフロン類が未回収となる要因を分類し（**図A1.23**）、その原因が下記3主要因に分類されると報告されている。

要因A	回収作業が実施されなかったことに起因する未回収分
要因B	回収作業が実施されなかったか、たとえ実施されていても、回収残となったと考えられる未回収分（要因Aと要因Cの複合要因）
要因C	回収作業は実施されたが、回収残となったことに起因する未回収分

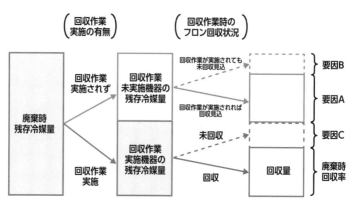

図A1.23 未回収要因のイメージ

出典：環境省「フロン類の廃棄時回収率向上に向けた対策の方向性について」(2019)[20][21]をもとに作成

　機器ごとに要因A〜Cの割合を調査した結果から（**表A1.4**）、回収作業が実施されなかったことが未回収の大きな割合を占めていることがわかる。未回収となった要因を、量の大きさの順にまとめると、次の4点になる。

順番	要因	補足
❶	中型の冷凍冷蔵機器で回収されていない	店舗改修や解体時など
❷	ビル用マルチエアコンなど中型空調で回収は実施するが、回収率が上がらず回収残となった部分	要因Aと要因Cとの複合要因
❸	小型の空調で回収されていない	店舗改修や解体時など
❹	ビル用マルチエアコンなど中型空調で、未実施だが実施しても回収残となる部分	技術的課題や工数的要因など

表A1.4　機器廃棄時のフロン類の未回収の機種・規模・要因別の内訳

機種		(参考) 廃棄時残存 冷媒量内訳	要因分析		
			要因A	要因B	要因C
空調／ 冷凍冷蔵	大型ターボ	4%	0%	0%	2%〜3%
	大型スクリュー	0.3%	0%	0%	0%
空調	中型	41%	⑥6%〜7%	④9%〜10%	②14%〜16%
	小型	23%	③10%	0%	0%
冷凍冷蔵	中型	28%	①12%〜19%	3%〜10%	1%〜3%
	小型	3%	1%	0%	0%
総計		100%	29%〜37%	13%〜20%	17%〜22%

※廃棄時総残冷媒残存量を100%とした場合の割合。
※2017年度の廃棄時総冷媒残存量の推計値：9,890t

　出典：環境省「フロン類の廃棄時回収率向上に向けた対策の方向性について」(2019)[20][22]をもとに作成

この中で、日常的にフロン回収作業を実施している事業者(設備業者など)が介在しない機器廃棄(建物解体時、店舗閉鎖時など)で、回収作業が実施されずに廃棄されるケースがある。これは、工事での多重下請け構造の存在が、回収の阻害要因として指摘されている。

　このような状況を考慮し、特に、未回収要因の❶❸に対する施策として、2020年4月にフロン排出抑制法が改正され、フロン類を回収しないまま機器を廃棄した場合などに罰金が科されることになった。

　残る未回収要因の❷❹は、廃棄の際に、機器から冷媒がほとんど抜けていて冷媒が回収できない場合や、廃棄現場の電源が落とされ、そのため冷媒回収やポンプダウンができない場合も多い。このため、使用中の冷媒漏えいを防ぐこと、廃棄に関わる関係者へフロン類の適切な回収に必要な事項を認識させることが重要である。

　また、廃棄物について、誰が処理の責任を負うのかが不明確であることも、適切な回収が行われない要因となっている。さらに、中型空調機器からの冷媒回収では、冷媒回路から冷媒を十分に回収する作業者の技術が不足している場合もあり、その技術向上も必要である。加えて、中型空調機器には弁類が多いため、小型の空調機器に比べると冷媒回収がし難く、製品製造側としても冷媒回収を意識した製品開発を行う必要もある。

〉 **冷媒の再生率を上げる対策**

［１］ 排出規制のための冷媒の再生

オゾン層保護法は「蛇口規制」(冷媒供給量の規制)、フロン排出抑制法は「排出規制」(冷媒排出量の規制)であるため、両者を区別することが重要である。

排出規制のためには、回収率を上げる方法が有効だが、回収した冷媒を破壊し、必要な供給量の分を新規に生産していては、冷媒の資源消費が継続してしまう。そこで、実質的な冷媒の新規生産を抑制するため、冷媒の再生率を上げることが重要である。

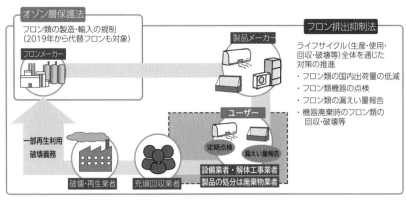

図A1.24 オゾン層保護法とフロン排出抑制法の関係
出典：環境省「令和３年度　改正フロン排出抑制法に関する説明会　フロンを取り巻く動向(共通)」(2022)[23]をもとに作成

冷媒の再生率を上げる対策としては、まず回収率を上げ、その上で再生を選択するように促す必要がある。

回収率を上げるには、回収対象になる廃棄時の残存量を増加させる必要があり、再生を選択させるためには、障壁の解消や動機付けが必要である。このため、冷媒の再生率を上げる対策として、廃棄時残存量の増加、再生を選択する障壁の解消に加え、回収率の向上と再生の選択比率の向上の双方に効果がある冷媒管理の電子化と回収・再生へのインセンティブ付与が必要である。

なお、再生冷媒の活用は、付録1章3節で述べたような冷媒転換の過渡期に効果が大きい。新規機器の冷媒が低GWP冷媒に転換しても、製品寿命である15〜25年程度は、高GWP冷媒が市場での稼働機器の整備時充填用(サービス用)として必要になる。

　サービス用冷媒はGWPが高く、全体の生産・消費枠の多くを占めることになるため、既存の高GWP冷媒の機器から確実に冷媒回収を行い、再生を行うことで、生産・消費量を抑制できる。その効果を定量的に試算した結果を解説する。

［2］ 廃棄時残存量の増加

❶使用時漏えいの防止

　そもそも回収時の冷媒が少なければ回収量・再生量も増やせないため使用時漏えいを防ぐ取り組みが必要である。

　2013年に改訂されたフロン排出抑制法では、次の内容が義務付けられることになった(**図A1.25**)。

・第一種特定製品の管理者(所有者)の設置環境・使用環境の維持保全
・簡易点検・定期点検の実施
・漏えいなどが確認された場合の修理を行うまでの、フロン類の充填の原則禁止
・点検・整備の記録作成・保全

　簡易点検を3カ月に1回、さらに一定規模以上[23]の製品は1年に1回以上の定期点検を行う必要がある。

23　**一定規模以上**　当該機器の圧縮機に用いられる電動機または内燃機関の定格出力が7.5kW以上。

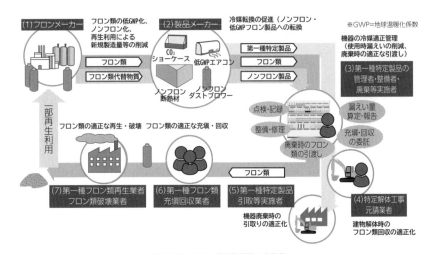

図A1.25 フロン排出抑制法の全体像
出典：環境省「フロン排出抑制法の全体像」[24]をもとに作成

また、ある事業者で相当以上の漏えいが生じた場合、算定漏えい量の報告を求める規制が制定された。フロン類を使用する製品の管理者が、省令の定めるところに従って、フロン類の算定漏えい量などを事業所管大臣に報告し、事業所管大臣はこれを集計して公表することになっている。この際の、整備時の回収量と、その後の充塡量の差を「漏えい量」と定義している。

❷ 冷媒漏えいが発生する原因

一方、冷媒漏えいが発生する原因は、一般社団法人日本冷凍空調工業会(日冷工)の「フロン類を用いた冷凍空調機器の冷媒漏えい防止ガイドライン」[25]に記されている。2008年～2011年の高圧ガス保安協会の漏えい事故情報200件の情報に関して行った分析によると、約80％以上は疲労と腐食が原因とされている[26]。

疲労の原因は、弁類の固定が不適切であることや、共振や疲労強度に対して十分な配慮がされていないことである。腐食の原因としては、配管カバーや保冷材の施工不良、厳しい環境に対する材料選定や設計、防腐食剤の配慮などが不十分であることなどが挙げられる。経年劣化による漏えいは設置後10年以上経過したものが全体の65％あることから、適切なメンテナンスがされていないことも原因の1つである。

これらを踏まえ日冷工では、機器メーカーと高圧ガス保安協会からの事故情報

をもとに冷凍空調機器の冷媒漏えい防止ガイドラインを制定した。そのポイントは適応の範囲を設計製造から廃棄に至る広範な関係者に拡大、定期点検の実施、点検記録の管理であり、現在のフロン排出抑制法の考えと同様である。

また、「業務用冷凍空調機器の常時監視によるフロン類の漏えい検知システムガイドライン」[27]などでは、IoTやAIなどDXを活用した漏えいの異常検知や遠隔監視などの機器管理技術の開発と普及を行ってきた。これらの技術を使うことにより、フロン排出抑制法で決められている点検作業が簡易になる見通しである。

［3］ 再生を選択する障壁の解消

現在は政策的には、再生を積極的に推進する方向となっているが、2013年度改正までは、回収後の処理として破壊することが義務付けられていた。この影響もあり、現在でも冷媒を引き渡す機器管理者の社内規定などで破壊を前提としているため、回収した冷媒が再生に回らないことも多い。

今後は、破壊から可能な限り再生に回すように周知徹底をすることや、複数の冷媒種が混在しないようにボンベ管理などの制度設計が必要である。

［4］ 冷媒管理のデジタル化

2019年度にフロン排出抑制法が改正され、フロン回収済み証明書の廃棄物・リサイクル業者への交付や保存、建物解体業者などによる機器の有無の確認書面の保存などが義務付けられている[28]。市場で使用される冷媒の管理を厳格化することで、冷媒の不用意な排出を抑制する効果が期待される。

図A1.26に示すとおり、この確認書面をデジタル化し、SaaSとしての運用が日本冷媒・環境保全機構で冷媒管理システム (RaMS：Refrigerant Management System) という形で行われている[29]。

こういったデジタル管理システムの利用により、煩雑な書類管理から解放されるだけではなく、記載ミスなどの事務処理中に発生する不明瞭な冷媒量の発生を防止できる。さらに、算定漏えい量の集計なども可能になることから、冷媒管理に有効と考えられる。

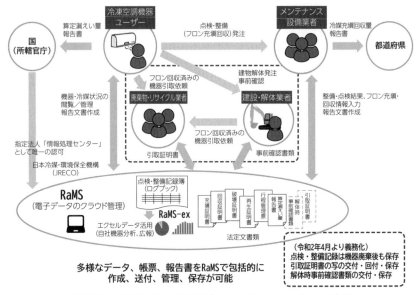

図A1.26 冷媒管理システムRaMS(Refrigerant Management System)概要
出典：一般財団法人日本冷媒・環境保全機構「RaMS(冷媒管理システム)とは」[30]をもとに作成

［5］回収・再生へのインセンティブ付与

　今後の冷媒回収率・再生率の向上のためには、回収にインセンティブが必要であると考える。冷媒は枯渇していく資源であるため(付録3参照)、今後の冷媒不足は必須である。

　いずれ価格が高騰することを考えると、資源として貴重なものであるという認識を関係者に周知徹底し、できれば有料で買い取るなどの制度を整備すべきである。

　キガリ改正では、再生冷媒を生産・消費枠とは別途利用することだけではなく、破壊量を国の生産・消費枠に加えることが認められている。しかし、その運用方法が明確ではないこともあり、対応が進んでいない[31]。

　運用しやすい制度設計を考え、再生量、破壊量を生産・消費目標の達成に用いることも考えるべきである。ただ、そのためには冷媒の成分分析が必要であり、費用もかかる。これを推進するためには、再生冷媒や国の生産・消費枠増加に寄与する破壊量の買い取り制度などの支援制度も必要である。

付録1

次世代ヒートポンプ技術の冷媒転換

［1］ 低GWP冷媒への転換と限界

　付録1章3節で述べたとおり、経済産業省によると、新規設置機器の冷媒転換だけで2050年カーボンニュートラルを目指すためには、2036年の新規設置機器の平均GWPを10以下にする必要がある。このため、現在も低GWP冷媒の開発や、それを使用する機器の開発が続いている。

　冷媒量が少なく、安全対策を実施しやすい機器やHFO系の低GWP冷媒の開発が進む機器では、冷媒転換によって低GWP化が達成される見込みである。

　しかし、空調機で冷媒量が多い場合など、現在各機器で使用している冷媒を、性能を損なわずに安全に代替できる冷媒が開発されなかった場合、各機器の形態を維持したままで低GWP冷媒化ができるとは限らない。

　たとえば、直膨式であるビル用マルチエアコンを間膨式のチラーへ転換するといった、機器構成自体の転換が必要となる可能性がある。直膨式の機器からチラーへの転換など、機器構成の転換を行う場合、冷媒から水への熱交換が必要になるため従来機器よりも消費電力が大きくなり、性能を向上させるためコストも高くなることが予想される。また、水配管が必要で水漏れ対策が必要になるなど、設置や運用条件も変化するため全面的に導入することは困難になる。

［2］ キガリ改正遵守と冷媒排出量削減に向けた総合的な対策の推進

　前述したような冷媒の低GWP化のみを推進するのではなく、ヒートポンプのライフサイクル全体に目を向ける必要がある。

　使用時の漏えい防止、廃棄時回収の徹底、再生利用の促進を組み合わせることで、冷媒の低GWP化のみ推進した場合と同等のGHG排出量削減効果が期待でき、キガリ改正の遵守も達成できることが示された（付録1章8節参照）。このため、冷媒転換で低GWP化を進めるだけではなく、冷媒の再生利用も含めた総合的な対策が進むだろう。

　なお、日本では冷媒漏えい防止のための管理者基準が世界的に見ても非常に厳しく、また、廃棄時の冷媒回収率は4割弱である。温暖化対策のためには不十分

とはいいつつも、他の主要先進国では回収量の報告や回収率算出の仕組みがない中、突出した対策を行っている[32]。日本はこの強みを活かし、その取り組みを世界に普及させることも重要である。

冷媒回収・再生強化による効果の将来推計

冷媒回収・再生の課題を解消するような次世代ヒートポンプが普及することで、どのような効果があるかを確認するため、将来のエネルギー使用量削減（省エネ）効果と、冷媒排出抑制効果を含むGHG排出量削減効果の推計を行った。

［1］ 将来推計の考え方

将来推計の前提条件は、**表A1.5**のとおりである。ヒートポンプ機器自体の改善や適用範囲の拡大がもたらす効果に加え、複数のシナリオを比較することにより、冷媒対策と省エネの全体最適化による効果も推計した。

表A1.5 将来推計の前提条件

項目	設定
推計期間	2020年～2040年（1年単位）
推計対象分野	空調（家庭用、業務用、産業用）
	冷凍冷蔵（家庭用、産業用）
推計対象パラメータ	冷媒の使用時漏えい量
	冷媒の廃棄時回収量・未回収量
	エネルギー使用量・使用に伴うGHG排出量（ヒートポンプと競合機器※）

※）ヒートポンプ機器の競合機器として、家庭用空調ではガス・石油系暖房、業務用／産業用セントラル空調では吸収式冷凍機を想定

将来推計での計算フローは、**図A1.27**に示すとおりである。

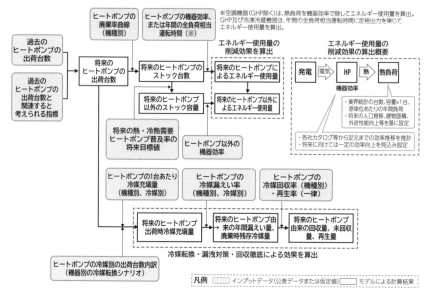

図A1.27 将来推計の計算フロー

❶出荷台数の算出方法

　過去のヒートポンプ各機種の出荷台数や他の経済指標などを踏まえ、将来の出荷台数を推計する。その際、各機種の機器1台当たりの冷媒初期充填量を設定しておく。

　機器が出荷されたあとは、各機種で設定する廃棄率分布曲線[24]に基づいて廃棄が行われるとして、毎年のストック台数[25]を算出する。

❷冷媒量の算出方法

　各機種で設定する使用時の冷媒漏えい率に基づき、毎年漏えいが発生することを想定し、他方で整備による冷媒回収、充填が行われることを考慮して設定する。直近の整備時の回収量や整備時充填量[26]の実績値と整合するように、毎年の漏えい率、整備時回収、整備時充填率を設定する。また、ある年の冷媒ストック量[27]に対して、漏えい、整備時回収、整備時充填が行われた結果として、翌年の冷媒ストック量を算出する。

24　**廃棄率分布曲線**　使用何年目に、何%が廃棄されるかを規定する曲線。
25　**毎年のストック台数**　使用中の機器台数。
26　**整備時充填量**　設置時以外の充填量。
27　**冷媒ストック量**　使用中の機器に残存する冷媒量。

❸ 廃棄される機器の算出方法

その時点の冷媒ストック量に対して廃棄時回収率を乗じることで、廃棄時回収量と、冷媒ストック量と廃棄時回収量の差分である廃棄時排出量を算出する。

❹ エネルギー使用量の算出方法

出荷される機器の経年的なエネルギー効率改善傾向を考慮して、将来想定される熱負荷と各時点の平均的なエネルギー効率[28]を用いて、その時点でのエネルギー使用量を算出する。

ただし、GHPや冷凍冷蔵機器については、熱負荷の経年推移に関する情報を入手できず、機器の定格出力の情報しか把握できなかったため、定格出力に全機種一律の時間数を乗じてエネルギー使用量を算出する。また、ヒートポンプであれば電力を使用するため、各時点の電力排出係数[29]を用いて、エネルギー使用に伴うGHG排出量を算出する。

［2］ 各種パラメータ設定の考え方

機種によって、2つの手法のいずれかを選択して推計を行った。

❶	既往文献から熱負荷の経年推移に関するデータを取得し、別途想定するエネルギー効率の経年推移を乗じることで、エネルギー使用量を算出
❷	定格出力に一定の時間数を乗じて、エネルギー使用量を算出

❶ エネルギー使用量の算出方法

家庭用エアコン、パッケージエアコン[30]、セントラルエアコン[31]については、一般財団法人ヒートポンプ・蓄熱センターらの報告書[33]より、過去から将来の熱負荷の推計結果に対して、エネルギー効率を乗じることで、エネルギー使用量を推計した。

28　**平均的なエネルギー効率**　ストック台数による加重平均値。

29　**電力排出係数**　2050年には、ゼロになると想定して算出する。

30　**パッケージエアコン**　店舗用パッケージエアコン、ビル用マルチエアコン、設備用エアコンなど。

31　**セントラルエアコン**　ターボ冷凍機、チリングユニット（チラー）など。

❷熱負荷の算出方法

ヒートポンプ機器と、それ以外の燃焼系などの機器(競合機器)で分担すると仮定し、ヒートポンプ機器の分担率が経年で増加するという同報告書[33]の想定を参照した。

❸エネルギー効率の算出方法

同報告書[33]で想定した**図A1.28**、**図A1.29**を参照した。

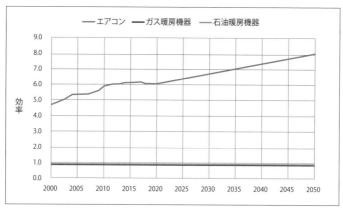

図A1.28　家庭用エアコンなどのエネルギー効率の想定
出典：一般財団法人ヒートポンプ・蓄熱センター／一般社団法人日本エレクトロヒートセンター
「令和4年度　電化普及見通し調査報告書」[34]をもとに作成

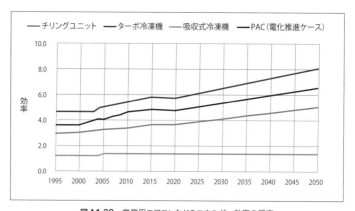

図A1.29　業務用エアコンなどのエネルギー効率の想定
出典：一般財団法人ヒートポンプ・蓄熱センター／一般社団法人日本エレクトロヒートセンター
「令和4年度　電化普及見通し調査報告書」[35]をもとに作成

［3］ 定格出力に一定の時間数を乗じて算出

GHPと冷凍冷蔵機器については、熱負荷の経年推移に関する情報を入手でき
ず、機器の定格出力の情報しか把握できなかったため、後述する能力区分ごとの
代表的な定格出力に、全機種一律の時間数(3,500時間)を乗じて、エネルギー使
用量を算出した。

❶出荷台数の算出方法

前述の❶に相当する、家庭用エアコン、パッケージエアコン[32]、セントラルエ
アコン[33]は、既往文献における熱負荷の将来推移と、推計結果として得られるス
トック台数の将来推移がおおむね一致するように、将来の出荷台数を設定した。

また❷に相当する、GHP、冷凍冷蔵機器は、機種ごとに、過去の出荷台数実
績値推移と一般社団法人日本冷凍空調工業会「冷凍空調機器自主統計データファ
イル」を参照[36]、それと相関が大きい経済指標を選択し、その経済指標の将来
推計値を基に(株式会社三菱総合研究所による実質国内総生産、民間企業設備投
資、民間最終消費支出の予測値を参照)、将来の出荷台数推移を推計した。なお、
半密閉型コンデンシングユニットについては、出荷台数よりも出荷機器の総能力
と相関が大きかったため、将来の出荷機器の総能力推移を推計した。

同一機種でも、その設備能力に応じて、冷媒転換の状況や使用時漏えい率の改
善推移が異なると考えられることから、機種によっては2つもしくは3つの能力
(圧縮機出力)区分ごとに将来の出荷台数を推計することとした。

将来の出荷台数の能力区分ごとの構成比率は、過去の出荷台数の構成比率のト
レンドが、将来にわたっても不変であると仮定して、推計を行った。

機種ごとの出荷台数推計の考え方を、**表A1.6**に示す。

1
・
7
冷媒回収・再生強化による効果の将来推計

32　**パッケージエアコン**　店舗用パッケージエアコン、ビル用マルチエアコン、設備用エアコンなど。

33　**セントラルエアコン**　ターボ冷凍機、チリングユニットなど。

表A1.6 機種ごとの出荷台数推計の考え方

機種	出荷台数推計の考え方	能力区分設定
家庭用エアコン	既往文献における熱負荷の将来推移と、推計結果として得られるストック台数の将来推移がおおむね一致するように、将来の出荷台数を設定	-
店舗用エアコン		4.5kW未満 4.5kW以上7.5kW未満 7.5kW以上
ビル用マルチエアコン 設備用エアコン		7.5kW未満 7.5kW以上
ターボ冷凍機		-
チリングユニット		-
GHP	過去の出荷台数と相関が大きい経済指標(民間企業設備投資)の将来推計値に基づき推計	-
半密閉型コンデンシングユニット	過去の出荷機器の総能力と相関が大きい経済指標(民間企業設備投資)の将来推計値に基づき推計	7.5kW未満 7.5kW以上
密閉型コンデンシングユニット	※	-
別置型ショーケース	過去の出荷台数と相関が大きい経済指標(実質国内総生産)の将来推計値に基づき推計	7.5kW未満 7.5kW以上
内蔵型ショーケース		-
冷凍冷蔵ユニット	過去の出荷台数と相関が大きい経済指標(民間最終消費支出)の将来推計値に基づき推計	1.5kW未満 1.5kW以上7.5kW未満 7.5kW以上

注)密閉型コンデンシングユニットは、相関が大きい経済指標を選定できなかったため、過去の出荷台数のトレンドを延長して算出

❷ 出荷機器の使用冷媒構成比率

同一機種でも、出荷機器の使用冷媒は経年的に変化しているため、その構成比率の推移を設定した。

過去の出荷機器は、各種文献やカタログなどを踏まえて設定し、将来については、**表A1.7**に示す2つのシナリオで設定を行った。

表A1.7 出荷機器の使用冷媒構成比率の考え方

パラメータ	【シナリオ❶】 冷媒転換追求	【シナリオ❷】 冷媒回収・再生強化
将来出荷される機器の使用冷媒構成比率	フロン排出抑制法に基づく指定製品制度の目標値を達成。2030年平均GWP450、2036年平均GWP10を達成するように自然冷媒へ移行(直膨式機器であるパッケージエアコンの場合、A3冷媒であるR290を使用するのではなく、R290またはR717のチリングユニットへ転換することを想定)	家庭用空調:将来的にR454Cが主流になるが、R290までは移行しない想定 業務用空調・産業用空調:フロン排出抑制法に基づく指定製品制度の目標値を達成。以降は横ばい。(❶のような直膨式機器のチラー化は回避) 産業用冷凍冷蔵:❶と同じ

❸ 1台当たりの冷媒充塡量

機種ごと、能力区分ごと(区分の詳細は、**表A1.6**参照)、冷媒種ごとに、出荷機器1台当たりの冷媒充塡量[34]を設定した。

まず、初期充塡量と能力がおおむね比例すると仮定し、冷媒種による充塡量の差異を考慮した上で、2012年の機種別HFCストック量が経済産業省公表値[37]

---

34 **冷媒充塡量** 出荷時充塡量と現場設置時充塡量の合計。

と一致するように設定した。

　その上で、経済産業省の公表値より工場生産時充塡量と、フロン排出抑制法に基づく現場設置時充塡量の公表値を踏まえ、現場設置時充塡が存在すると考えられる機種[35]について、一律の係数を乗じて補正を行った。

❹廃棄率の分布曲線

　機器の使用年数が長くなるほど、廃棄される機器の割合が多くなり、その推移は**図A1.30**に示すような曲線を描くことが知られている。

　そこで、各年に出荷される機器は、使用年数に応じた割合が廃棄され、廃棄時冷媒回収の対象とした。なお、同図に記載のない次の機種は、同図に記載のある他の機種の曲線を適用した。

店舗用パッケージエアコン、設備用エアコン、GHP	「PAC」の曲線を適用
コンデンシングユニット、ショーケース、冷凍冷蔵ユニット	「業冷庫（業務用冷蔵庫）」
チリングユニット	遠心式冷凍機

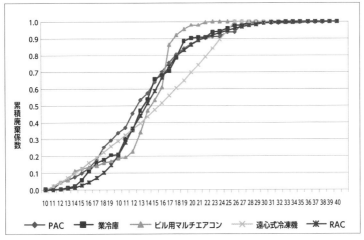

図A1.30　機種ごとの経年累積廃棄率分布
出典：経済産業省「業務用冷凍空調機器及び家庭用エアコンに関する調査③
その他の変更（廃棄係数の見直し）」(2009)[381]をもとに作成

35　**現場設置時充塡機器**　店舗用パッケージエアコン、ビル用マルチエアコン、設備用エアコン、GHP、ターボ冷凍機、半密閉型コンデンシングユニット、別置型ショーケース、冷凍冷蔵ユニットを想定。ただし、ターボ冷凍機は全量が現場設置時充塡量であり、他の機種は工場時充塡量と現場設置時充塡量がいずれも存在すると想定。

⑤ 使用時の冷媒漏えい率

機種別の使用時冷媒漏えい率としては、**表A1.8**に示す値が知られている。しかし、この値には、機器整備時に回収される分が含まれているため、それを除いた正味の漏えい率を推定した。

⑥ 整備時の回収率

実際には、数年間漏えいが続いたあと、ある年に整備時回収・充填が実施され、冷媒封入量が出荷時と同量に戻ることが一般的と考えられる。また、簡略化のため、毎年一定割合で使用時冷媒漏えい、整備時回収・充填が発生し、機器の廃棄年まで冷媒封入量が単調に減少する設定とした。

⑦ 廃棄時の冷媒回収率

機種別の廃棄時の冷媒回収率としては、表A1.9に示す値が知られている。また、前提となる機種の考え方は表A1.10に示すとおりである。しかし、表A1.9の値は、本推計モデルとは異なる考え方で算出した廃棄時冷媒残存量を基準とした比率であるため、このまま本推計モデルに使用して廃棄時回収量を算出しても、直近のフロン排出抑制法に基づく廃棄時回収量の実績値と整合しない。そのため、本推計モデルに使用してもフロン排出抑制法に基づく2020年度の廃棄時回収量実績(HFCで1,712t)[39]と整合するように、全機種一律の係数を乗じて、補正を行った。

家庭用エアコンについても、2020年度の再商品化処理台数実績(382万台)、一台当たりフロン回収量実績(656g/台)[40]と整合するように、本推計モデルにおける廃棄時冷媒回収率を設定した。

表A1.8　機種ごとの使用時排出係数

機器の分類		従来の係数 (2007年のストックに適用され算出)	改訂後の係数※	【参考値】2006 IPCC Guidelines		【参考値】ドイツ	【参考値】カナダ
大型冷凍冷蔵機器	遠心式冷凍機	2.3%	7%	2%≦x≦15%	Chillers	7%(1)	
	スクリュー冷凍機	2.8%	12%	10%≦x≦35%	Industrial Refrigeration including Food Processing and Cold Storage	7%(1)	
中型冷凍冷蔵機器	輸送用冷凍冷蔵ユニット	9.0%	15%	15%≦x≦50%	Transport Refrigeration	15-25%	17%(3)
	冷凍冷蔵ユニット	1.1%	17%	10%≦x≦35%	Mediun & Large Commercal Reirigeration	1.5-15%(2)	
	コンデンシングユニット	-	13%	10%≦x≦35%	Medium & Large Commercial Refrigeration	1.5-15%(2)	
	別置型冷蔵ショーケース	0.7%	16%	7%≦x≦25%	Medium & Large Commercial Refrigeration	1.5-15%(2)	
業務用空調機器	店舗用パッケージエアコン (PAC)	0.9%	3%	1%≦x≦10%	Residential and Commercial A/C, including Heat Pumps	6.0%	17%(3)
	ビル用パッケージエアコン (PAC)	0.9%	3.5%	1%≦x≦10%	Residential and Connereal A/C, includ ng Heat Pumos	6.0%	
	産業用パッケージエアコン (PAC)	0.3%	4.5%	1%≦x≦10%	Residential and Connereal A/C, including Heat Pumps	6.0%	
	GHP	4.4%	5.0%	1%≦x≦10%	Residential and Connereal A/C. including Heat Pumps	6.0%	
ルームエアコン(RAC)		0.2%	2%	1%≦x≦10%	Residential and Connercal A/C, inciud ng Heal Pumps	2.5%	-
小型冷凍冷蔵機器	一体型機器 内蔵形冷蔵ショーケース	0.02%	2%	1%≦x≦15%	Stand-alone Commercial Application	1.5-15%(2)	17%(4)
	製氷機	0.02%					
	冷水機	0.02%					
	業務用冷蔵庫	0.01%					
チリングユニット	チリングユニット 冷凍冷蔵用チリングユニット	2.0%	6%	2%≦x≦15%	Chillers	-	
	空調用チリングユニット	2.0%					
カーエアコン(MAC)		5.2%	5.2% (従来どおり)	10%≦x≦20%	Mobile A/C	10%	15%

(1) Industrial Refrigeration　(2) Commercial Refrigeration　(3) Stationary Air Conditioning　(4) Commercial Refrigeration

※ 日本の排出係数には、機器整備時に回収される冷媒を排出分として含んでいるため、単純な国際比較等はできない。また、事故・故障による排出等も含むため、通常どおり稼働している機器からの排出係数は、これよりも相当程度に低い。

出典：経済産業省「日本における冷媒HFCを巡る状況と今後の課題について」(2009)[39]をもとに作成

表A1.9　機種ごとの廃棄時冷媒回収率

機種		台数ベース	量ベース	一台当たり
空調／冷凍冷蔵	大型ターボ	92%～116%	42%～58%	45%～60%
	大型スクリュー	152%～175%	82%～153%	52%～101%
空調	中型	60%～63%	25%～27%	39%～42%
	小型	58%	66%～69%	113%～119%
冷凍冷蔵	中型＊	21%～29%	12%～18%	55%～85%
	小型	49%～51%	68%～138%	133%～271%
総計		53%	33%～37%	63%～70%

※アンケート結果を都道府県報告値（台数・量）に拡大推計する際には、分析の信頼性を確保するため、複数の推計方式で試算した。表A1.9では、これらの複数方式による試算結果を、推計結果の幅として表示している。

注）「台数ベース」は廃棄台数に占める廃棄時回収実施台数の割合を表し、「一台当たり」は廃棄機器の残存冷媒量に占める廃棄時回収量の割合を表す。したがって、両者の積が廃棄時冷媒回収率（廃棄機器の残存冷媒量に占める廃棄時回収量の割合）であり「量ベース」の値に相当する

出典：環境省「フロン類の廃棄時回収率向上に向けた対策の方向性について」(2019)[40]をもとに作成

表A1.10 機種の考え方

出典：環境省「フロン類の廃棄時回収率向上に向けた対策の方向性について」(2019)[43]をもとに作成

　本推計モデルで使用した2020年度の廃棄時回収率は**表A1.11**のとおり。なお、将来推計シナリオでは、将来における廃棄時回収率が向上するケースも想定しており、**表A1.12**で後述する。

表A1.11 廃棄時回収率の設定 (2020年度)

機種	表8-9における分類	①廃棄時回収台数率 (回収台数／廃棄台数)	②廃棄時1台当たり冷媒回収率 (1台当たり回収量／1台当たり残存量)	③廃棄時回収率 (①×②)
ターボ冷凍機	大型ターボ	100%	60%	60%
ビル用マルチエアコン GHP	空調 中型	66%	43%	28%
店舗用エアコン 設備用エアコン	空調 小型	70%	95%	66%
チリングユニット 半密閉型コンデンシングユニット 別置型ショーケース 冷凍冷蔵ユニット	冷凍冷蔵 中型	27%	75%	20%
密閉型コンデンシングユニット 内蔵型ショーケース	冷凍冷蔵 小型	60%	95%	57%
家庭用エアコン	-	53%	95%	51%

注) 単純計算では①や②が100%を超える場合もあるため、①は上限100%、②は技術的に回収が難しい量が5%程度存在すると仮定して上限95%としたが、その場合も両者の積である③の値は維持されるように調整した。

⑧ 冷媒の再生率

　機器から回収された冷媒は、破壊または再生が行われる。現状では、家庭用エアコンの再生率は9割程度[36]、業務用冷凍空調機器では、平均3割程度[37]である。なお、業務用冷凍空調機器は、機種別の再生率に関する情報が得られなかったため、全機種で一律の値を使用した。

36　**再生率9割程度**　一般財団法人家電製品協会「家電リサイクル年次報告書(2022年度版)」より、エアコンの「フロン類の回収重量」に占める「再生または再利用した重量」の割合を算出。

37　**再生率3割程度**　環境省「フロン排出抑制法に基づくフロン類の回収量」と「フロン排出抑制法に基づくフロン類の再生量・破壊量」より、HFCの「破壊業者に引き渡された量及び再利用等された量の合計」に占める「再生業者における再生量」の割合を算出。なお、整備時回収由来と廃棄時回収量由来の内訳は不明。

付録 1.8 〉 次世代ヒートポンプ技術の将来推計シナリオの設定

　次世代ヒートポンプの将来推計を考える上で大きな岐路になるのが、冷媒転換をどのように進めるかである。このため、**表A1.12**に示すとおり、次のシナリオを設定して、推計結果の比較を行った。なお、出荷機器の仕様冷媒構成率について、過去及び将来にわたっての推移の設定を図A1.31〜**図A1.34**に示す。

❶	冷媒転換追求シナリオ
❷	冷媒回収・再生強化シナリオ

表A1.12　冷媒転換の将来推計シナリオ

主なパラメータ	【シナリオ❶】冷媒転換追求	【シナリオ❷】冷媒回収・再生強化
将来出荷される機器の使用冷媒構成比率(表A1.7再掲)	フロン排出抑制法に基づく指定製品制度の目標値を達成。2030年平均GWP450、2036年平均GWP10を達成するように自然冷媒へ移行(直膨式機器であるパッケージエアコンの場合、A3冷媒であるR290を使用するのではなく、R290またはR717のチリングユニットへ転換することを想定)	家庭用空調：将来的にR454Cが主流になるが、R290までは移行しない想路 業務用空調・産業用空調：フロン排出抑制法に基づく指定製品制度の目標値を達成。以降は横ばい。(❶のような直膨式機器のチラー化は回避) 産業用冷凍冷蔵：❶と同じ
冷媒の使用時漏えい率	現状の漏えい率で将来にわたって一定	地球温暖化対策計画[42]による低減率の目標値(2025年、2030年)を達成するように低減
冷媒の廃棄時回収率	現状の回収率(40%程度)で将来にわたって一定	地球温暖化対策計画における廃棄時回収率の目標値(2025年度60%、2030年度75%)を達成、2040年に95%に到達
冷媒の廃棄時回収由来の再生率	現状の再生率(家庭用空調：90%程度／それ以外：30%程度)で将来にわたって一定	家庭用空調以外も、2040年に90%に到達

①冷媒転換追求シナリオ

家庭用エアコン		～1980	1981～1990	1991～2000	2001～2010	2011～2020	2021～2030	2031～2040
	R22							
	R410A							
	R32							
	R454C							
	R290							

②冷媒回収・再生強化シナリオ

家庭用エアコン		～1980	1981～1990	1991～2000	2001～2010	2011～2020	2021～2030	2031～2040
	R22							
	R410A							
	R32							
	R454C							
	R290							

図A1.31　出荷機器の冷媒構成(家庭用エアコン)

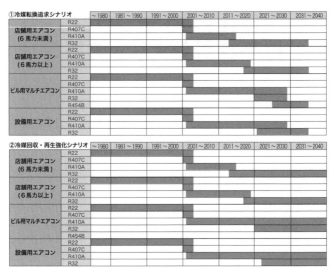

①冷媒転換追求シナリオ

		～1980	1981～1990	1991～2000	2001～2010	2011～2020	2021～2030	2031～2040
店舗用エアコン (6馬力未満)	R22							
	R407C							
	R410A							
	R32							
店舗用エアコン (6馬力以上)	R22							
	R407C							
	R410A							
	R32							
ビル用マルチエアコン	R22							
	R407C							
	R410A							
	R32							
	R454B							
設備用エアコン	R22							
	R407C							
	R410A							
	R32							

②冷媒回収・再生強化シナリオ

		～1980	1981～1990	1991～2000	2001～2010	2011～2020	2021～2030	2031～2040
店舗用エアコン (6馬力未満)	R22							
	R407C							
	R410A							
	R32							
店舗用エアコン (6馬力以上)	R22							
	R407C							
	R410A							
	R32							
ビル用マルチエアコン	R22							
	R407C							
	R410A							
	R32							
	R454B							
設備用エアコン	R22							
	R407C							
	R410A							
	R32							

注）①冷媒転換追求シナリオでは、2026年以降R290またはR717を使用したチリングユニットへの転換が進み、2036年以降はパッケージエアコンとしての出荷は無くなり、すべてR290を使用したチリングユニットになることを想定

図A1.32 出荷機器の冷媒構成（パッケージエアコン）

①冷媒転換追求シナリオ

		～1980	1981～1990	1991～2000	2001～2010	2011～2020	2021～2030	2031～2040
GHP	R22							
	R407C							
	R410A							
	R32							
	R290							

②冷媒回収・再生強化シナリオ

		～1980	1981～1990	1991～2000	2001～2010	2011～2020	2021～2030	2031～2040
GHP	R22							
	R407C							
	R410A							
	R32							
	R290							

図A1.33 出荷機器の冷媒構成（GHP）

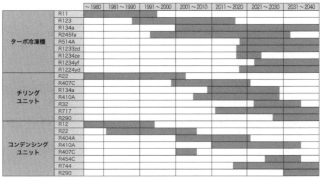

		～1980	1981～1990	1991～2000	2001～2010	2011～2020	2021～2030	2031～2040
ターボ冷凍機	R11							
	R123							
	R134a							
	R245fa							
	R514A							
	R1233zd							
	R1234ze							
	R1234yf							
	R1224yd							
チリングユニット	R22							
	R407C							
	R134a							
	R410A							
	R32							
	R717							
	R290							
コンデンシングユニット	R12							
	R22							
	R404A							
	R410A							
	R407C							
	R454C							
	R744							
	R290							

注）この3機種については、2つのシナリオで共通とした。また、半密閉型コンデンシングユニット、密閉型コンデンシングユニット、別置型ショーケース、内蔵型ショーケース、冷凍冷蔵ユニットについては「コンデンシングユニット」の比率で共通とした。ただし、チリングユニットは、①冷媒転換追求シナリオでは2026年以降パッケージエアコンからの代替が進むに伴い、R717及びR290の出荷量が大きく増加する想定

図A1.34 出荷機器の冷媒構成（ターボ冷凍機・チリングユニット・コンデンシングユニット）

次世代ヒートポンプの効果をエネルギー使用量の削減効果（省エネ）やGHG排出量の削減効果で見る場合、重要になるのが、冷媒対策を要求するキガリ改正の遵守が達成されるかである。また、冷媒も含めたカーボンニュートラルへ、どの程度貢献できるかも考える必要がある。次の2つの視点から、次世代ヒートポンプの効果を示す。

［1］ キガリ改正の遵守

キガリ改正は新規冷媒の生産・消費量で規制を行っているが、ここでは機器の需要側に着目し、新規冷媒の消費量で見ていくことにする。この場合、2036年の目標は1,073万 t-CO_2[44] となる。

冷媒の消費量は、新規機器に対する初期充塡量と、設置済みの機器に対する整備時充塡量で構成される。冷媒転換追求シナリオでは、全機器の冷媒の低GWP化が進行し、2036年以降は初期充塡量がCO_2換算ではほぼ0となるが、設置済みの機器への整備時充塡量が100～300万tCO_2程度残る（**図A1.35**、**図A1.36**）。これに、ヒートポンプ機器以外の用途での使用量400万tCO_2程度[38]を加えても、キガリ改正の目標は十分に達成できる。

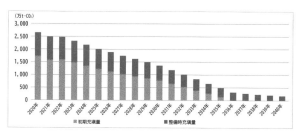

図A1.35 ヒートポンプ機器への充塡量のCO_2換算量
（全機器：冷媒転換追求シナリオ）

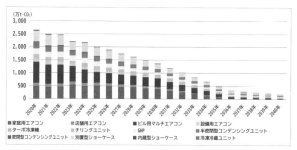

図A1.36 ヒートポンプ機器への充塡量のCO_2換算量　機種別内訳
（全機器：冷媒転換追求シナリオ）

38　**使用量400万tCO_2程度**　国立環境研究所温室効果ガスインベントリオフィス「日本の温室効果ガス排出量データ（1990～2021年度）（確報値）」から想定。

一方、冷媒回収・再生強化シナリオでは、冷媒転換が困難な家庭用エアコンやビル用マルチエアコンなどでは引き続きHFCを使用するため、2036年でも400万tCO$_2$程度の初期充塡量が残る（**図A1.37**、**図A1.38**）。しかし、整備時や廃棄時回収からの再生を強化することで、2036年時点では必要な充塡量の多くを再生冷媒でまかなうことが可能になる。ただし、R454Cは家庭用エアコンで引き続き使用されるため、再生冷媒のみでは不足し、一定程度バージン冷媒の投入が必要という結果となった（**図A1.39**）。

　ヒートポンプ機器以外の用途での需要を考慮しても、キガリ改正の達成は可能と見られる。

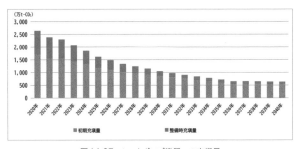

図A1.37　ヒートポンプ機器への充塡量
（全機器：冷媒回収・再生強化シナリオ）

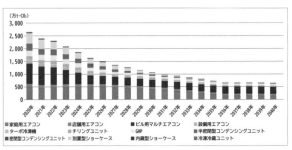

図A1.38　ヒートポンプ機器への充塡量の機種別内訳
（全機器：冷媒回収・再生強化シナリオ）

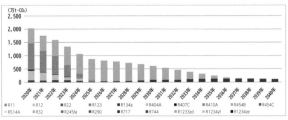

注）「バージン冷媒の必要量」は、初期充塡量＋整備時充塡量－再生量で算出
図A1.39　冷媒別バージン冷媒の必要量推移
（全機器：冷媒回収・再生強化シナリオ）

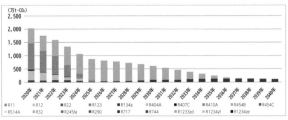

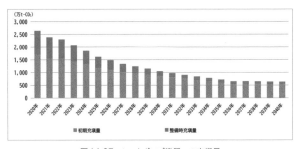

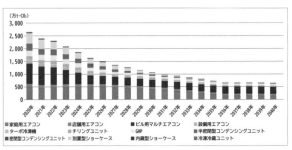

［２］ カーボンニュートラルへの貢献

❶GHG排出量の削減

　シナリオ間の比較に入る前に、そもそもヒートポンプは省エネ性が高く、ヒートポンプの性能向上とともに競合機器を代替することで大きな削減効果があることを確認する。

　図A1.40は、家庭用空調の総負荷量の推移を示している。総負荷量自体は、今後の人口減少のトレンドも踏まえて、やや減少することを想定する。内訳を見ると、暖房で燃焼系機器が使われているため、競合機器も一定程度の割合を占めているが、家庭用エアコンへの代替が進むことが想定され、その割合は低減していく。

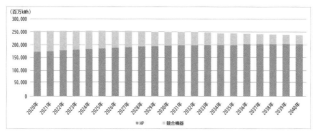

図A1.40　家庭用エアコンの負荷量

　この時、GHG排出量がどのように推移するかを示したのが**図A1.41**である。ヒートポンプ(家庭用エアコン)が負荷分担を増やすにも関わらず、電力の低炭素化が進むこともあり、大幅に排出量を削減し、2020年代のピーク時と比べると2040年には排出量が１／３にまで減少している。

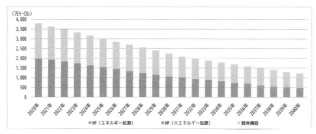

図A1.41　家庭用エアコンのGHG排出量(冷媒回収・再生強化シナリオ)
注)「エネルギー起源」は家庭用エアコン使用時の電力消費に伴うGHG排出量(2050年に向けて排出係数がゼロに近づくことを想定)。「非エネルギー起源」及び廃棄時未回収に伴うGHG排出量。以降同様

❷冷媒転換追求と冷媒回収・再生強化シナリオのGHG排出量の推移

それでは冷媒転換のシナリオによって、この結果がどう違ってくるのだろうか。

機器単位で見る場合、冷媒転換追求シナリオでは一部機器からチラーへの転換が進むため比較が難しいことから、機器全体で比較する。

図A1.42と**図A1.43**がそれぞれ冷媒転換追求シナリオと冷媒回収・再生強化シナリオでのGHG排出量の推移である。

2つのシナリオで大きな差異は発生しない。すなわち、すべての機器に一律に冷媒転換を求めなくとも、冷媒回収・再生を強化することでGHG排出量を抑制することは可能である。

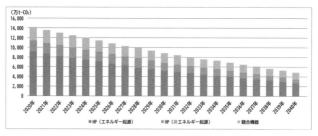

図A1.42 全機器：冷媒転換追求シナリオのGHG排出量

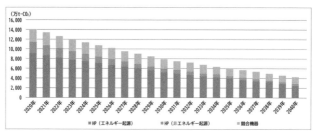

図A1.43 全機器：冷媒回収・再生強化シナリオGHG排出量

付録 2

次世代ヒートポンプ技術の性能評価手法

　2章1節で紹介したとおり、日本は2050年のカーボンニュートラル達成を目標に掲げている。カーボンニュートラルの実現に向けては、省エネルギーや脱炭素が求められる。その中で、ヒートポンプ技術は少ない電力で冷熱から温熱まで幅広く生成でき、多様な熱利用分野に適用できる省エネルギー技術・脱炭素化技術であり、将来に向けて一層の技術の進展や市場拡大が期待される。

　省エネルギー・脱炭素の推進の観点では、省エネ性能やCO_2排出量を定量的に評価する、性能評価が重要になる。ヒートポンプ機器は使用年数が長く、性能の高い機種を選択する効果は大きいと考えられる。そのため、適切な機器選択を促すためには、正確な性能評価が必要である。

　本章では主にエアコンを対象として、はじめに機器性能と機器性能評価の重要性や種類について述べる。次に、機器性能評価の課題として、機器性能評価の前提条件や測定環境の問題点を挙げ、将来に向けて望まれる新たな性能評価像や、実設置環境を踏まえた評価とシミュレーション活用、中長期的な評価について述べる。

［1］ 機器性能評価の重要性

　1章2節では重要な機器性能として省エネ性、冷房・暖房能力などを挙げたが、適切な機器性能評価が行われ、小売表示などで公開されてはじめて、機器選定での判断材料になる。

　エアコンをはじめとするヒートポンプ機器の選定のタイミングは、故障による買い替え、建築物の新築での新設や改装時の更新などが挙げられる。その際、適切な性能評価がされていなければ、高効率機の優位性が認識できず、高効率なヒートポンプ機器は選択されにくい。

　機器性能評価は、国内市場では日本産業規格(JIS規格)で評価手法が規定され、JIS規格に従ってメーカーが評価を行い公表している。また、冷房・暖房能力や省エネ性能がメーカー公表値どおりかについて、抜き取り試験で確認されている。

　ここでは、冷房能力評価での顕熱(温度の上下)量と潜熱(湿度の上下)量の測定や、空気流量の測定などが求められ、大がかりな測定室で測定されている。また、設備の差による測定誤差を回避するため、国内では一般財団法人日本空調冷凍研究所の測定装置を原器として、各社・各組織の設備の準原器を定め、誤差が±3%以内に維持されるようにしている。

［2］ 機器性能評価手法の種類

　機器性能を評価するために必要となる、性能の測定方法と評価指標には、さまざまな種類が存在する。省エネ性能を表すエネルギー消費効率に着目すると、定格点などの瞬時値であるCOPと、年間を通した性能指標であるAPFが存在する(1章2節参照)。

　エアコンやヒートポンプの性能測定には、カロリメータ式あるいはエアエンタルピー式の測定が主に用いられている。概要を**表A2.1**に示す。

表A2.1 機器性能の測定方法の種類

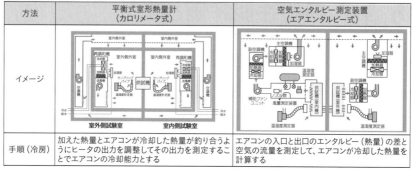

方法	平衡式室形熱量計 （カロリメータ式）		空気エンタルピー測定装置 （エアエンタルピー式）	
イメージ	**室外側試験室**	**室内側試験室**		
手順（冷房）	加えた熱量とエアコンが冷却した熱量が釣り合うようにヒータの出力を調整してその出力を測定することでエアコンの冷却能力とする		エアコンの入口と出口のエンタルピー（熱量）の差と空気の流量を測定して、エアコンが冷却した熱量を計算する	

出典：一般財団法人 日本空調冷凍研究所「試験設備の紹介」[1]をもとに作成

エアエンタルピー方式は空気が流れる部分の能力のみを測定する一方、カロリメータ式では配管などからの熱漏れも能力として評価される。

しかし、カロリメータ式では温度などが安定するまでに時間が必要になり、性能評価に時間がかかる。熱漏れの影響が比較的大きい小型のエアコンではカロリメータ式が重用されるが、中大型エアコンではエアエンタルピー式が採用されるケースが多い。

［3］ 機器性能評価の利用場面

機器性能評価は、規格に基づいて測定・公表される情報として機器選定の判断材料に用いられているが、省エネを求める各種制度でも目標達成を判断する指標として活用されている。

経済産業省が所管する「エネルギーの使用の合理化に関する法律」（省エネ法）のトップランナー制度では、家庭用エアコンは省エネ性能として*APF*での性能を規定している。

トップランナー制度では、最新の規制として2027年までに2.8kW以下の製品の寒冷地仕様をのぞき、*APF*6.6を出荷製品の加重平均で達成することを求めている。また、省エネ法では、あわせて小売表示制度として測定した性能（*APF*や冷房能力など）を、販売の際などに表示することを求めている。

省エネ法でのトップランナー制度と、小売事業者表示制度の概要を**図A2.1**に示す。小売り表示では、省エネラベルとして、省エネ基準の達成度や標準的な使用での年間のエネルギー消費量の表示を求めている。これらにより、消費者は、エアコンなどが価格に見合う省エネ性能や電力消費であるかを、目安として把握できる。

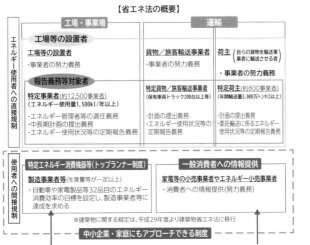

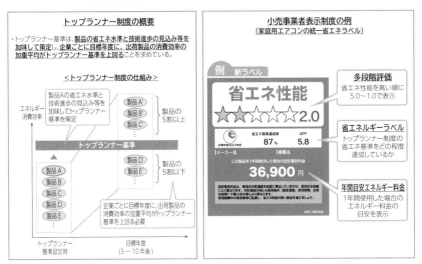

図A2.1 省エネ法のトップランナー制度と小売事業者表示制度の概要
出典：経済産業省・資源エネルギー庁「エネルギー需要サイドにおける今後の省エネルギー・非化石転換政策について」
(2023)[2][3]／経済産業省・資源エネルギー庁「統一省エネラベルが変わりました」[4]をもとに作成

　その一方で、建物全体のエネルギー消費を所管する国土交通省は、エアコンの定格点での能力やCOPから、建物のエネルギー消費量の計算や目標達成を求めている。建物全体のエネルギー基準であるZEB判定では、省エネ性能としてCOPを採用し、COPと機器の部分負荷性能を経験的に定格点の性能から推定する方法とすることで機器性能を模擬している。

［1］ 機器性能評価手法を確立する意義

　国内や海外の製品別性能評価は、計測精度を高めるために安定した条件になるよう、圧縮機の周波数を固定して行っている。しかし、この方法では、起動時などの過渡的な状態が含まれる実運転との乖離が大きく、各機器の制御などによる影響を反映できていない。また、APFで期間評価する際の負荷想定などの改善余地もある。

　近年、ヨーロッパや北米では、上記のような実使用時の運転状況を反映できていないのではないかとの指摘を受け、圧縮機非固定条件での性能評価手法に関しての検討が進められている。日本でも、早稲田大学ではエミュレータを用いた動的性能評価手法に関しての研究・開発を行っており、適宜成果を公表している。こうした動きから、今後は実運転時に近い条件[1]での性能評価方法の確立が求められている。

［2］ 負荷を想定した場合の課題

❶実運転にともなわない性能試験の課題

　エアコンの性能は、測定室に入れなければ正確に測ることが難しく、特定の試験条件での試験室での性能で評価される。このため、現状の規格や規制では、実際に据え付けられた際の性能ではなく、試験室でエアコンの性能を高めれば、表示性能を高くすることができてしまい、そのような製品の開発が行われがちである。

　マイコン制御が導入されて40年余りが経過し、高度な制御が可能になる一方で、性能試験への機器の対応も高度化している。前述のような、規格による測定性能が実際の運転での性能を正しく反映しない、いわゆる「試験モード」のような特殊制御を排除しなければ、正確な性能の評価が困難である。性能規格や規制は、実態での省エネを進めるように検討されなければならない。試験室だけで性能がよいエアコンを開発するよりも、実態の運転状態での省エネ性能を向上することが温暖化対策・省エネ対策として急務である。

1　**実運転時に近い条件**　環境評価条件だけではなく、機器の動的な動きを再現する使用条件も含まれる。

❷35℃での定格冷房能力測定の課題

　現状のJIS規格などでは、外気温を35℃で設定した場合、定格能力[2]に等しい負荷が生じるものとして、冷房の期間効率が計算されている。しかし、実際の負荷は、これよりはかなり低い場合が多い。歴史的に35℃で定格冷房能力を測定してきたため、この測定条件を外すと、古い製品との対比ができなくなる。そのため、現在でもこの条件で、期間効率が計算されていると思われる。

　通常、機器の能力は、内部負荷[3]と外部負荷[4]のそれぞれの最大値の合計に、さらに余裕を持たせた数値が選定される。しかし、内部負荷と外部負荷が同時に最大値を発生させることは滅多にない。このため、現状の期間性能の計算では、外気温に対する負荷の想定として、一般に過大である。一般社団法人 日本冷凍空調工業会によるエアコンのフィールドデータの分析では、冷房時には35℃の外気温で定格能力の半分程度の負荷というのが、実態での平均負荷という結果だった（**図A2.2**）。

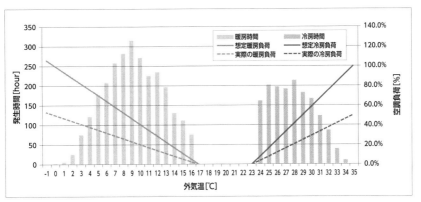

図A2.2　ISO16358の想定負荷と実負荷
出典：一般社団法人 日本冷凍空調工業会　調査速報「ISO16358」／「JIS C 9612」(2023)[5]をもとに作成

2　**定格能力**　JIS規格の温度に基づいた条件で機器を連続して運転した場合に、その機器が安定して出すことのできる能力のこと。
3　**内部負荷**　人や照明などの室内で発生する負荷のこと。
4　**外部負荷**　室外から壁面などを通じて侵入する、熱を中心とした負荷のこと。

図A2.2では、35℃での実際の平均冷房負荷は想定負荷の1／2程度だが、一方で外出から帰宅した際などには、プルダウン運転[5]は必須である。その際、冷房負荷に対する能力の余裕を持たせた部分で、部屋の温度を下げていくことになる。このため、負荷に対してあまりギリギリの能力で機器を選定すると、プルダウン・プルアップの時間が長くなり、満足度を低下させる原因になりかねない。

　日本冷凍空調工業会の調査結果を逆に解釈すれば、現状では平均して定格能力は負荷の2倍程度ということであり、単純には定格能力の半分がプルダウンを行う能力となる。現状のプルダウン時間の2倍を許容できると仮定しても、25%程度の余裕が必要になる。

5　**プルダウン運転**　外気温並み、あるいはそれ以上の室温から快適な温度まで冷却すること。

付録 2.3 〉 性能評価の測定での課題

［1］ 運転状態を想定した場合の課題

　現在、世界各地で規格によるエアコンの性能評価と実態の性能との乖離が問題化している。具体的には、ヨーロッパのErP(Energy Related Products)指令による改定準備のレポートで、指摘されている。

　このため、国際エネルギー機関(IEA)では、より現実的な評価方法の開発が始まっている[6]。また、1節で解説したとおり、新たな性能評価(負荷固定試験)に向けた検討が、アメリカや日本国内で動いている[7]。他方で、エアコンの実際の設置環境での運転状態は十分には知られておらず、現状の規格での試験条件を前提に、開発を進めているケースも多いと思われる。

　実環境では、非常に多様な運転がされていると思われるが、それら全体での消費エネルギーを最小にする技術開発、製品開発を行う必要がある。そのための性能評価を、規定しなければならない。

　実態を踏まえた上での省エネを進めた機器やメーカーが優遇されることで、さらに省エネが進むことになる。将来に向けては、IoT技術の進展により市場にある多数のエアコンの運転実態に関するデータを確保することが可能になっている。その分析が、具体的に進み始めたところである[8]。

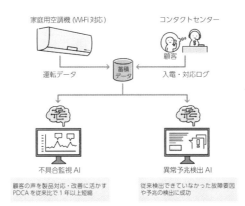

図A2.3　ダイキン工業・JDSCによる共同開発の概要
出典：ダイキン工業株式会社「ダイキン工業とJDSCが、空調機器のIoTデータを用いた
不具合監視・運転異常予兆検出AIを共同開発」(2022)[8]をもとに作成

現状でのエアコンの性能は、圧縮機が可変速の製品でも通常は圧縮機の周波数などを固定して測定される。これはエアコンが一定速機しかない時代からの測定法である。また、実際の最大とされている能力が満たされているかを確認することが、主な目的であった時代からの名残でもある。このため、現状はいたしかたない面もあるが、効率を評価する規格としては「設置環境の実態を反映しない規格」との批判も多い。

　インバータ圧縮機やファン、電子膨張弁の採用によりエアコンの制御は大きな自由度を得た。運転条件を固定した試験モードの運転で性能が測定され、この結果を基に期間性能が計算される。この試験モードでの制御パターンと、実際の運転での連続的な制御で生じる制御パターンが一致していれば問題ない。しかし、この試験モードだけで省エネを行うことは、試験モードの製品の性能を向上したことにすぎず、通常運転での制御と試験モードでの制御が乖離している可能性がある。

［2］　湿度条件を設定した場合の課題

　空調負荷を考えると単に顕熱だけではなく、潜熱負荷の評価も必要である。実際の冷房時の運転では、人が発汗や呼吸で湿度を上昇させるので、除湿はほぼ必然的に必要になる。JIS規格やISO規格では、除湿が生じないような運転でも特に制限がないため、そのような運転での性能を評価しているが、これが海外では問題化している。除湿を必須にするため、顕熱比[6]に制限を設ける動きや、能力当たりの風量に制限を設ける提案が出され、一部規格化されている。

　一方、暖房時に求められる加湿は、冷房時の除湿と異なる。暖房とは完全な別機能となるので、通常のエアコン性能規格としては、範囲外として対象とされていない。

　空調に必要な機能や、その運転に伴うエネルギー消費を考慮する際には、加湿も含めた評価が求められる。ZEBなどを考慮する際には、当然考慮が必要になる。

6　**顕熱比**　汲み出す熱の顕熱分と、潜熱分の和に対する顕熱分の比のこと。

［3］ 低負荷域での性能評価の課題

　ヒートポンプの最大能力を実負荷以上に余裕を持たせる場合が多い点について指摘したが、最大能力の余裕の確保は、低負荷時の非効率にもつながる。

　一般に負荷が一定レベルを下回ると、ヒートポンプは断続運転となり、効率が低下する。断続運転では、圧縮機が停止することにより、圧縮した冷媒が高圧側から低圧側に流れ、圧縮機を再起動した際の圧縮機の仕事の一部が、この逆流した冷媒や移動した熱を元に戻すことに使われることで、損失が発生する。

　ヒートポンプは、最大能力が上がると、断続運転となる最低能力も同時に上がる特性を持つ。このため、最大能力に無駄に余裕を持つと、断続運転となる低負荷域も広がり、全体としての効率低下を引き起こすことになる。

　断続運転の連続運転に対する効率の低下を表す係数は、CD値(Coefficient of degradation)と呼ばれる。たとえば、**図A2.4**で示す家庭用エアコンの性能評価での冷房運転時のCD値のイメージでは、CD値 = 0.25、すなわち連続運転に比して25%も効率が低下することになる。

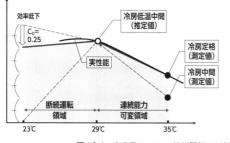

図A2.4　家庭用エアコンの性能評価での冷房運転時のCD値のイメージ
出典：経済産業省・資源エネルギー庁「エアコンディショナーの現状について」(2019)[9]をもとに作成

　また、CD値の実測が困難という問題もある。

　現状、インバータ機のCD値を実測することは、測定する能力の絶対値が小さいことから難しく、実際にはデフォルト値が使われるケースが大半である。

　しかし、運転条件や機器の容量などによってCD値は変わるので、発停運転の正確な評価と対応が必要である。日本では、すでに業務用エアコンの性能規格であるJIS B8615でCD値が見直され、0.5が採用されているが、さらに大きな値を採用すべきという議論もされている。一方、アメリカでは、0.25から0.2へ変更

されている。

インバータ機でのCD値は発停領域が狭く、*APF*には大きな影響がないということで、これまで議論や検討がされていなかった。しかし、負荷の分布を見直すことで平均負荷が小さくなると、CD値の影響は大きくなる可能性があり、再検討が必要である。

ただし、個々の製品での測定は実務上、簡単ではない。低負荷で測定を行い、また、発停状態での測定になることから、測定精度の確保が難しいためである。このため、膨張弁の制御仕様や冷媒充填量から計算する方向で、検討されると予測される。

［4］ 測定環境での課題

❶ 測定環境の設定温度

前述のように、エアコンの性能を測定する装置はかなり大がかりになり、1装置で1億円にも達する投資が必要になる。これらの設備は安定した測定を行うために温度ムラがなくなるように、比較的高い風量で屋内に送風している（**図 A2.5**）。

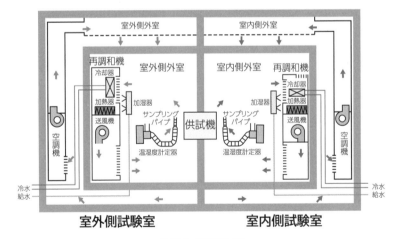

図A2.5　測定環境の例
出典：公益社団法人日本冷凍空調学会「第4部 機器性能評価手法」(2022)[10]をもとに作成

この結果、温度分布は普通の部屋に比べて非常に小さく、測定しやすい条件を作り出している。一方で、風量が多いため、部屋の壁の熱量影響が短時間で空気の温度に反映される傾向になっている。エアコンなどが実際に設置される普通の部屋に比べると、温度の応答が非常に遅い。このため、現在提案されている負荷固定試験を単純にカロリーメータで行うと、実際の部屋とはまったく異なる挙動が生じることが多い。

❷室外機吸い込み温度の条件設定

エアコンの設定温度は、部屋の中央付近が設定温度になるように制御される。壁掛け型室内機では、実際の吸い込み温度が部屋中央より高めになることが普通で、それを見込んで制御が行われる。

一方、試験室はできるだけ、温度差がないように制御される。そのため、部屋中央付近と吸い込み口付近での温度差がなくなり、機器の制御に任せると部屋の平均温度は高めになる。負荷が下がれば、部屋中央と吸い込みの温度差は小さくなると想定されるので、エアコンは吸い込み口の温度が低めになるように制御する。これを測定室で行うと、部屋中央との温度差がないので、室温全体が下がってしまうことになる。

温度差がある方が通常の制御であり、評価すべき条件と思われるが、この温度差は測定室により異なってしまう可能性が高い。それでは吸い込み温度の再現性がなくなってしまう。このため測定室では温度ムラをなくさざるを得ないが、それは実態とは異なる運転であることを認識せざるを得ず、難しい課題である。

❸外気温と室外機吸い込み温度の設定

もう1つの負荷想定の誤りは、外気温と吸い込み温度の相違である。現状の期間効率の計算では、「外気温＝エアコン吸い込み温度」との想定で評価されているが、実際のエアコンの平均的な吸い込み温度は、通常、より厳しい側に数℃ずれている。

外気温が35℃というのは、芝生の上で1.2〜1.5m高さの日陰にある白塗りの箱（百葉箱）の中の空気温度が、35℃ということである。しかし、エアコンの吸い込みは通常はもっと低い位置にあり、地面の温度の影響を受けている。

夏の冷房の使用時には、日光で高温になったアスファルトやコンクリートの表面を通った空気を吸い込み、冬の暖房の使用時には、放射冷却で気温以下に冷えた地表に接する冷えた空気も吸い込む。このため、単純に「気温の分布＝エアコ

ン吸い込み温度の分布」として評価すると誤差が大きくなる。実際の吸い込み温度は、数℃程度、気温より厳しい条件で運転されると考えるべきである。

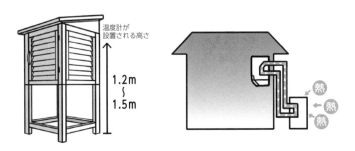

図A2.6 外気温35℃（百葉箱）とエアコンの吸い込み位置

付録 2.4 〉 エアコン以外の性能評価の課題

［１］ 業務用の冷凍冷蔵機器の課題

業務用の冷凍冷蔵機器のエネルギー消費もかなり大きく、省エネや地球温暖化対策での重要性は高い。しかし、これらの大半は食品や医薬品を扱うため、衛生面、安全面からの要求は絶対的で、相対的に省エネ性能向上への意識は低くなりがちである。また、製品の多様性も性能評価の妨げになっている。

冷凍冷蔵用途では、冷却する対象物は多種多様で、居住環境だけを冷暖房することを目的とする空調とは違う。目標とする温度や湿度が異なるので、製品形態も多様である。このため、機器の構成が特定される内蔵型ショーケースでは性能規格が制定され、トップランナー対象機器として規制されている。しかし、コンデンシングユニットとショーケースを組み合わせた多様なシステム構成を取る別置型ショーケースでは、規格化がまだされていない。

一方で、別置型ショーケースの場合、コンデンシングユニットとショーケースではメーカーが異なることも多々あり、実際に組み合わせて運転する場合の性能・省エネ性は不明なケースも多い。これらの表示を求めることは困難と思われるが、たとえば、行政主導で共通データベースへの運転特性の登録を促進すれば、ユーザーが省エネ性や温暖化ガスの削減効果を評価できるようになる。初期投資の増加を、ランニングコストの低減で回収する年数などが明らかになってくれば、別置型ショーケースでもユーザーの省エネ意識の向上や行動の変化が期待できる。

［２］ ヒートポンプ給湯機の課題

ヒートポンプ給湯機は電力負荷平準化のために、電力需要の最も小さい深々夜時間帯の電力を活用して、給湯需要をまかなうことを主な目的として開発された蓄熱給湯機である。

一方、最近の再エネとして普及拡大が進む太陽光発電(PV)では、電力の自家消費を高める必要性が生じている。そのため、将来のPV導入拡大に対応した、「おひさまエコキュート[7]」などが商品化されている。

---

7 **おひさまエコキュート**　PVの余剰電力を活用して、給湯需要を賄うヒートポンプ給湯機器。

給湯機の性能評価は、規格化された給湯パターンに従って出湯する場合の消費エネルギーを測定するが、ヒートポンプ給湯機では学習制御などが用いられるため、非常に手間のかかる試験となっている。

一般に貯湯量を減らす方が省エネになるが、温水を使い切ってしまうと、本来の給湯機能を満足しないことになる。学習制御などで貯湯量の最小化が図られているが、性能測定を複雑化している。現在のJIS規格では非常に時間のかかる試験となり、シミュレーションやAIにより特性を補完することで、簡略化を図っていくべきである。

［3］ 暖房給湯の課題

日本では暖房給湯の使用は限定的で、一部の製品に温水による床暖房機能が付加されている程度である。一方、ヨーロッパでは歴史的にボイラーからの給湯で暖房を行ってきた歴史があり、温水暖房が大きな市場となっている。また、中国でも大気汚染防止の観点からも給湯ヒートポンプ暖房の促進策がとられ、市場は拡大している。寒冷地でヒートポンプによる暖房市場の本格的な展開を目指す場合、通常の空気を暖めるエアコンではなく、温水分野での普及が重要になる可能性がある。

一方、給湯系は大きな熱容量となり、デフロストの際の熱源は十分に得られ、エアコンでの除霜運転の冷風感の問題が避けられる。寒冷地の本格暖房には、通常の直接空気を加熱するエアコンよりも普及しやすい可能性がある。

［4］ 実運用時の性能の経年変化に関する課題

現在ヒートポンプ機器の性能評価指標は、製品製造時に動作が安定したあとの一定運転時や、一定期間を対象に評価される。評価タイミングで分類すると、製品製造時の事前情報がメインで、設置後の実性能や、劣化度や故障率などの長期間での実運用評価はあまり行われていない。

本来は、運転時間の経過や経年変化による熱交換器や圧縮機の性能低下、メンテナンスの状況や据え付け状態などで機器性能は変化するものである。現在使用されている評価指標は、製造時の評価であり、実運用を見ていない。ライフサイクル全般にわたっての評価が必要で、今後検討が必要と思われる。

これまで、機器性能の現状と課題について述べてきた。より適切な性能評価を行うため、評価目的や評価タイミングによって分類した以下3点について、将来に向けた評価手法について解説する。

1	試験条件を実際の運転環境に近づけた評価	付録2.5
2	実際の設置環境に基づく評価	付録2.6
3	中長期的な経年変化を考慮した評価	付録2.7

［1］ 実態に合った条件での評価

❶省エネを目的としたトップランナー制度

日本では、1998年よりトップランナー制度が採用されている。トップランナー制度は、機器のエネルギー消費効率を決めるための評価基準の1つである。ある時点で性能がトップの製品を基準として、メーカーごとの出荷機の加重平均で、その基準を数年後には超えるように義務付けた省エネ施策である。

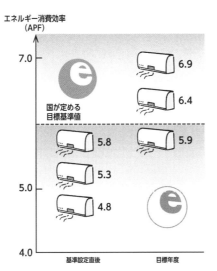

図A2.7 トップランナー制度

出典：経済産業省・資源エネルギー庁「省エネ型機器の現状ー省エネ型機器普及を促進する制度」[11]をもとに作成

この方式の省エネ義務も2022年度で3ラウンド目が設定され、飽和気味になっている。

ルームエアコンでは、中間点と定格点の性能だけで評価されることになるため、この間で性能が最適化されがちである。しかし、実際の運転では、大半の時間はこの中間能力以下の負荷で運転され、現在の規格によって最適化されるはずの測定点からは、外れた条件での運転の方が重要である。

そのため、これらの期間性能評価に用いられる性能評価点を、現実の運転で発生頻度の高い条件に近づけることが望ましい。そうすることで、これまであまり着目されてこなかった点を評価できることになり、省エネを進めることが可能と思われる。

50%未満の負荷での性能などは、ルームエアコンでは評価されてこなかったが、比較的運転時間が重要なことが確認されたので、最小周波数での運転を含めて、性能改善の余地が大きいと思われる。特に、発停運転時の評価は、従来は影響が小さく、またデフォルト値であるCD値は、0.25で計算してもそれほど悪影響が出ない計算になっているので、実際にはほとんど評価されていない。しかし、実態としては製品によっては、インバータ機でも発停領域での運転の比率が高いことが多い。

❷エネルギー効率と製品コストを考慮した性能評価

前述のように、負荷分布の実態に沿った見直しや、発停領域・低負荷での性能測定を義務化することで、新たな観点からの省エネを進めるように国内外の規格の改定が進んで行くだろう。

また、顕熱負荷だけではなく、潜熱負荷の処理も必要な条件が多く、除湿能力についても評価が必要である。すでにアメリカでは顕熱比の制限が規格化され、ヨーロッパでは能力当たりの風量を制限することで、顕熱比が制限されるような提案が行われている。実態の負荷に近づけるのであれば、一定の潜熱負荷を測定室に加え、エアコン運転時の到達湿度で評価することになる。

しかし、湿度の表示だけでは一般消費者には理解が難しい可能性があり、不快指数などを表示し、快適性を理解できるようにする必要がある。何らかの方法で潜熱能力を含めて性能評価することは、必須と思われる。

特に、潜顕分離をするデシカント空調の場合などには、潜熱負荷を正確に与えて測らなければ比較が困難になる。ただし、新たな技術開発が計測側、製品側の双方で必要なことから、ある程度の時間をかけて規格の改定や規制の変更を進めるべきである。

　具体的な製品の変化としては、圧縮機の排除体積を低下させ、運転周波数の高い部分を定格にすることで、低負荷な性能への向上が期待できる。また、必要な運転トルクを低減できるので、モータも小型化が可能である。より大きな製品では、圧縮機を複数台搭載し、低負荷まで連続運転を可能にする設計の変更などが予測される。これらの仕様変更により製品コストは上昇するが、エネルギー消費量が削減され、そのコストも当然低下する。

　結局、地球温暖化対策としてCO_2の排出量を抑えることは、機器にコストを投入して性能を上げ、消費電力を削減することになる。従来のイニシャルコストとランニングコストのバランスとしては、製品コストの投入とエネルギーコストの削減の方向に向かうことになる。

❸エアコンの冷暖房負荷基準での性能評価

　世界的に見てもエアコンの冷暖房負荷は、ISO16358と同様に、かなり高めに推定されている。たとえば、ヨーロッパのEN14825は、ISO16358と同様の推定をしている。

　AHRI規格は、ある程度の能力選定に余裕を持っているが、エアコンは常時運転するものというアメリカ流の考えに基づいているためか、選定での余裕は大きくなく、欧米でも同様に実態負荷が期間性能計算の想定負荷よりも、かなり低い事態が発生していると思われる。

　従来の省エネでは、中〜大負荷での運転での高性能化が求められてきた。このため、大きな熱交換器に多くの冷媒を使用せざるを得ないような規格であった。今回、負荷を見直し、実態に近づけることで、負荷の分布が低負荷側に移ることになる。そうなると発停運転が増えることから、今のように大負荷性能を重視して冷媒を増やすと、かえって発停条件での性能を悪化させていることが明確になってしまう。

　いずれにせよ、将来に向けて、実態での省エネが進むような規格化や規制が策定されていくことが望まれる。

試験条件を実際の運転環境に近づけた評価

［2］ 動作性能を加味した評価

❶試験条件での課題

　試験条件の適正化に関連して、現行の性能評価は、動作が安定したあとの一定運転時や、一定期間を対象に評価されている課題についても、より使用実態に即した評価に更新されることが望まれる。

　3節の❶で述べたとおり、一定運転での性能評価は制御を無視している。実負荷と機器の能力のズレによって生じる周波数変動の影響などは、まったく評価されておらず、国内・海外ともに課題として認識されている。

　この課題に対して、使用実態に近い負荷固定試験[8]や動的性能評価(Dynamic test)の性能指標への反映に向けて、国内・海外ともに研究や議論が進み、国内では早稲田大学で負荷固定試験の技術開発を継続中[12]である。国外では、アメリカ[13]やドイツ[14]でも、負荷固定試験の検討が進められている。さらに、国内の建築関係の研究機関でも負荷を固定し、能力や効率を測定しようとする試みを継続している[15]。

　負荷固定試験が簡単に正確に実施できれば、問題は一挙に解決するが、実際にはそう容易ではない。エアコンの性能試験室と、実際の部屋での動特性の違いの是正が必要となる。このような課題はあるものの、エアコンの負荷を実態に近づけ、機器の制御も含めて省エネ性能を評価することは、実際のエアコンの省エネ性を高めるには必須と思われる。

❷自動運転モードでの性能評価

　実運転を反映した測定を行うには、自動運転モードの活用や運転評価も必要であろう。

　前述のとおり、エアコンの運転状態は、負荷や外気温条件、室内温度設定や風量設定などで変化する。これらのパラメータを変化させて能力や効率を評価することは、非常に多くの測定が必要になることから現実的ではない。

　一方、現状のエアコンの性能評価では、風量は最大かあるいはかなり高めの設定で評価をしている。インバータ機がなく、一定速のエアコンしかなかった時代からの経緯からはやむを得ない面もある。しかし、実態としての省エネを進めるのであれば、実際に多く使われるような運転設定で性能は評価すべきである。実

8　**負荷固定試験**　エアコンなど機器の運転状態を固定せずに機器の制御に任せ、負荷を一定にした状態で運転すること。負荷を一定にして機器制御に運転を任せることで、特殊な試験モードだけの高性能運転を防ごうとするもの。

際にIoTデータからは、かなりのユーザーが自動モードや低風量で運転している
ことが確認されている。

　また、風向や風量、設定温度などエアコンは運転のパラメータも多いので、風
量などは自動モードで評価を行うとともに、ユーザーが実際の使用時にもできる
だけ自動モードで運転することを推奨するといった活動が必要と思われる。

2
・
5

試験条件を実際の運転環境に近づけた評価

1

付録 2.6 実際の設置環境に基づく評価

［1］デジタルを活用した性能評価

今後、通信や情報処理などのデジタル環境がさらに発展していくことを想定すると、現在はあまり行われていない機器設置後のデジタルを活用した実性能評価が期待される。

実性能評価の活用方法の1つとして期待されるのが、機器のリアルタイムの運転状況に基づく性能評価法の確立である。現状の性能評価では、許容範囲の条件で測定した性能測定結果を、そのまま性能データとして使っている。しかし、設置後の稼働データを活用することで、より実態に合った性能評価が可能になる。

稼働データの活用としては、データを直接活用した性能評価を行うほかにも、デジタルツインと呼ばれるシミュレーションと融合した性能評価も考えられる（図A2.8）。

デジタルツインの仕組み

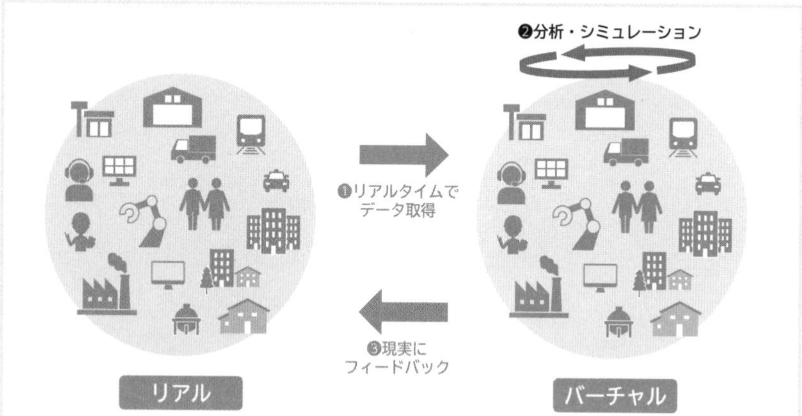
❷分析・シミュレーション
❶リアルタイムで
データ取得
❸現実に
フィードバック
リアル
バーチャル

図A2.8 デジタルツインのイメージ

出典：エヌ・ティ・ティ・コミュニケーションズ株式会社「意外と知らない？ITトレンド用語　デジタルツインとは」[16]をもとに作成

付録2 — 次世代ヒートポンプ技術の性能評価手法

シミュレーションに必要な係数を性能測定の実測結果から計算することで、広範な運転範囲の性能を数点の実測結果に基づく予測が可能となり、許容範囲内の運転条件の誤差が補正され、各測定点の性能の精度向上が期待される。

　この計算方法と実験結果をビルシミュレーションに提供すれば、データマッピングなどのビルシミュレーションへの性能提供の課題も解決されるだろう。また、リアルタイムでの評価ができるようになると、これまで概算や目安でしか把握できなかったエネルギー消費や環境負荷などが、より詳細に把握できるようになる。このため、消費電力や環境負荷を把握した上で、ユーザー側の省エネ性・快適性・健康性の志向に合わせた運転制御の更新が可能になるだろう。

［2］ エネルギー消費の実態から効率化を図る

　特定の負荷パターンで性能を向上することと、広範な負荷で平均性能を向上することを考えると、当然、後者の方が効果は得にくい。たとえば、インバータによるモータ運転時の効率を考えると、どういう電圧と圧縮機周波数の関係にするかで、COPはかなり変化する。

　特定の条件であれば、チューニングすることで性能の向上は可能だが、広範な運転条件で効率を上げるとすれば、材料の投入量や質を向上してベース性能を上げるしかない。

　納入先のエネルギー消費の実態を含めて温度と負荷の関係を評価できれば、それに合わせた設計が可能となり、比較的容易に、ある程度の効率化ができるようになる。

［3］ 運転性能を「見える化」する

　空調以外の機器で、実際の設置環境に基づいた評価へのニーズが見込まれる機器として、別置型ショーケースが挙げられる。

　別置型ショーケースは、現状、コンデンシングユニットとショーケースでメーカーが異なることが多く、性能や省エネ性が事前に把握しづらい。別置型ショーケースは、公的なデータベースへの性能特性の登録義務を設けている。実際の組み合わせで運転性能をシミュレーションで「見える化」することで、ユーザーの意識の向上や、省エネ製品の普及を促進できる可能性がある。

付録 2.7 〉 中長期的な経年変化での評価

［1］ フィルタ詰まりの対応による性能向上

　高い性能が短期間だけは出るが、運転モードで運転開始から50時間や100時間に制限した場合でも、信頼性を確保するような制御を求められることも予測される。

　このため、市場で機器制御の変化を監視するような対応が、必要になる可能性がある。そうでなければ、正直に長期の信頼性を考慮した制御モードで性能を申請した場合、不利益を被ることになりかねない。また、中長期的な性能評価の観点から、長期的な能力やCOPの変化をIoTデータを活用して監視することで、新たな省エネの可能性がある。

　現状では、フィルタの掃除機能は、性能面ではまったく評価されていない。しかし、実際の運転では、フィルタの詰まりが抑制されることで風量が保たれることから、中長期的には性能向上に貢献するはずである。

　そのような中期的な性能評価はかんたんではないが、今後の実態に近い性能評価の中では検討されるべきと思われる。

　EUの省エネ規制であるErP Lot10規制のドラフトには、性能評価指標の一部としてフィルタ詰まりへの対応を評価に取り入れようとする試みが見られる[17]。

［2］ コミッショニングで性能評価する

　中長期の性能評価の例として、大規模な業務ビルなどでは、引き渡し後(運転開始後)のコミッショニング[9]が定期的に行われることがある(**図A2.9**)。

9　**コミッショニング**　ここでのコミッショニング (Cx：Commissioning)は、性能評価ともいわれ、環境やエネルギー、使いやすさから使用者が求める対象システムの要求性能を取りまとめる。設計・施工・受渡しの過程を通して、その性能実現のための性能検証関連者の判断・行為に対する助言・査閲・確認を行い、必要な要項を文書化する。また、機能性能試験を実施して、受け渡されるシステムの適正な運転保守がでいる状態であることを検証することと定義されている。

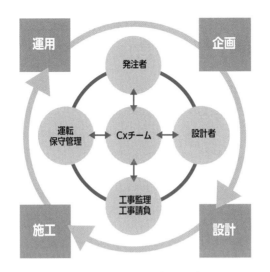

図A2.9　コミッショニングのイメージ

出典：NPO法人建築設備コミッショニング協会「コミッショニングとは」[18]をもとに作成

　コミッショニングでは、ヒートポンプなどの熱源機器に限定されず、建築物全体を対象にしている。使用者にとって最適な状態に保たれるように、求めに応じて性能を診断・検証し、必要に応じて性能改善法を提示することが目的である。今後、このような運用開始後の性能検証のニーズは、増えていくと思われる。

付録 3

次世代ヒートポンプ技術
の資源循環

　サーキュラーエコノミーの実現に向けた社会的要請を受け、ヒートポンプ技術としての資源循環を考える上で、サプライチェーンのあり方も含めて見直す必要が生じている。今後の銅などの資源価格が高騰する可能性や、冷媒の原料となる蛍石の偏在により安定供給できなくなる懸念などを踏まえると、バージン資源に頼らずできるかぎり資源を循環し、再生することが重要になる。

　これを実現しようとすると、家庭用エアコンでは、すでに再商品化率が92％と高いことから、製品設計などで解決できる余地は小さく、38％しかない回収率を高めることが喫緊の課題である。既存の商流を前提とした機器販売のあり方のままでは実現が困難であり、AI、IoTを活用した新たな循環型サプライチェーンを構築する必要がある。

　付録3では、これを実現するための方向性として、リース、サブスクリプションサービスの導入、「個体管理システム」の導入による市場機器管理の厳格化、使用済機器の管理強化による循環利用促進の3つのシナリオを検討し、将来像を提案する。

［1］ ヒートポンプ機器とサーキュラーエコノミーとの関係

　今後のヒートポンプ機器のサプライチェーンの在り方を考えるとき、気候変動対策に加えて、サーキュラーエコノミーの実現に向けた社会の動きを踏まえる必要がある。

　ヒートポンプ機器は、その動作原理が持つ高い熱効率によるCO_2排出量を削減しつつも、快適な暮らしの維持に貢献できる。一方で、ヒートポンプ機器には「樹脂」「金属」「冷媒」などの有限な資源を使用し、サーキュラーエコノミーを念頭に置いたサプライチェーンの実現が重要である。

　サーキュラーエコノミーへの移行に向けた国内・国際動向は2章5節で述べたとおりだが、本格的な普及にはまだ時間を要するのが現状といえる。その要因としてはキャレド・ソウファニ氏らが指摘したように、次の課題が考えられる[1]。

❶ 「循環型」（サーキュラー）サプライチェーンという概念に消費者と政策立案者がようやく興味を持つようになったところであり、具体的に行動をおこすレベルにない

❷ ほとんどの消費者は現時点では環境の持続可能性のために機能を諦める意向を持っていない

　この消費者マインド（志向）との乖離解消は、ヒートポンプ機器メーカーが循環型サプライチェーンに取り組む上での大きな課題といえる。また、サーキュラーエコノミーが進むと、生産効率や消費効率が上がってしまう。それにより、生産量や消費量が増加することで、環境負荷を低減する効果が相殺されてしまう「リバウンド効果」[2]が指摘されるなど、社会実装に当たっては留意が必要である。

　なお、経済合理性や社会的側面に関する論点については、サーキュラーエコノミー実現のためには避けて通れない課題であるものの、立ち位置によって意見が大きく異なるため、ここでは、技術的な観点から解説する。

［2］ サーキュラーエコノミーを実現する循環型サプライチェーン

ヒートポンプ機器の資源循環を考えるに当たり、本書ではサプライチェーンのあり方について提案する。2020年5月に経済産業省が発表した「循環経済ビジョン2020」で示された循環経済のイメージ[3]を参考にしつつ、ヒートポンプ機器のサプライチェーンの現状と、理想的な「循環型サプライチェーン」のイメージを図A3.1に示す。

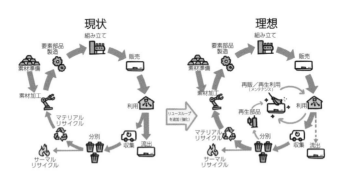

図A3.1 現状と理想的な循環型サプライチェーンのイメージ

私たちが考える理想の循環型サプライチェーンとは、調達、製造、販売、消費などの一連の流れの中に、「機器自体のリサイクル・リユースを促進する仕組みを組み込む」ことである。その上で、サプライチェーンのループに多様性と多重性を持たせ、製品・資源の循環を促進する仕組みを社会に実装していく。

サーキュラーエコノミーやカーボンニュートラルといった観点から、製品が地球環境へ与える影響の度合いを定量的に評価する考え方としてライフサイクルアセスメント(LCA)が挙げられ、製品の環境影響評価に活用されている。

ヒートポンプ技術では、地球温暖化への影響が大きいことがすでに広く知られている冷媒に対する検討が先行している。ヒートポンプ機器の開発、特に冷媒種の選択や冷媒の開発時には、評価指標として製品寿命気候負荷(LCCP：Life Cycle Climate Performance)[4]が使われてきた。しかし、冷媒のみに注目したLCCPだけではなく、機器に使用する他の素材も含めてLCAを用いた環境影響評価を行い、総合的な視点から環境負荷が低い循環型サプライチェーンの在り方を検討していく必要がある。

次節では、ヒートポンプ機器のサプライチェーンの現状と、循環型サプライチェーン実現に向けた課題を詳述する。

機器を構成する銅・樹脂の原料調達・製造

［1］ 銅の資源としての重要性

　2007年に国立研究開発法人物質・材料研究機構(NIMS)がまとめた金属資源の枯渇リスクに関するレポートでは[5]、現在の市場で必要とされている多くの金属が資源枯渇の課題を抱えている。さらに、ヒートポンプ機器に多く使われる銅、鉄などの金属資源は、2050年には現状の経済性を維持した採掘が可能な埋蔵量を超える、もしくはそれに匹敵する需要があるとされていた。

　特に、銅は2035年には経済的に成り立つ採掘量を超え、資源枯渇問題は切迫した状況に直面している。アメリカ地質調査所(USGS)の2022年の推定によると[6]、世界の経済的に採掘可能な銅埋蔵量は8億8,000万トンと推定されている。さらに、**表A3.1**に示すUSGSの2015年の推定によると、現在確認されている銅資源として21億トン、未発見鉱床として35億トン、総銅資源量[1]は56億トンとされている。対して、累積鉱山生産量は6億トンとされ、資源枯渇は喫緊の課題ではないといえる。

1　**総銅資源量**　確認されている鉱床の世界資源(Identified world resources)＋未発見鉱床の世界資源(Undiscovered world resources)を足した量。

表A3.1　グローバルな銅のアセスメント結果
(世界やアメリカの銅の埋蔵量・生産量・消費量の他の測定値との比較)

Parameter	Copper (Mt)	Comment	Source
World refined copper consumption	20.4 21.4 22.9	For 2012 For 2013 For 2014	International Copper Study Group (2015a)
World mine production	17.0 17.9 18.7	For 2012 For 2013 For 2014	Edelstein (2013) Brininstool (2014) Brininstool (2015)
Cumulative world mine production	600	Cumulative world copper production from 1879 to 2012	D.L. Edelstein, U.S. Geological Survey, written commun., 2013
	567	Cumulative world copper production from 1892 to 2011	Mudd and others (2013)
World reserves	680 690 700	For 2012 For 2013 For 2014	Edelstein (2013) Brininstool (2014) Brininstool (2015)
Identified world resources	2,100	Past production and measured, indicated, and inferred resources at the lowest reported cutoff grade	Singer and Menzie (2010)
	1,860	Resources identified in 730 copper projects as of 2010, includes operating mines as well as deposits in development and exploration; all types; includes 80.4 Mt Chinese national resources	Mudd and others (2013)
Undiscovered world resources	3,100	Porphyry copper deposits (upper 1 km)	This study
	420	Sediment-hosted stratabound copper deposits (upper 2.5 km)	
Theoretical world resources	170,000	Porphyry copper deposits	Kesler and Wilkinson (2008)
	89,000	All deposit types (upper 3.3 km) recoverable	
	300,000	All types (entire crust)	
U.S. copper resources in all deposit types	290	Mean undiscovered U.S. deposits minable with existing technology as of 1998	U.S. Geological Survey National Mineral Resource Assessment Team (2000, 2002)
	350	Identified U.S. resources (260 Mt) and past production (91 Mt) as of 1998	

注)Mt: 百万メトリックトン

出典：Jane M. Hammarstrom et al. 「Assessment of Undiscovered Copper Resources of the World, 2015」(2015)[7]をもとに作成

　資源枯渇の懸念が薄れた要因に、銅資源の探査技術の向上に加え、採掘技術、製錬技術の向上が考えられるが、銅価格の上昇も大きな要因として考えられる。
　銅の価格は、ここ20年の間に細かな上昇下降はありつつも、**図A3.2** に示すように、安定した市場在庫を保持しつつも右肩上がりの傾向を示している。

付録3 ── 次世代ヒートポンプ技術の資源循環

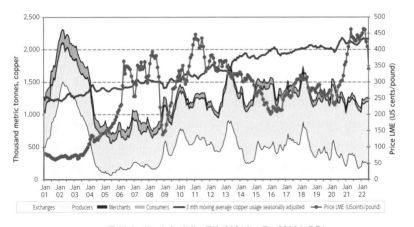

図A3.2 銅の在庫・価格・用途(2001年1月〜2022年7月)
注)銅の重量単位:千メトリックトン/価格単位:LME価格(米セント/ポンド)
出典:ICSG「THE WORLD COPPER FACTBOOK 2022」^[8]をもとに作成

今後の採掘対象として期待される鉱床には、海底火山の近くで形成される「海底熱水鉱床」のような従来の採掘コストでは対応できない鉱床も含まれている。また、銅価格の上昇により、銅鉱石の採掘にかかるコストを吸収できる経済的な要因が大きく影響し、可採鉱床が徐々に拡大していることが、可採量²拡大の大きな要因と考えられる。

銅はヒートポンプ技術で熱交換器や配管などの主要部材として使われ、銅価格の上昇は製造コストに与える影響が大きく、注目すべき課題といえる。枯渇懸念があったため、さまざまな検討がされているが^[9]、前述のように銅価格は上昇傾向にあり、リサイクルコストを吸収しやすい環境が整っていくと考えられる。積極的なリサイクル材料の活用は、価格の安定に有効な手段と考えられるため、今後はさらなるリサイクル材料の活用が見込まれる。

さらに、銅はリサイクルに適した材料であることから、以前より材料をリサイクルする仕組みづくりが進められ、マテリアルフローアナリシス(MFA)による資源循環の分析なども進められている(**図A3.3**)。

2 **可採量** 現在の技術や経済面から、採掘できる鉱石や原油などの量。可採量を基にし、原料を採掘する山の取り引きが行われるため、企業の計画全般の基本として扱われる。

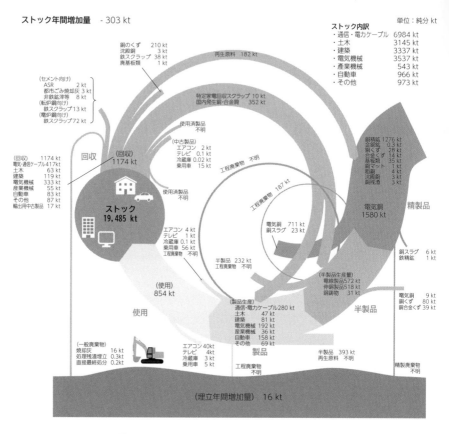

ストック年間増加量 - 303 kt

単位：純分 kt

ストック内訳
・通信・電力ケーブル 6984 kt
・土木 3145 kt
・建築 3337 kt
・電気機械 3537 kt
・産業機械 543 kt
・自動車 966 kt
・その他 973 kt

銅のくず 210 kt
沈殿銅 3 kt
鉄スクラップ 38 kt
廃基板類 1 kt

再生原料 182 kt

(セメント向け)
ASR 2 kt
都市ごみ焼却灰 3 kt
非鉄鉱滓等 8 kt
(転炉鋼向け)
鉄スクラップ 13 kt
(電炉鋼向け)
鉄スクラップ 72 kt

特定電回収スクラップ 10 kt
国内発生銅・合金屑 352 kt

(回収) 1174 kt
電気・通信ケーブル 417kt
土木 63 kt
建築 119 kt
電気機械 333 kt
自動車 55 kt
その他 87 kt
輸出用中古製品 17 kt

回収

(回収) 1174 kt

使用済製品 不明

(中古製品)
エアコン 2 kt
テレビ 0.1 kt
冷蔵庫 0.02 kt
乗用車 15 kt

工程廃棄物 不明

ストック 19,485 kt

使用済製品 不明

エアコン 4 kt
テレビ 1 kt
冷蔵庫 0.1 kt
乗用車 56 kt
工程廃棄物 不明

工程廃棄物 187 kt

電気銅 711 kt
銅スラグ 23 kt

電気銅 1580 kt

精製品

銅精鉱 1276 kt
合金屑 0.3 kt
銅くず 28 kt
合金くず 14 kt
廃マット 35 kt
短銅 4 kt
沈殿銅 2 kt
銅滓渣 3 kt

銅スラグ 6 kt
鉄精鉱 1 kt

半製品 232 kt
工程廃棄物 不明

(半製品生産量)
電線製品 572kt
伸銅製品 518 kt
銅鋳物 31 kt

電気銅 9 kt
銅くず 80 kt
銅合金くず 39 kt

(使用) 854 kt

使用

(製品生産)
通信・電力ケーブル 280 kt
土木 47 kt
建築 81 kt
電気機械 192 kt
産業機械 36 kt
自動車 158 kt
その他 69 kt

製品

半製品

半製品 393 kt
再生原料 不明

精製廃棄物 不明

(一般廃棄物)
焼却灰 16 kt
処理残渣埋立 0.3kt
直接最終処分 0.2kt

エアコン 40kt
テレビ 4kt
冷蔵庫 2kt
乗用車 5 kt

工程廃棄物 不明

(埋立年間増加量) 16 kt

図A3.3 日本国内の銅のストックとマテリアルフロー推計
出典：三菱UFJリサーチ＆コンサルティング株式会社「令和3年度鉱物資源リサイクルフロー・ストック調査
調査結果の概要」(2022)[10] をもとに作成

図A3.3 などの分析から、銅のリサイクルに優れた特性を活かし、積極的な回収と再生利用が進められていることがわかる。ヒートポンプ製品から回収された銅は、破砕処理が中心のマテリアルリサイクルであることから、再びヒートポンプ機器の部品として再生される割合は不明である。

　他方で今後の大きな社会情勢の変化として、モビリティの電動化が予想され、高品位な銅資源が、より製品単価の高いモビリティ分野へ仕向けられることになれば、銅の需給はよりひっ迫することになる。

　上記の状況を踏まえると、リサイクル材を積極的に確保するため、ヒートポンプ機器から廃材をヒートポンプ部品の材料として再使用する「水平リサイクル」の割合を増やす必要がある。これにより、ヒートポンプ機器の設計や製造での材

料を選択する自由度を確保するとともに、価格や製品の品質の安定に望ましい循環が期待できる。

［2］ 資源としての樹脂の重要性

樹脂の原料である石油は、可採量に制限がある資源としてよく知られているが、カーボンニュートラルの実現に向けては、化石資源を由来とする樹脂の使用の削減や、樹脂の資源循環が注目されている。

樹脂材料のマテリアルフローを<u>図A3.4</u>に示す。マテリアルリサイクルの割合は22%に対し、熱利用（サーマルリサイクル）に使われる量は約63%と多い。ただし、樹脂原料となる石油を直接燃料として使用するのではなく、一度別の目的で使用し、廃棄された樹脂製品を、燃料としての熱にも利用される。

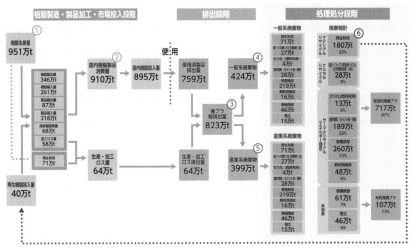

・・・・ 生産ロス量は樹脂生産量の外数である。
・・・・ 再生樹脂投入量（再生製品国内循環利用量）は、前年の再生利用量177万tから輸出分131万tおよび
・・・・ 廃PETボトルから繊維に再利用された7万tを除いた40万tを当年の量とした。
　　　使用済製品排出量は需要分野別国内樹脂投入量（1976年からの各年使用量）および新需要分野別
　　　製品排出モデル（100年排出モデル：2017年当協会策定）から当協会推算システムで算出した。

① から⑥は次ページのグラフに対応する。
③「廃プラ総排出量」は ④「一般系廃棄物」と ⑤「産業系廃棄物」に分類される。
④「一般系廃棄物」には、一般廃棄物の他に、事業系（自主回収）ルートのPETボトルと白色トレイ、容り協ルートの処理残渣および事業系一般廃棄物に混入する廃プラスチックを含む。
⑤「産業系廃棄物」には、未使用の「生産・加工ロス」および有価で取引きされる廃プラスチックを含む。
⑥リサイクル生成物の用途により、ガス化を化学原料利用と燃料利用に分け、化学原料利用はケミカルリサイクルに、燃料利用はリーマルリサイクルに含めた。

図A3.4 2022年 プラスチック製品のマテリアルフロー図
出典：一般社団法人プラスチック循環利用協会「2022年 プラスチック製品の生産・廃棄・再資源化・処理処分の
状況 マテリアルフロー図」(2023)[11]をもとに作成

マテリアルリサイクルの課題として、バージン材料と同等の品質を満たすために、よりコストを要する工程が必要な場合がある。一方で、化石資源由来のバージン材料価格の変動により、リサイクル材料のコストメリットを安定的に創出しにくいことが挙げられる。

飲料用ペットボトルに着目すると、2022年にはリサイクル率が86.9%に達し[12]、樹脂製品の中で最もリサイクル率が高く、ボトルtoボトル[3]も2022年には約44.6%に達している[13]。

2012年には13%程度だったボトルtoボトルの割合が、以後5〜6年で大幅に改善が進んでいる。関連業界の技術開発努力がよくわかるとともに、「使用目的が同じ同質の樹脂」を選択的に回収し、再生することが再生利用後の品質の維持・安定にも大きく寄与するといえる。

ヒートポンプに使用される樹脂材料は、部品の機能性、コスト、安定した品質の確保などに主眼を置いて、材質の選択が行われている。

異なる材質の部品(部位)を組み合わせて機器が製造されるケースが多いが、一般の消費者に、リサイクル率の向上を理由に製品の品位低下や機能削減、使いやすさの悪化などを納得してもらうことは、現状、非常に困難である。そのため、部材ごとに材質を揃えることは、容易ではない。

しかし、今後、ヒートポンプ機器に使用する樹脂材料を検討する際は、環境負荷の低減可能性も材料選択の指標となると考えられる。バイオマスプラスチック、リサイクル材、樹脂以外の素材など、材料の選択を見直すことは、重要な設計課題になる。

［3］ ヒートポンプ機器に使用する素材の環境影響評価

資源循環が行われることで、環境負荷の影響を低減する、さまざまな検討がされている。

関与物質総量[4](TMR)を指標に用いた家庭用エアコンの性能変遷と資源利用の関係性を検討した報告[14]によると、熱交換器や配管に多く使用される銅合金が85%ほどを占め、大きな環境負荷要因となっている。これは、銅採掘における環境負荷の高さを端的に示しているといえる。

3　**ボトルtoボトル**　廃棄ペットボトルが再度ペットボトル材料として使われる割合。

4　**関与物質総量**　TMR(Total Material Requirement)とも表記される。関与物質総量は、資源の採取などにより、目的以外に採取、採掘された資源や廃棄物などで排出される「隠れたフロー」を含んだ資源のこと。源利用の持続可能性や、地球規模で与える環境負荷を定量的に表すための目安の1つ。

しかし、年々の性能改善による使用段階のエネルギー消費量の低減に対し[15]、性能の改善による熱交換器の大型化などにより、資源効率が悪化している可能性が考えられる。

また、業務用空調機（ビル用マルチエアコン）の代表機種1システム（室外機1機、室内機4機）を対象に、LCAの観点から製造時の環境負荷を分析した事例を**図A3.5**と**表A3.2**に示す。

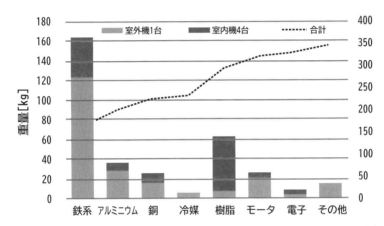

図A3.5 業務用空調機の代表機種1システム（室外機1機、室内機4機）を対象とした素材ごとの重量構成
注）工場出荷時重量構成
出典：西澤 孝行（ダイキン工業株式会社）他
「業務用空調機における製造段階の環境負荷に関するホットスポット分析」(2022)[16]をもとに作成

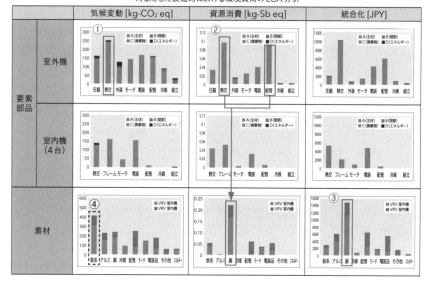

出典：西澤 孝行(ダイキン工業株式会社)他
「業務用空調機における製造段階の環境負荷に関するホットスポット分析」(2022)[17]をもとに作成

付録
3

次世代ヒートポンプ技術の資源循環

LCA試算手法は、現在も活発に研究が進められ、今後もさまざまな環境影響の算定モデルが提案されることが予想される。最新のモデルが最良のモデルであると考えられるが、適切な算定条件設定がされた「公正、公平なLCA手法」の利用が必要だと考えられる。

ISO14040、ISO14044[5]に準拠したLCA手法であることを前提としつつ、ヒートポンプ機器に適合性を高めた手法の規格化など、公正さを担保する仕組みの構築が望まれる。

表A3.2の評価は、日本版の被害想定型影響評価法のLIME3[6]を用いて評価された例である。表中の内容をまとめると、次の通りになる。

気候変動インパクト	フットプリントとしてのGHG排出量を評価したもので、素材としては鉄系の影響が大きい。
資源消費	地殻にある物質のアンチモン(Sb)を基準に枯渇の影響を評価し、素材としては、銅の影響が大きい。
統合化	社会的影響を単一指標である金額に換算し、総合的な社会コストを算出したもので、銅の影響が大きい。

この結果を踏まえると、ヒートポンプ機器への銅の使用による環境影響が大きい。言い換えれば、銅のリサイクルによる環境負荷低減の効果が大きい可能性がある。ヒートポンプ機器に使用される銅を適切に回収し、リサイクルループへ確実に乗せることが重要といえる。

また、さらに踏み込んだ手段としてアルミニウムや樹脂など、より環境負荷の低い材料への置き換えもあわせて検討し、持続可能な製品の在り方を継続的に検討していく必要がある。

5　**ISO14040／ISO14044**　国際標準化機構で定めたLCAに関連した規定。ISO14040は「環境マネジメント－ライフサイクルアセスメント－原則及び枠組み」、ISO14044は「環境マネジメント－ライフサイクルアセスメント－要求事項及び指針」となる。日本産業規格では、それぞれJIS-Q-14040、JIS-Q-14044と表記される。

6　**LIME3**　Life cycle Impact assessment Method based on Eco-point modelingの略称。

冷媒の循環課題を考える際に、冷媒の回収課題を避けて通ることはできない。ここでは、冷媒も循環利用すべき資源の1つであるという視点で解説する。

［ 1 ］ 資源としての冷媒の重要性

❶ 世界の採掘される冷媒の資源

　一般的にヒートポンプ技術用の冷媒として用いられるフルオロカーボン(FC)は、炭素とフッ素の化合物であり、化学構造や組成の違いから、市場ではハイドロクロロフルオロカーボン (HCFC)、ハイドロフルオロカーボン (HFC)、ハイドロフルオロオレフィン(HFO)など、多くの種類が使用されている。フルオロカーボンは、主にアシッドグレードの蛍石[7]、もしくはフッ化水素を原料として製造される。

　蛍石は鉱物資源として採掘されるが、資源の偏在が大きい鉱物資源として知られている。**図A3.6**に示すとおり、メキシコ、中国、南アフリカの3カ国で埋蔵量の約半数を保有し、6割以上が中国で生産され、特定の国が寡占する状態が発生している。

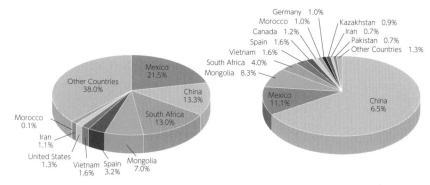

図A3.6　国別蛍石埋蔵量(合計320,000 純分千t)・国別蛍石生産量(合計8,240 純分千t (2020))
出典：U.S. Department of the Interior／U.S. Geological Survey
「Mineral Commodity Summaries 2022」(2022)[18]をもとに作成

7　**アシッドグレードの蛍石**　CaF2含有率が97％以上まで品位が高められた蛍石であり、CaF2含有率が97％以下のものは「冶金・セラミックグレード」と呼ばれ、他用途に使われる。

埋蔵量に対する生産量を考えると、資源枯渇を憂慮する状況にはないと思われるが、極端な資源の偏在は、昨今のウクライナ侵攻のような地政学的な理由などにより、供給障害の発生も憂慮される。資源の物量的、価格的な安定供給を考えた場合、好ましい状況とはいえない。

❷ フッ素の素材としての可能性

　フッ素は蛍石だけではなく、フッ化水素などさまざまな形態で輸入される(**図A3.7**)。アシッドグレード蛍石も輸入後に一旦フッ化水素に一次加工してから、フルオロカーボンや樹脂、ゴムなどに再加工される。

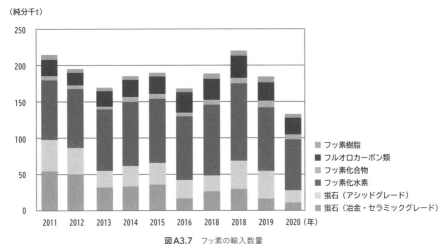

（純分千t）

図A3.7 フッ素の輸入数量
出典：独立行政法人エネルギー・金属鉱物資源機構(JOGMEC)
JOGMEC「鉱物資源マテリアルフロー　2021 25.フッ素(F)」(2023)[19]をもとに作成

　蛍石の需要の約4割が冷媒、発泡剤、洗浄剤などに使われるフルオロカーボンで、他は二次製品としてフッ素樹脂やフッ素ゴムで主に自動車部品に使われる。
　また、半導体洗浄剤(ウェットエッチング、ウェット洗浄など)やリチウムイオン電池などにも使用され、フッ素は多様なニーズがある素材といえる(**図A3.8**)。

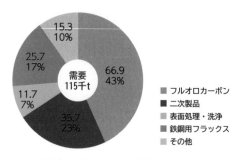

図A3.8　蛍石 (CaF2) の国内需要 (2017 年)
出典：独立行政法人エネルギー・金属鉱物資源機構 (JOGMEC)
「鉱物資源マテリアルフロー 2017」(2017)[20]をもとに作成

　<u>図A3.9</u>に示すとおり、日本は冷媒原料としてのフッ素の多くを中国からの輸入に依存し、輸入量全体の約88%、フッ化水素だけをとると98%超を中国に依存している。第二の輸入国であるベトナムは、近年蛍石の輸入量増加は著しいものの、中国からの輸入量には程遠い状況にある。

　このように、フロン冷媒の資源は中国に過度に偏在し、その状況を変えるのは技術的にもコスト的にも難しいのが現状である。また、冷媒に限らず、半導体や自動車用途などにも使用されている貴重な輸入資源と位置付けられる。

　中国の動向によっては、供給に支障の出るリスクが大きいと考えられ、安定的な調達は大切な課題の1つといえる。

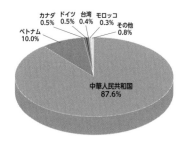

注釈) 蛍石のうちアシッドグレードは47.4%、フッ化水素は95%とした。これは、独立行政法人エネルギー・金属鉱物資源機構
　　　（JOGMEC）「鉱物資源マテリアルフロー 2021 25. フッ素 (F)」で使用されている値である。
出所) 財務省貿易統計「A-1 品別国別表」輸出入の指定：輸入、 統計年月の指定：年内の累計, 2021, 年 (1-12月)、品目の指定：
　　　参照指定, 2529.22-000, 2811.11-000<https://www.customs.go.jp/toukei/srch/index.htm?M=01&P=0>より作成

　図A3.9　フッ素の相手国別の輸入比率(蛍石(冶金・セラミックグレード)、蛍石(アシッドグレード)、フッ化水素のフッ
素純分重量の合計)(2021 年)
出典：財務省貿易統計「A-1 品別国別表」[21]をもとに作成
注) 蛍石のうちアシッドグレードは47.4%、フッ化水素は95%とした。これは、独立行政法人エネルギー・金属鉱物資源
機構（JOGMEC）「鉱物資源マテリアルフロー 2021 25. フッ素 (F)」で使用されている値である
調査結果の概要」(2022)[10]をもとに作成

図A3.9で示しているのは、蛍石(冶金・セラミックグレード)、蛍石(アシッドグレード)、フッ化水素のフッ素純分重量の合計である。蛍石のうちアシッドグレードは47.4%、フッ化水素は95%とした。これは、独立行政法人エネルギー・金属鉱物資源機構(JOGMEC)「鉱物資源マテリアルフロー2021 25.フッ素(F)」で使用されている値である。

［2］ 冷媒の再生利用促進に向けた取り組み

❶ デジタルプラットフォームの構築
　6章で挙げた、機器使用時の冷媒漏えいや廃棄時の排出を抑制し、冷媒回収を徹底することに加え、回収した冷媒を破壊処理してしまわないよう、再生処理を促進するなど、使用者の意識を改善していくことも重要といえる。
　冷媒の大切さを意識した無駄にしない仕組みづくりとしてダイキン工業株式会社は、冷媒を可視化することによって価値を創出し、バリューチェーン構築の提案、運用への取り組みを始めている(**図A3.10**)。

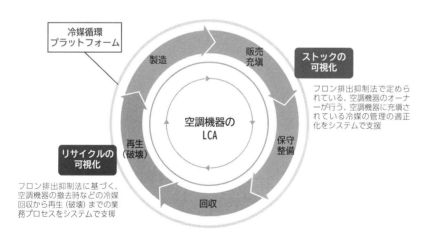

図A3.10　冷媒循環デジタルプラットフォームの概要
出典:ダイキン工業株式会社「冷媒循環のデジタルプラットフォームの実証実験を開始」(2022)[22]をもとに作成

冷媒循環のデジタルプラットフォームを開発し、ブロックチェーン技術の活用により、冷媒の製造から回収・再生・破壊までの循環サイクル全体の情報をつなぎ、冷媒充填時や機器の使用期間中の情報管理と回収・再生プロセスの可視化を行う。これにより、使用されている冷媒量や来歴、品質の透明性を担保する仕組みが提案されている。

循環サイクルでの数量管理が実現することで、冷媒漏えい量や排出量が可視化されるため、使用者の意識向上と漏えいや排出防止に向けた行動変容を促せる有効な手段になると考えられる。

❷ 蛍石の再資源化への取り組み

また、回収した冷媒を冷媒として再利用するだけではなく、水蒸気と空気で分解し、分解ガスを安価な炭酸カルシウムと反応させ、乾式で蛍石(CaF_2)として再資源化する技術の開発も進んでいる[23]。こういった手法を活用することで、再利用に適さない冷媒を、再び他のフロン製品の材料として利用できる可能性が広がる。

ただし、現在の天然資源を使用したフロンガス製造方法に対する価格競争力の確保は、大きな課題といえる。フッ素のリサイクル技術の経済性を改善する開発の事例も見られるが[24]、その用途は、蛍石レンズなど高価な原料を必要とする目的に限られている。それでも、コスト優位性確保には苦心している様子がうかがえる[25]。

付録 3.4 > 家庭用と業務用エアコン 使用済み機器の回収

［1］ 家庭用エアコンの回収状況

❶ 法律による回収の課題

　ルームエアコンは、「特定家庭用機器再商品化法」(家電リサイクル法)[26]の対象機器として、リサイクルの取り組みが進められている。業務用エアコン(店舗用パッケージエアコン、ビル用マルチエアコンなど)、店舗用ショーケースなどは、フロン排出抑制法[27]のもとで、使用済機器の引渡しと冷媒回収の取り組みが進められている。

　ルームエアコンは、家電リサイクル法に基づき、消費者がルームエアコンを廃棄する際に、消費者がリサイクル料金、収集・運搬料金を支払うことで、小売業者などに引き取られる。引き取られた廃家電製品は、家電リサイクルプラントで再商品化などの処置が義務付けられている。

　法の施行にともない、毎年のリサイクル実施状況が報告され、家電リサイクル法の対象製品4品目について、出荷台数ベース回収率の経年変化が示されている(**図A3.11**)。

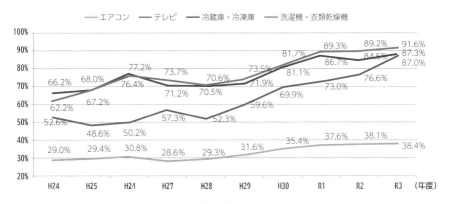

図A3.11　4品目別の回収率の経年比較(出荷台数当たり)

出典：経済産業省／環境省「令和3年度における家電リサイクル法に基づくリサイクルの実施状況等について」(2023)[28]
をもとに作成

4品目はともに、年々引き取り量が増加する傾向だが、ルームエアコンの回収率は2020年の時点で38.1％である。他の家電3品目の半分以下となり、回収率の低さが目立つ。

❷ 廃棄品からリサイクルする難しさ

　図A3.12に示すルームエアコンの廃棄品フロー分析を見ると、消費者から排出された機器のうち、機器の指定引取場所での引き取りや廃棄物処分許可業者を経由して再商品化される物量は、38.2％しかない。スクラップ業者やヤード業者を経由したスクラップ化、海外リユースへ流れる物量が多いことがわかる。

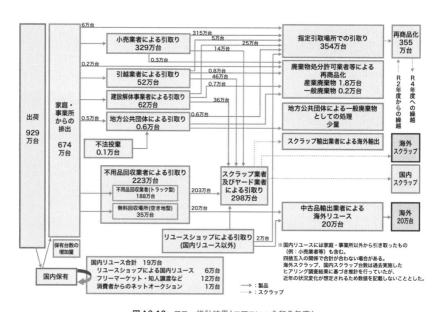

図A3.12　フロー推計結果（エアコン：令和3年度）
出典：経済産業省／環境省「令和3年度における家電リサイクル法に基づくリサイクルの実施状況等について」(2023)[29]をもとに作成

　この背景には、金属資源の値上がりによる銅の買い取り価格上昇により、ルームエアコンに多量の銅が使用されていることを知り、「お金を払ってリサイクルに回す」ことよりも、「金属くずとしてスクラップ業者に販売する」ことを選択している可能性が考えられる。

③ 再商品化の課題

　なお、家電リサイクル法が想定する再商品化とは、解体・破砕などの処理を施したあとに、部品や材料を回収し、これを再度利用することであり、スクラップ材料としての材料リサイクルを指している。よって、機器そのものや機器の構成部品を中古品として再利用する行為は、「再商品化」に含まれない[30]。中古品として再使用される場合には、国内、海外を問わず家電リサイクル法の対象から外れることになる。

　図A3.12のフローからも、海外輸出20万台、国内リユース19万台と再利用も多く行われていることがわかる。ただし、その後に適切な廃棄処理が行われているかは、把握できていないと思われる。

　ネットオークションやフリーマーケットサイトなど、個人が中古品として販売できる手段も多様化し、多数の出品を確認できる。金銭支払いが生じるリサイクルという手段を選択しない消費者が増加しやすい環境により、回収率が低迷している可能性は否定できない。

　他方で、家電量販店が小売店を中心とし、リソースサーキュレーション（資源循環）を目的にした家電のリユースビジネス開拓事例[31]も見られる。積極的な機器単位、部品単位のリユースを含め、コストに見合った製品、部品としての寿命を使い切る仕組みの構築をいかに促進していくかが鍵といえる。

　また、従前の仕組みを前提に作られた家電リサイクル法は、紙で運用することを前提として考えられた仕組みである。このことから、現時点では手続きの煩雑さは否定できず、廃棄時にユーザーがリサイクルを選択しやすい環境が整っているとはいいにくい状況にある（**図A3.13**）。

3・4 ── 家庭用と業務用エアコン使用済み機器の回収

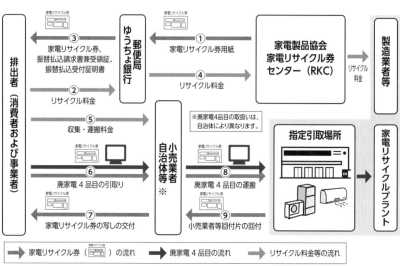

図A3.13 「料金郵便局振込方式」の家電リサイクル券とそれを用いた手続きフロー

出典：一般財団法人 家電製品協会「家電リサイクル　年次報告書　2021年（令和3年）度版［第21期］」(2022)[32][33]
をもとに作成

[2] 家庭用エアコンの回収率改善に向けた課題

使用済の家庭用エアコンの回収率を向上させる取り組みは、環境省と経産省が合同で開催されている会合の中で検討されている[34]。

図A3.14に示す事業者による家庭用エアコンの保有構造から、事業者が保有する家庭用エアコンの割合は2～3割程度ほど存在し、その運用形態は多岐にわたることがわかる。

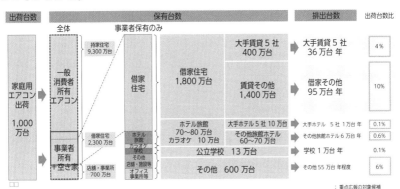

図A3.14 家庭用エアコンの事業者による保有構造

出典：経済産業省「使用済エアコンの回収率向上に向けた普及啓発及び実態調査に関する取組」(2021)[35]をもとに作成

一方で、**図A3.15**に示す事業者の家庭用エアコンの廃棄方法から、家電リサイクル法に沿い、リサイクル券を利用した廃棄がされているケースは、約20％に過ぎないことがわかる。

図A3.15で示す家庭用エアコンを廃棄した調査対象の事業者は、賃貸管理業者、旅館・ホテル業などで、約2,500社へ調査を行い、回答のあった224社(家庭用エアコンを処分した経験のある者)についてまとめている。224社中のうち71％の159社が、産廃処分許可業者へ処理を委託、または何らかの形で任せている。

また、産廃処分許可業者側で、家電の廃掃法に基づく産廃処理に当たっては、資源の分離回収やフロン類の回収・破壊などを含めた特別な処理基準(環境省告示第五十六号)が設けられている。環境省の調査では、全国の産廃処分許可業者38社へ調査を行い、回答があった家電の処理基準に適合した処理を実施している業者は、確認できている19社中のうち26％の5社で、多くが家電の処理基準に満たない処理を行っている可能性がある。一方で、調査への回答がなかった産廃処分許可業者は、家電の処理基準に適合した処理を実施しているかどうか確認できなかった。

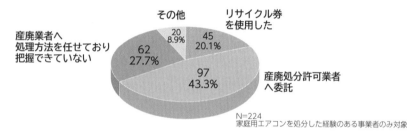

N=224
家庭用エアコンを処分した経験のある事業者のみ対象

※1 調査対象の事業者は、賃貸管理業者、旅館・ホテル業等であり、約2,500社へ調査を行い、回答のあった224社（家庭用エアコンを処分した経験のある者）について、上記のとおりまとめている。
※2 家電の廃掃法に基づく廃棄処理に当たっては、資源の分離回収やフロン類の回収・破壊などを含めた特別な処理基準（環境省告示第五十六号）が設けられており、環境省の調査では、全国の産廃処分許可業者38社へ調査を行い回答があった19社のうちエアコンの取り扱いのある5業者で、その基準が守られていることが確認できた。一方で調査へ回答のなかった産廃処分許可業者は、家電の処理基準に適合した処理を実施しているかどうか確認できなかった。

図A3.15 事業者における家庭用エアコンの廃棄方法に関するアンケート結果
出典：経済産業省「使用済エアコンの回収率向上に向けた普及啓発及び実態調査に関する取組」(2021)[36]
をもとに作成

こうした事態が生じている要因も分析され、排出者が家電リサイクル券自体を知らないケースや、事業者もリサイクル券を利用できることを知らないケースが存在する。さらに、購入と廃棄に関わる業者が別々のケースの存在、リフォーム、解体工事の際に廃材処理と一緒に業者へ委託されてしまっているケースなど、さまざまな指摘がされている。

最も大きな要因として考えられるのは、製品の販売から廃棄に至るフローが非常に複雑で販売者・所有者・使用者が重層的なことである（**図A3.16**）。誰が家電リサイクル法での「小売業者」なのかが曖昧であることが挙げられる。その結果、廃棄に当たっての責任者も曖昧になり、正しい処理ルートに乗らないケースが発生する。

また、近年空き家の増加が指摘され、問題視されているが[37]、空き家とともに放置された古い家庭用エアコンの存在も、所有者が曖昧になっている例と考えられる。

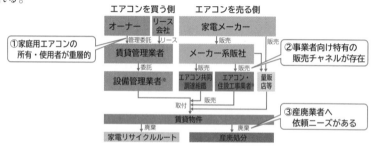

図A3.16 製品の販売から廃棄に至るフロー：賃貸管理業者の一例
出典：経済産業省「使用済エアコンの回収率向上に向けた普及啓発及び実態調査に関する取組」(2021)[38]をもとに作成

［3］ 機器回収後の処理状況

経済産業省がまとめたリサイクルの実施状況から、ルームエアコンの機器回収後の再商品化率は92％と、法定基準の80％を大きく上回り、他の品目と比べても高いことがわかる（**図A3.17**）。

さらに、家電メーカーとして独自にリサイクルプラントを持ち、積極的な資源リサイクルに取り組んでいる事例もある[39][40]。これらリサイクルプラントでのルームエアコンの再商品化率は、約93〜95％という高い水準となっている[41][42]。

したがって、ルームエアコンが持つ課題として、まずは、回収率の引き上げに着目することが重要である。加えて、回収後の製品単位、部品単位のリユースを含めた多様な再利用手段を揃えていく必要がある。その際、より再利用を行いやすくするための手法の1つとして、易解体設計[8]などの開発、設計段階での打ち手も重要になってくる。

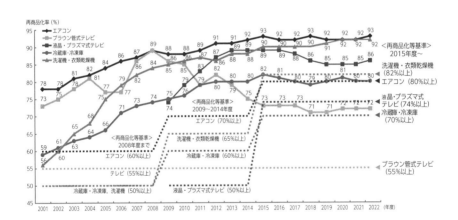

図A3.17 製造業者等における再商品化率の推移
出典：一般財団法人家電製品協会「2022年版　家電リサイクル年次報告書」(2023)[43]をもとに作成

8　**易解体設計**　設計段階から、製品の解体についても考えておくこと。壊しやすいつくりにすることで、解体作業がしやすく、リサイクル効率も上がる。銅などの希少金属などの資源循環を促進する上でも解体、分別しやすい設計を行う必要がある。

［4］業務用ヒートポンプ機器の回収状況

　家電リサイクル法の縛りを受けない他のヒートポンプ機器は、フロン排出抑制法による廃棄時の冷媒管理義務が存在し、冷媒の回収と再生によるリサイクル利用もしくは破壊による無害化が義務付けられている。機器を整備（修理）する際の冷媒回収とその量と算定漏えい量、もしくは廃棄時の冷媒回収とその量の報告義務がある。

　冷媒の回収実績は、付録1章4節で述べたとおり、必ずしも良好な回収率が達成されているとはいえず、改善の努力が進められている。

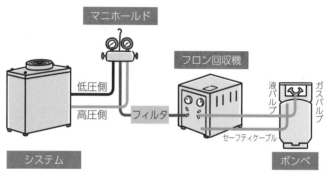

図A3.18　冷媒の回収方法
出典：経済産業省・製造産業局「フロン回収機の接続方法」[44]をもとに作成

　冷媒の処理が終わった機器は、スクラップ業者もしくはヤード業者へ引き取られ、スクラップとして材料のリサイクルが行われると考えられるが、処理状況やリサイクル率などの実態は把握されていない。この破砕された使用済の電気電子機器のリサイクルについては、課題が指摘されている[45]。使用済機器の適切な処理方法は、さらなる検討が必要といえる。

　今後、ヒートポンプ機器に採用される冷媒は、さらなる低GWP化が求められる。その中で、自然冷媒であるプロパン、アンモニアのような漏えい時の危険性が強く想定される冷媒を使用した製品が市場投入されると考えられる。その際、機器の据え付け後の使用と、整備などの管理をユーザーに委ねてしまうのではなく、廃棄に至るまで機器管理の徹底を機器製造・販売者が責任をもって果たすといった方法も検討する必要がある。それも含め、機器のライフサイクルすべてに対し、管理の責任を明確化する体制・制度を考えていく必要がある。

付録 3.5 > サプライチェーンの今後の展開

［1］ AI・IoTで広がるサプライチェーンの可能性

❶ 通信機器を活用した運転状況の把握

　家電リサイクル法やフロン排出抑制法の運用上の課題を考えていく上で、近年の通信環境の大幅な変化を、どう取り込んでいくかを抜きに語ることはできない。

　2020年頃よりWi‐Fi接続が可能なルームエアコンの普及が始まっているが、ネットワーク接続はWi‐Fi接続が整備された環境に制限される。時代のニーズに合わせて通信方法の多様化や利便性の向上、通信速度の高速化など、着実に進化している。また、2020年から商用適用が始まった5Gネットワーク以後の技術でも、継続的な通信速度の改善が見込まれている[46]。

　通信の速度や容量の改善が進むことは、通信コストを下げることにもつながる。さらに、ヒートポンプ機器の運転状況の把握が目的であれば、比較的情報量が少ない通信で済む。そのため、Wi‐Fiを介さずに個別のヒートポンプ機器を直接公衆回線へ接続する形にすることで、低コストな上、常時安定接続が担保できる。

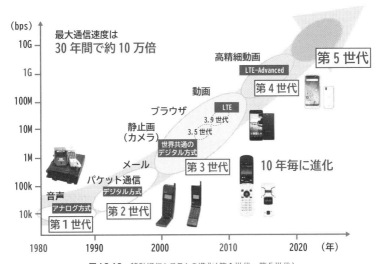

図A3.19 移動通信システムの進化（第1世代～第5世代）
出典：荻原 直彦（総務省 総合通信基盤局）「第5世代移動通信システム（5G）の今と将来展望」（2019）[46]
をもとに作成

　また、2次元バーコード(QRコード)の使用などにより、製造ロット単位のトレーサビリティ情報を含む多量の情報を、効率よく保持できるようになっている。コネクテッドな機器から得られる「使われ方」の情報や不具合情報などを組み合わせ、ビッグデータの解析を行うことで、製品や部品の損耗度を推定できる可能性がある。

　これにより、製品や部品のリユースを進める際、ユーザーが中古部品の再利用に対して持つ懸念を払拭できる可能性が広がる。製品としてリユースはできなくても部品単位のリユースは可能、などの判断もしやすくなる。そのため、リユースの可能性を広げることに大きく役立つだけではなく、リサイクル部品としての価格を判断する基準としての活用も考えられる。

　加えて、機器の運用情報を集積したビッグデータに対し、AIによる稼働状況の把握と管理を行う。その際、ブロックチェーン技術の活用による管理者とユーザー情報などの個人情報を含む秘密保持を徹底することで、機器の確実な個別管理と使用者に関する秘密情報保護の両立が可能になる。

　このようなデータ活用は、リユース促進と確実なリサイクルの実現を強力に後押しする。サプライチェーンを包括したデータ活用の基盤となる仕組みの構築は、極めて重要な取り組みといえ、産官学の連携による効率的な仕組みの設計の推進が期待される。

　その中でも、RaMS[9]や、ダイキン工業株式会社が取り組みを開始した冷媒循環デジタルプラットフォームは、ネットワークの利点を活かした管理、手続き作業の簡略化や、ブロックチェーン技術などの新しい技術を活用することを通じて新たな価値を創出する具体的な取り組みといえる。

9　**RaMS**　フロン排出抑制法に対応した、SaaSとして提供されている冷媒管理システム。

全体最適を目指す循環型サプライチェーンの構築

ヒートポンプ機器は、今後もエネルギー消費効率の高さを活かし、活用の幅を広げていくと考えられる。そのような状況下で、省エネや環境負荷の低減を進めつつ、ヒートポンプ機器が快適な生活の維持に貢献していくために必要となる「循環型サプライチェーン」のあるべき姿を考える。

ここでは、3つのシナリオを示すが、「全体最適を目指す手段であること」を前提に、シナリオに共通して考慮すべき課題を次にまとめる。

❶	製品の確実な回収を可能にすること	回収率の改善
❷	製品、部品としての寿命の使い切りに貢献する仕組みであること	適切なマテリアルリサイクルとリユース促進の両立
❸	経済合理性を確保できるアイデアであること	永続性の担保
❹	利用者がメリットを実感できる方策であること	ユーザーメリットの確保

[1] シナリオ1：リース・サブスクリプションサービスの導入

製品の確実な回収を可能にするためには、すべての機器の管理を厳密に行う必要がある。従来どおりの「機器売りビジネス」では、所有権が利用者に移行してしまうため、販売後に販売者が厳密に機器管理することは難しい。

また、業務用ヒートポンプや一般家庭で使用されない家庭用エアコン(ルームエアコン)などは、納入ルートが複雑な多層構造になっていることから、利用者と所有者が異なる場合も多い。こうしたケースの存在が、機器や冷媒の回収率改善を妨げていることが明確になっている。

上記の課題を解消する1つの方策として、リース形式やサブスクリプションサービスを導入することによって、機器管理者(利用終了段階での適切な処理を行う責任者)を明確にすることが考えられる。

ルームエアコンのサブスクリプションサービス[47]や、産業用ヒートポンプのレンタルサービス[48]など、すでに先行の事例も見られる。今後、それぞれの機器がコネクテッドになっていくことを考えれば、機器の個体管理の自由度向上も期待でき、稼働状況をより正確に把握することも可能になる。

さらに、大規模に収集された情報から適切な製品や部品の残存寿命を推定することが可能になれば、利用者に対してリユース機器と部品の価値(使用履歴など

の情報も含む)を適切に説明できる。そのため、サブスクリプションサービスでのリユース品の適切な価値付けが可能になる。これは、ユーザーに対してリユース機器や部品への懸念の払拭や、利用時のメリットの訴求と、適切な価値付けによるビジネスメリットの確保を両立させられると考える。

　一方で、家庭用エアコンなどに対しては、現状の商流を大きく変化させる方策であり、ビジネス上の解決すべき課題は多い。また、サブスクリプションビジネスに参入する企業にとって、顧客の維持が極めて困難な課題であることも明確になっている[49]。顧客維持率の向上に成功する企業は、20％程度に限られるという調査分析からも[50]、サブスクリプションを導入すれば課題が解決すると容易にいえるわけではなく、システム設計などに慎重な検討が必要である。

［2］　シナリオ2：「個体管理システム」の導入による市場機器管理の厳格化

　現状の商流のよい部分を残しつつ、課題に対する答えを見出していく方策として、すべてのヒートポンプ機器をコネクテッドにすることを前提とした「個体管理システム」の導入が考えられる。

　「個体管理システム」とは、デジタルプロダクトパスポートで扱うような機器の属性を管理するだけではなく、機器の所在地や所有者、冷媒の充填などを含む管理状況も記録し、外部から参照可能とするものである。

　このケースでは、機器管理は利用者の責任であり、多層的な所有・利用構造を持つ機器では、特に、機器管理責任者の特定が重要である。法規化などを通じて、ヒートポンプ機器に対して設定した機器管理責任者を追跡できるようにすることで、使用済機器の確実な回収を実現させる。

　この際、利用者の個人情報保護に対する配慮が必要となる。付録3章3節で述べた冷媒循環デジタルプラットフォームでも使われていたブロックチェーン技術の活用などにより、すでに、利便性と情報の厳密管理を両立できる環境は整いつつある。

　また、フロン排出抑制法では、空調・冷凍冷蔵機器の第一種特定製品(業務用冷凍空調機器)は冷媒系統毎にログブックを作成し、機器の冷媒充填・回収に係る履歴を残すことになっている。

　資源有効活用や安全性確保の観点から、このログブックの適用製品を、フロン類の使用機器だけではなく、今後想定されるR290のような可燃性冷媒やNH₃などの毒性冷媒や高圧のCO₂冷媒にも拡大する。それとともに、業務用機器だけ

ではなく、家庭用機器にも拡大することが考えられる。あわせて、冷媒回収や充填だけではなく、機器不具合の履歴なども含むより幅広い情報を記録することも有用である。そのためには、現行の法規制の適用範囲拡大に向けた整備を考えていくことも一案である。

［3］ シナリオ3：使用済機器の管理強化による循環利用促進

シナリオ1と2は既存の商流のあり方や機器管理のあり方を変える方策であるが、資源の循環利用の観点からは、使用済機器の管理強化に焦点を当てる方法も考えられる。一度使用済となった機器を回収し、機器や部品のリユース、素材のリサイクルを徹底することが、ヒートポンプの循環利用を促進するための最後のポイントである。

リユースの促進については、付録3章4節で触れたように[31]、流通業者が核となって促進している事例がある。家庭用エアコンだけではなく業務用ヒートポンプ機器の対応も考えた場合、メーカーや小売業者以外の主体がリユースを促進する仕組みを構築できれば、現状の新規機器販売の商流へ影響が少ない方策である。

また、機器ユーザーに、使用済機器をリユース、リサイクルが行いやすい処理ルートへ排出することを促すには、ユーザー側のメリットを創出する検討も必要である。特に、家庭用エアコンのリサイクルでは、廃棄時にリサイクル費用を支払う現状の仕組みでは、無償引き取りを謳う回収業者や、有価金属としてスクラップ業者へ販売してしまうユーザーの選択を抑制できない。

たとえば、機器購入時にリサイクルクーポンを機器と紐づく形で同時購入させ、リユースを前提とした機器譲渡時にはクーポン費用が払い戻される（次の利用者が費用を負担）ようなインセンティブを付与する仕組みが考えられる。ただし、現行の家電リサイクル法の見直しが必要になる可能性がある。

逆に、業務用ヒートポンプ機器に対しては、フロン排出抑制法による冷媒管理義務だけではなく、家電リサイクル法のような機器の引き渡し、リサイクルに関する法制度を整備することが考えられる。

購入時にリサイクル料金を支払う仕組みは、自動車リサイクル法などですでに導入されている。自動車リサイクル法は、フロンガス回収など類似要素も含まれていることから、運用の仕組みづくりで参考になる点は多い。

いずれにしても、循環利用の促進には、シナリオ2で述べた「個体管理システム」により、機器の所在や管理責任者が明確になる。使用済機器の回収が十分達

全体最適を目指す循環型サプライチェーンの構築

成されることが、リユース、リサイクルなどの循環利用を最大化するための前提条件である。

　これらの方策を組み合わせて、これまで述べてきたような機器ユーザーの行動変容を促す仕組み作りが重要といえる。その際は、機器の開発、製造、施工、販売など直接的な関係者の努力だけではなく、法令、規格、規定などの最適化も含め、ステークホルダー(関係者)全体が協調した包括的な取り組みが必要である。

おわりに

　以上のようにヒートポンプ技術は、カーボンニュートラルをはじめとした世界的要請の中で最重要な熱利用技術となり、「次世代ヒートポンプ技術」の実現によって未来社会の構築にも大きく貢献できることを述べてきた。ヒートポンプ技術をはじめとした熱や流体に関連する技術は、電気や情報系の技術とは違い、基盤となる理論の完成度もまだ低く、多くのノウハウが必要となる分野であり、ある意味日本が非常に得意とする分野となる。

　ヒートポンプ技術は、非常に優れた熱利用技術である反面、冷媒漏えい抑止、エネルギー起源のCO_2排出抑制、機器や冷媒を含めた資源循環の実現など多くの課題にも直面している。今後は、可燃性を有する冷媒の導入すら避けては通れない状況ともなっており、その取り扱いは、さらに難しくなる。このような難しい技術となるからこそ、周辺技術や社会システムまで含めたバリューチェーン全体を最適化した「次世代ヒートポンプ技術」の確立ができれば、引き続き、我が国がこの技術をけん引し続けられるであろう。

　一方で、相変わらず、縦割りの中で、技術開発や環境対策が進んでいる状況を見ていると楽観的見通しは立てることはできず、このような本の執筆を思い至ったところである。かつての携帯電話のようにハードウエアの性能だけでは、製品は売れないことは痛いほど経験してきたはずであるが、多くの技術分野で相変わらずユーザー目線を度外視した昭和的？製品開発が続いているのではないだろうか？AIの発展などもあり、国際的にも技術開発のスピードが急速に上がっている中で、現状では我が国が世界最高の技術を有しているような分野でも、従来の延長線上の技術開発を進めていれば、あっという間に技術の衰退すら招きかねない状況である。

　日本の科学技術が大きな岐路に立っていると言っても過言ではないが、一方で、日本人の勤勉さや日本が元来有する高度な思想や哲学、美学があれば、必ず復活のチャンスありと考えている。スティーブジョブス氏がApple社の製品に日本のZENの思想を取り入れていることで大いなる成功を収めたことは、多くの方がご存じであろう。日本は何かを持っているのである。

今回、ヒートポンプメーカーをはじめとして多くの皆様にも私の思いにご賛同いただき、一緒になって、このような本が執筆できたことは感謝の極みである。ヒートポンプ技術の今後の在り方を指し示すことを通じて、何か日本の科学技術の在り方に一石を投じられればとの思いである。

2024年3月

早稲田大学　齋藤 潔

［参考文献］

第1章

[1] 一般財団法人ヒートポンプ・蓄熱センター,「ヒートポンプ・蓄熱システムを学ぼう—ヒートポンプとは」,「ヒートポンプのしくみ」, 2023, https://www.hptcj.or.jp/study/tabid/102/Default.aspx

[2] 日立グローバルライフソリューションズ株式会社,「エアコンのしくみを知りたいです。」, 2024, https://kadenfan.hitachi.co.jp/support/ra/q_a/a19.html

[3] 一般財団法人ヒートポンプ・蓄熱センター,「高効率なヒートポンプ技術—家庭用エアコンの効率(APF:通年エネルギー消費効率)は7.0以上!」, 2023, https://www.hptcj.or.jp/study/tabid/104/Default.aspx

[4] 柴田豊,「空調機用熱交換器の高性能化における研究開発」(社団法人日本機械学会),「No.07-5 日本機械学会熱工学コンファレンス2007 講演論文集」, p.25 Fig.1, (2007), 2023, https://www.jsme.or.jp/conference/tedconf07/backuphp/conf07proc/A13-shibata.pdf

[5] 柴田豊,「空調機用熱交換器の高性能化における研究開発」(社団法人日本機械学会),「No.07-5 日本機械学会熱工学コンファレンス2007 講演論文集」, p.26 Fig.2, (2007), 2023, https://www.jsme.or.jp/conference/tedconf07/backuphp/conf07proc/A13-shibata.pdf

[6] 柴田豊,「空調機用熱交換器の高性能化における研究開発」(社団法人日本機械学会),「No.07-5 日本機械学会熱工学コンファレンス2007 講演論文集」, p.27 Fig.8, (2007), 2023, https://www.jsme.or.jp/conference/tedconf07/backuphp/conf07proc/A13-shibata.pdf

[7] 公益社団法人日本冷凍空調学会,「上級標準テキスト冷凍空調技術 冷凍編(第4版)」, p118, (2017).

[8] 公益社団法人日本冷凍空調学会,「上級標準テキスト冷凍空調技術 冷凍編(第4版)」, p129, (2017).

[9] 公益社団法人日本冷凍空調学会,「上級標準テキスト 冷凍空調技術 冷凍編(第4版)」, p.95, (2017).

[10] 株式会社鷺宮製作所, 膨張弁「温度膨張弁／中形温度膨張弁 SCX」, 2023, http://www.saginomiya.co.jp/auto/searchresult18.php

[11] 株式会社鷺宮製作所, 膨張弁「電子膨張弁 VKV」, 2023, https://www.saginomiya.co.jp/auto/searchresult21.php

[12] パナソニック株式会社,「冷却ユニット トップスリムタイプ」, 2023, https://panasonic.biz/appliance/cold_chain/prefab/pcu/topslim/

[13] 三菱重工サーマルシステムズ株式会社,「輸送冷凍機」, 2023, https://www.mhi-mth.co.jp/business/reefer-unit/

[14] パナソニック株式会社,「コンデンシング ユニット／別置形冷凍機 (R410A)」, 2023, https://panasonic.biz/appliance/condense/

[15] ダイキン工業株式会社,「ルームエアコン」, 2023, https://www.ac.daikin.co.jp/roomaircon

[16] ダイキン工業株式会社,「業務用エアコン(店舗・オフィスエアコン)『スカイエア』シリーズ」, 2023, https://www.ac.daikin.co.jp/shopoffice

[17] ダイキン工業株式会社,「壁掛け形業務用エアコンの製品特長」, 2023, https://www.ac.daikin.co.jp/shopoffice/products/indoor/wall_mounted

[18] ダイキン工業株式会社,「床置形 製品特長」, 2023, https://www.ac.daikin.co.jp/shopoffice/products/indoor/floor

[19] ダイキン工業株式会社,「VRV X シリーズ 高COPタイプ」, 2023, https://www.ac.daikin.co.jp/vrv/vrv_x_hicop

[20] ダイキン工業株式会社,「業務用マルチエアコン(ビル用マルチ) 室内ユニット」, 2023, https://www.ac.daikin.co.jp/vrv/roomunit

[21] 三菱重工サーマルシステムズ株式会社,「カーエアコン」, 2023, https://www.mhi-mth.co.jp/business/car_air_conditioning/

[22] 東芝キヤリア株式会社,「熱源システム総合カタログ」, p.157, (2022), 2023, https://www.toshiba-carrier.co.jp/support/catalog/book/bm_heat_source_system/index.html#page=159

[23] 三菱重工サーマルシステムズ株式会社,「ターボ冷凍機」, 2023, https://www.mhi-mth.co.jp/business/centrifugal-chiller/turbo-freezer/

[24] 三菱電機株式会社,「三菱 エコキュート」, 2023, https://www.mitsubishielectric.co.jp/home/ecocute/

[25] 株式会社前川製作所,「ヒートポンプ」, 2023, https://www.mayekawa.co.jp/ja/products/category/heat_pump/

[26] パナソニック株式会社,「冷却ユニット トップスリムタイプ」, 2023, https://panasonic.biz/appliance/cold_chain/prefab/pcu/topslim/

[27] ダイキン工業株式会社,「業務用エアコン(店舗・オフィスエアコン)『スカイエア』シリーズ」, 2023, https://www.ac.daikin.co.jp/shopoffice

[28] ダイキン工業株式会社,「業務用エアコン(店舗・オフィスエアコン)『スカイエア』シリーズ」, 2023, https://www.ac.daikin.co.jp/shopoffice

[29] ダイキン工業株式会社,「VRV X シリーズ 高COPタイプ」, 2023, https://www.ac.daikin.co.jp/vrv/vrv_x_hicop

[30] ダイキン工業株式会社,「業務用マルチエアコン(ビル用マルチ) 室内ユニット」, 2023, https://www.ac.daikin.co.jp/vrv/roomunit

[31] ダイキン工業株式会社,「壁掛け形業務用エアコンの製品特長」, 2023, https://www.ac.daikin.co.jp/shopoffice/products/indoor/wall_mounted

[32] ダイキン工業株式会社,「床置形 製品特長」, 2023, https://www.ac.daikin.co.jp/shopoffice/products/indoor/floor

[33] 三菱重工サーマルシステムズ株式会社,「EHP・GHP直膨エアハン LX・GAPシリーズ」, 2023, https://www.mhi-mth.co.jp/business/air-handling-unit/equipment/ehp-ghp/

[34] 三菱重工サーマルシステムズ株式会社, 空冷ヒートポンプチラー「MSV」, 2023, https://www.mhi-mth.co.jp/business/air-to-water/msv/

[35] 三菱電機株式会社, 水方式セントラル空調「水冷式冷房専用チラー 水冷コンパクトキュー

ブ」, 2023, https://www.mitsubishielectric.co.jp/ldg/ja/air/products/central/airchiller/lineup_03.html

[36] 公益社団法人日本冷凍空調学会, 「上級標準テキスト冷凍空調技術 冷凍編」, p.18(表2.1), (2017).

[37] 早稲田大学 基幹理工学部 機械科学航空学科 齋藤研究室・国際環境エネルギー総合評価研究所, 冷媒情報発信サイト(w-refrigerant.com)「冷媒とは?」, (2019), 2023, , https://w-refrigerant.com/knowledge/冷媒とは? /

[38] 環境省・フロン対策室／経済産業省・オゾン層保護等推進室, 「代替フロンに関する状況と現行の取組について」, (2021), 2023, https://www.meti.go.jp/shingikai/sankoshin/seizo_sangyo/kagaku_busshitsu/flon_godo/pdf/010_01_00.pdf

[39] ダイキン工業株式会社, 「環境講座01　エアコンの消費電力と地球温暖化」−「ヒートポンプを使った暖房のしくみ」, 2023, https://www.daikin.co.jp/csr/information/lecture/lec03

[40] 一般財団法人ヒートポンプ・蓄熱センター, 「ヒートポンプの利用範囲」, 2023, https://www.hptcj.or.jp/study/tabid/103/Default.aspx

[41] 一般社団法人日本エレクトロヒートセンター, 廃熱・未利用熱利用総合サイト 産業用ヒートポンプ.com, 「個々のプロセスに合わせた熱供給」, 2023, https://sangyo-hp.jeh-center.org/heatpump_heat_supply01.html

[42] 一般財団法人ヒートポンプ・蓄熱センター, 「ヒートポンプ・蓄熱システムは、省エネルギーと脱炭素社会の実現に貢献するキーデバイス〜『ヒートポンプ・蓄熱月間』がスタート〜」, p.4, (2022), 2023, https://www.hptcj.or.jp/Portals/0/data0/event/symposium/2022/202206271NewsReleaseInsatsuyou.pdf

[43] 株式会社日本ビジネス出版, 環境ビジネス「スーパーマーケット「ライフ」、新店舗で年54,900kWhの省エネ」, (2021), 2023, https://www.kankyo-business.jp/news/028042.php

[44] ダイキン工業株式会社, 「空気質のみまもりで安心」, 2023, https://www.ac.daikin.co.jp/shopoffice/products/safety

[45] 新晃工業株式会社, 「健康空調—施設への除菌システムの概要」, 2023, https://www.sinko.co.jp/product/health-air/

[46] 日軽パネルシステム株式会社, 「冷蔵・冷凍倉庫−冷蔵・冷凍倉庫を構成する製品」, 2023, https://www.nikkeipanel.co.jp/products/cold-storage/

[47] 農林水産省, 株式会社日鰻「INTERVIEW02　ヒートポンプを活用した養鰻池の加温システム導入でプロジェクト登録—排水熱利用+ヒートポンプ導入で大幅なCO2削減を実現」, 2023, https://www.maff.go.jp/j/kanbo/kankyo/seisaku/climate/jcredit/norinsui/interview/interview02.html

[48] 一般社団法人日本エレクトロヒートセンター, 「産業用ヒートポンプ活用ガイド」, p.4, (2017).

[49] ダイキン工業株式会社, 「おひさまエコキュート」, 2023, https://www.ac.daikin.co.jp/sumai/alldenka/solar_ecocute_zenkoku

[50] アイスマン株式会社, 「製品情報　スノーアクセラ」, 2023, https://iceman.co.jp/product/194/

第2章

[1] 経済産業省・資源エネルギー庁，「『カーボンニュートラル』って何ですか? (前編) ～いつ、誰が実現するの?」, (2021), 2023, https://www.enecho.meti.go.jp/about/special/johoteikyo/carbon_neutral_01.html

[2] 経済産業省・資源エネルギー庁，「令和3年度エネルギーに関する年次報告 (エネルギー白書2022)」，「第1節　エネルギー需給の概要」，「【第211-1-3】日本のエネルギーバランス・フロー概要 (2020年度)」, (2022), 2024, https://www.enecho.meti.go.jp/about/whitepaper/2022/html/2-1-1.html

[3] 経済産業省・資源エネルギー庁，「令和3年度エネルギーに関する年次報告 (エネルギー白書2022)」，p2, (2022), 2023, https://www.enecho.meti.go.jp/about/whitepaper/2022/pdf/2_1.pdf

[4] 経済産業省，「2050年カーボンニュートラルに伴うグリーン成長戦略」, p.6, (2021), 2023, https://www.meti.go.jp/policy/energy_environment/global_warming/ggs/pdf/green_gaiyou.pdf

[5] 経済産業省・資源エネルギー庁, 総合資源エネルギー調査会 基本政策分科会 第36回, 資料2「2050年カーボンニュートラルの実現に向けた検討」, (2021), 2023, https://www.enecho.meti.go.jp/committee/council/basic_policy_subcommittee/036/036_005.pdf

[6] 経済産業省・資源エネルギー庁，「総合エネルギー統計エネルギーバランス表(2021年度)」, (2023).

[7] 経済産業省・資源エネルギー庁，「2030年度におけるエネルギー需給の見通し(関連資料)」, (2021), 2023, https://www.meti.go.jp/press/2021/10/20211022005/20211022005-3.pdf

[8] 環境省，「地球温暖化対策計画」, (2021), 2023, https://www.env.go.jp/content/900440195.pdf

[9] 国立研究開発法人 新エネルギー・産業技術総合開発機構(NEDO)／海外技術情報ユニット／技術戦略研究センター(TSC), TSC Foresight「TSCトレンド COP27に向けたカーボンニュートラルに関する海外主要国(米・中・EU・英・独・インドネシア・エジプト・インド)の動向～再生可能エネルギー・化石エネルギーの視点から～」, (2022), 2023, https://www.nedo.go.jp/content/100953117.pdf

[10] 一般財団法人ヒートポンプ・蓄熱センター，「欧米におけるヒートポンプの関連政策と普及状況」, (2022), 2023, https://www.hptcj.or.jp/Portals/0/data0/material/foreign/documents/欧米におけるヒートポンプ関連政策と普及状況調査.pdf

[11] 気候変動に関する国際連合枠組条約(UNFCCC)，「NDC Registry」, https://unfccc.int/NDCREG

[12] 気候変動に関する国際連合枠組条約(UNFCCC)，「Long-term strategies portal」, 2023, https://unfccc.int/process/the-paris-agreement/long-term-strategies

[13] 国際エネルギー機関(IEA)，「The Future of Cooling in Southeast Asia」, p.11, (2019), 2023, https://iea.blob.core.windows.net/assets/dcadf8ee-c43d-400e-9112-533516662e3e/The_Future_of_Cooling_in_Southeast_Asia.pdf

[14] 経済産業省・オゾン層保護等推進室，「モントリオール議定書及びキガリ改正の概要」, p.1, (2017), 2023, https://www.env.go.jp/content/900530414.pdf

[15] 環境省・経済産業省, 「フロンを取り巻く動向と改正フロン排出抑制法の概要」, p.9, (2019), 2023, https://www.env.go.jp/earth/furon/files/briefing_2019_kaitaisanpai_0.pdf

[16] 経済産業省, 「指定製品製造業者等に対する規制」, 2023, https://www.meti.go.jp/policy/chemical_management/ozone/furon_seihin_seizo.html

[17] 一般社団法人日本冷凍空調工業会, 「JRA GL－20について」, 2023, https://www.jraia.or.jp/eco/lg-20/index.html

[18] ECHA, 「ECHA ANNEX XV RESTRICTION REPORT proposal for a restriction」, (2023), 2023, https://echa.europa.eu/documents/10162/f605d4b5-7c1f-7414-8823-b49b9fd43aea

[19] 環境省, 「令和3年版環境・循環型社会・生物多様性白書」, 「第2節 循環経済への移行」「図2-2-1 サーキュラーエコノミー」, (2021), 2023, https://www.env.go.jp/policy/hakusyo/r03/html/hj21010202.html

[20] 一般社団法人日本経済団体連合会, 「サーキュラー・エコノミーの実現に向けた提言」, (2023), 2023, https://www.keidanren.or.jp/policy/2023/008_honbun.html

[21] 環境省・中央環境審議会循環型社会部会, 「第四次循環型社会形成推進基本計画の進捗状況の第2回点検結果(循環経済工程表)2050年の循環型社会に向けて」, p.106, (2022), 2023, https://www.env.go.jp/content/000071596.pdf

[22] 日本貿易振興機構(JETRO)・ブリュッセル事務所 海外調査部, 「EUの循環経済政策(第1回)2022年政策パッケージ第1弾においてEUが目指すものとは」, (2022), 2023, https://www.jetro.go.jp/ext_images/_Reports/01/60d6edca66cfec17/20220030_01.pdf

[23] 日本貿易振興機構(JETRO)・ブリュッセル事務所 海外調査部, 「EUの循環経済政策(第2回)包装・包装廃棄物規則案を中心とする2022年政策パッケージ第2弾」, (2023), 2023, https://www.jetro.go.jp/ext_images/_Reports/01/60d6edca66cfec17/20220030_02.pdf

[24] 経済産業省・デジタルトランスフォーメーションの加速に向けた研究会, 「WG1 全体報告書」, p.26, (2020), 2023, https://www.meti.go.jp/shingikai/mono_info_service/digital_transformation_kasoku/pdf/20201228_4.pdf

[25] DIC株式会社, 「DICと日立, 樹脂製造における次世代プラント実現に向け本格的な協創開始」, (2021), 2023, https://www.dic-global.com/ja/news/2021/ir/20211214135954.html

[26] 日本電気株式会社 (NEC Corporation)「エネルギーマネジメントシステム(xEMS)」, 2021, https://jpn.nec.com/energy/ems.html

[27] Global Battery Alliance, 「BATTERY PSSPORTPILOT」, https://www.globalbattery.org/action-platforms-menu/pilot-test/

[28] Battery Pass, 「Battery Passport Content Guidance」, 2023, https://thebatterypass.eu/resources/

[29] 総務省, 「Beyond 5G推進戦略(概要)」, p.5, (2020), 2023, https://www.soumu.go.jp/main_content/000702111.pdf

[30] 外務省, 「持続可能な開発目標(SDGs)と日本の取組」, p.3, 2023, https://www.mofa.go.jp/mofaj/gaiko/oda/sdgs/pdf/SDGs_pamphlet.pdf

[31] 文部科学省, 「2040年に向けた高等教育のグランドデザイン(答申)」, 「Society5.0で実現する社会」, (2018), 2023, https://www.mext.go.jp/content/1413715_010.pdf

第3章

[1] パナソニック株式会社・パナソニック マーケティング ジャパン株式会社, 寒冷地エアコンスペシャルサイト「冬、エアコン暖房が止まる理由」, 2023, https://panasonic.jp/aircon/kanreichi/enecharge.html

[2] 佐野充邦(東芝キャリア株式会社)他, 東芝レビュー75巻4号「高い暖房性能と省エネを両立させた寒冷地向け店舗・オフィス用エアコン」, p.76, (2020), 2023, https://www.global.toshiba/content/dam/toshiba/migration/corp/techReviewAssets/tech/review/2020/04/75_04pdf/b07.pdf

[3] 国立研究開発法人新エネルギー・産業技術総合開発機構(NEDO)「省エネルギーへのフロンティア 未利用熱エネルギーの革新的活用技術研究開発」, p.8, (2023年1月), 2023, https://www.nedo.go.jp/content/100927351.pdf

[4] 一般社団法人日本エレクトロヒートセンター／産業用ヒートポンプ.COM, 「蒸気ロスの削減」, 2023, https://sangyo-hp.jeh-center.org/heatpump_steam_loss.html

[5] 国立研究開発法人新エネルギー・産業技術総合開発機構(NEDO), ニュースリリース「15業種の工場設備の排熱実態調査報告書を公表」, (2019), 2023, https://www.nedo.go.jp/news/press/AA5_101074.html

[6] 東芝キヤリア株式会社, 「熱源システム総合カタログ(2022年7月)」, p.178, 2023, https://www.toshiba-carrier.co.jp/support/catalog/book/bm_heat_source_system/book.pdf

[7] 公益社団法人日本冷凍空調学会, 「マイクロチャンネル熱交換器」, 2023, https://www.jsrae.or.jp/annai/yougo/141.html

[8] ダイキン工業株式会社, 「カーボンニュートラルへの挑戦」, 2023, https://www.daikin.co.jp/tic/technology/carbon

[9] 日本冷凍空調工業会, 株式会社 日刊工業新聞社, 「『ヒートポンプ』の実用性能と可能性」, 「第4章 実用機器の効率限界と将来展望(対象：エアコン)」, p.77～p.79, (2010).

[10] 一般財団法人日本空調冷凍研究所, 「試験設備の紹介」, 2023, https://www.jatl.or.jp/testing-facilities.html

[11] 齋藤潔(早稲田大学持続的環境エネルギー社会共創研究機構)他, 日本冷凍空調学会論文集「エミュレーター式負荷試験装置によるエアコンディショナーの動的試験」, Fig.8, p.1, (2023), 2023, https://www.jstage.jst.go.jp/article/tjsrae/advpub/0/advpub_22-17_OA/_pdf/-char/ja

[12] 国立研究開発法人新エネルギー・産業技術総合開発機構(NEDO), 「家庭用・業務用エアコンへの適用が期待できる低GWP(地球温暖化係数)冷媒の自己分解反応の抑制に成功」, (2022), 2023, https://www.nedo.go.jp/news/press/AA5_101539.html

[13] 株式会社エコ・プラン, 「産廃処理現場に潜入!【撤去した業務用エアコン】"廃棄後"の行方は? SCOPE3-5削減のヒント」, 「業務用エアコン 廃棄物の流れ」, 2023, https://www.ecology-plan.co.jp/information/34710/

[14] 川崎重工業株式会社, 「エネルギーマネジメントシステム(EMS) 機器構成の最適化により運用コストの低減を実現」, 2023, https://www.khi.co.jp/energy/management/energy_management_system.html

[15] 一般社団法人日本冷凍空調工業会，「世界のエアコン需要推定」，(2023)，2023，https://www.jraia.or.jp/statistic/2306_aircon.pdf

[16] Carrier，「Vertical AHU 40VMV」，2023，https://www.carrier.com/commercial/en/us/products/variable-refrigerant-flow/carrier-vrf-products/carrier-vrf-indoor-units/40vmv/

[17] Carrier，「PRODUCTS,INFINITY SYSTEM」，2023，https://www.carrier.com/residential/en/us/products/infinity-system/total-comfort/

[18] Carrier，「Window Room Air Conditioner R-22 Refrigerant」，2023，https://www.carrier.com/commercial/en/sa/products/residential/window-room-air-conditioners/51h/

[19] AJ Madison，「Packaged Terminal Air Conditioners(PTAC)」，2023，https://www.ajmadison.com/guides/air_conditioner/ptac/

[20] FUJITSU GENERAL in Europe，「SPLIT TYPE High Power Series, System Configuration(ATW SYSTEM)」，2023，https://www.fujitsu-general.com/g-eu/products/atw/split-highpower/system.html

[21] MICOE CORPORATION，「Low Energy Consumption Monoblock Indoor Heat Pump Water Heater」，2023，https://en.micoe.com/Low-Energy-Consumption-Monoblock-Indoor-Heat-Pump-Water-Heater-pd43211215.html

[22] Toshiba Carrier Corporation，「Air to Water Heat Pump System, ESTIA R410A ESTIA series5」，2023，https://www.toshiba-carrier.co.jp/global/products/heating/estia-r410a/index.htm

[23] 东芝开利空调销售(上海)有限公司，「MiNi SMMS系列」，2023，https://www.toshiba-airconditioning.com.cn/dongzhi/product/category?category_id=60138d66c889453c420f38b8

[24] 东芝开利空调销售(上海)有限公司，「室外机」，2023，https://www.toshiba-airconditioning.com.cn/dongzhi/product/list?category_id=60138d80c889453c8d6b6da6

[25] Focus Technology Co., Ltd, 、Made-in-China「Horizontal Hot Water Tank」，2023，https://townway.en.made-in-china.com/productimage/eqSEomTGObUH-2f1j00SvWEaMHCZeuK/China-Horizontal-Hot-Water-Tank.html

[26] アクセラレートジャパン，「中国、国内のR290RAC販売台数が27万台を突破」，2023，https://acceleratejapan.com/chinese_rac_makersandrsquo_domestic_r290_sales_exceed_270_000_units/

[27] Cadeo Group「Domestic Air Conditioner Test Standards and Harmonization Final Report」，p.25，(2020)，2023，https://www.iea-4e.org/wp-content/uploads/2020/12/AC_Test_Methods_Report_Final_V2_incl_JP_KO.pdf

第4章

[1] 株式会社日立総合計画研究所，プロダクトパスポート「1. プロダクトパスポートとは」，「図1 プロダクトパスポートの全体像」，2023，https://www.hitachi-hri.com/keyword/k130.html

[2] 環境省／株式会社三菱総合研究所,「効果的な SEA と事例分析」,「1.3 効果的な SEA に関する情報」, (2003), 2023, http://assess.env.go.jp/files/0_db/seika/0184_01/jp.pdf

[3] 三井物産株式会社,「LCA Plus 脱炭素プラットフォーム−脱炭素化で創り出すクリーンな社会を目指して。」,「- 製品LCA -製品・サービス単位での排出量」, 2023, https://lp.lcaplus-pf.com/

[4] ダイキン工業株式会社,「ダイキングループサステナビリティレポート2023」, p.41, (2023), 2023, https://www.daikin.co.jp/csr/environment

[5] 早稲田大学オープンイノベーション戦略研究機構 次世代ヒートポンプ技術戦略研究コンソーシアム,「ユーザー技術分析」, 2023, https://waseda-heatpump.com/ユーザー技術分析/

[6] 一般社団法人日本エレクトロヒートセンター, 廃熱・未利用熱利用総合サイト 産業用ヒートポンプ.com,「冷暖同時供給システム」, 2023, https://sangyo-hp.jeh-center.org/heatpump_system2.html

[7] 一般社団法人 産業競争力懇談会, 2022年度 プロジェクト 最終報告「【Ambient Energy Platform の構築と社会実装】〜熱を含めた統合 EMS の早期実現を目指して〜」, p.15, 図4, (2023), 2023, http://www.cocn.jp/report/bb8a485bdac95a274de373dfbf3c1876e38bc1d2.pdf

[8] 株式会社日本ビジネス出版, 環境用語集「デマンドレスポンス」, (2017), 2023, https://www.kankyo-business.jp/dictionary/002811.php

[9] 王子エンジニアリング株式会社,「空調設備省エネ対策」,「エアコンの使用期間と消費電力の推移」, 2023, https://homepage.ojieng.co.jp/solution/product/energy_saving_measures/

[10] 環境省,「日冷工の温暖化防止と次世代冷媒への取り組み」, p.20, (2011), 2023, https://www.env.go.jp/council/content/i_05/900425545.pdf

第5章

[1] Global Wellness Institute,「WHAT IT WELLNESS?」, 2023, https://globalwellnessinstitute.org/what-is-wellness/

[2] 前 真之／株式会社 札促社, ReplanWebマガジン「前真之のいごこちの科学−vol.008／冬のいごこちを考える」, (2018), 2023, https://www.replan.ne.jp/articles/6401/3/

[3] 清水工業株式会社,「住宅やオフィス・店舗で上手に換気を行う方法を教えます」, (2020), 2023, https://www.sekisui-ind.co.jp/column/other/post-2163

[4] 国土交通省, 脱炭素社会に向けた住宅・建築物の省エネ対策等のあり方検討会「(参考)住宅・建築物の新築・ストックの省エネ性別構成割合の試算」, (2023), 2023, https://www.mlit.go.jp/jutakukentiku/house/content/001631903.pdf

[5] 国土交通省, 社会資本整備審議会「今後の住宅・建築物の省エネルギー対策のあり方(第三次答申)及び建築基準制度のあり方(第四次答申)について」別紙3 p.35, (2022), 2023, https://www.mlit.go.jp/report/press/content/001487807.pdf

[6] 環境省,「令和2年版 環境・循環型社会・生物多様性白書」, 第3章 第1節 脱炭素型の持続可能な社会づくりに向けたライフスタイルイノベーション 図3-1-7, (2020), 2023, https://www.env.go.jp/policy/hakusyo/r02/html/hj20010301.html#n1_3_1

[7]　環境省,「令和3年度家庭部門のCO2排出実態統計調査結果の概要(確報値)」,第2-1 表 基本項目(世帯、住宅、機器使用状況等)別-機器の使用数量(テレビ、冷蔵庫、エアコン、洗濯機、衣類乾燥機、浴室乾燥機、食器洗い乾燥機、食器乾燥機、電子レンジ、ガスオーブン), (2023), 2023 , https://www.env.go.jp/content/000122573.pdf

[8]　環境省,「令和3年度家庭部門のCO2排出実態統計調査結果の概要(確報値)」,＜第3-2 表＞基本項目(世帯、住宅、機器使用状況等)別-暖房使用状況(最もよく使う暖房機器、最もよく使う暖房機器の温度設定状況、最もよく使う暖房機器の寒い時期の平日の使用時間、ペットのための暖房使用の有無、暖房室数), (2023), 2023 , https://www.env.go.jp/content/000122573.pdf

[9]　環境省,「令和3年度家庭部門のCO2排出実態統計調査」＜第2-5表＞基本項目(世帯、住宅、機器使用状況等)別-機器の種類(給湯器・給湯システム、コンロ), (2023年3月27日), 2023, https://www.env.go.jp/content/000122573.pdf

[10]　一般財団法人日本エネルギー経済研究所,「EDMC エネルギー・経済統計要覧2022」,「2-03-06 業務部門床面積当たり用途別エネルギー源別エネルギー消費原単位」, (2022).

[11]　一般社団法人ヒートポンプ・蓄熱センター, 一般社団法人日本エレクトロヒートセンター,「令和4年度電化普及見通し調査 報告書」, (2022), 2023, https://www.hptcj.or.jp/Portals/0/data0/press_topics/令和4年年度/R4Houkokusyo.pdf

[12]　一般財団法人ベターリビング,「健康に暮らすためのあたたか住まいガイド 住まいの温度から考えるあなたの健康」, p.1 , (2019), 2023, https://www.onnetsu-forum.jp/file/pamphlet.pdf

[13]　総務省・消防庁,「令和4年(5月から9月)の熱中症による救急搬送状況」, (2022), 2023, https://www.fdma.go.jp/disaster/heatstroke/items/r4/heatstroke_geppou_202205-09.pdf,

[14]　Masaru Suzuki, et al.,「Sudden Death Phenomenon While Bathing in Japan」Circulation Journal(2017), 2023, https://pubmed.ncbi.nlm.nih.gov/28392545/

[15]　一般社団法人 環境共創イニシアチブ,「2023年の経済産業省と環境省のZEH補助金について」, (2023), 2023, https://sii.or.jp/moe_zeh05/uploads/zeh05_pamphlet2.pdf

[16]　株式会社三菱総合研究所,「フードテックを何のために推進するのか？ 気候変動緩和策としての期待 フードテックの未来展望 第1回」, (2022), 2023, https://www.mri.co.jp/knowledge/column/20221222.html

[17]　棟居洋介(東京工業大学)／増井利彦・金森有子(国立環境研究所),「我が国の食品ロス削減による環境・経済・社会への影響評価に関する研究」, (2020), 2023, https://www.erca.go.jp/suishinhi/kenkyuseika/pdf/symposium_r02_Munesue.pdf

[18]　農林水産省,「食品ロスとは」, 2023, https://www.maff.go.jp/j/shokusan/recycle/syoku_loss/161227_4.html

[19]　一般社団法人日本冷蔵倉庫協会,「経団連 カーボンニュートラル行動計画 2022 年度フォローアップ結果 個別業種編 2050 年カーボンニュートラルに向けた冷蔵倉庫業界のビジョン(基本方針等)」, p.4 , (2022), 2023, https://www.keidanren.or.jp/policy/2022/095_kobetsu39.pdf

[20]　小金丸 滋勝(一般社団法人日本冷蔵倉庫協会),「(一社)日本冷蔵倉庫協会の地球環境問題への取組」(ATMOSPHERE APAC SUMMIT 2022発表資料), (2022), 2023, https://drive.google.com/file/d/1uXdQLGmLLl9jIgZ0TlmiU7EfTvdvwdCG/view

[21] 株式会社前川製作所,「高効率自然冷媒冷凍機 NewTon(ニュートン)」, 2023, https://www.mayekawa.co.jp/ja/products/detail/refrigeration/03/index.html

[22] 株式会社前川製作所,「CO_2コンデンシングユニット COPEL(コペル)」, 2023, https://www.mayekawa.co.jp/ja/products/detail/refrigeration/06/index.html

[23] 経済産業省・資源エネルギー庁, 省エネポータルサイト「夏季の省エネ・節電メニュー・リーフレット／冬季の省エネ・節電メニュー・リーフレット」, (2023), 2023, https://www.enecho.meti.go.jp/category/saving_and_new/saving/media/index.html

[24] 一般社団法人日本フランチャイズチェーン協会,「コンビニエンスストア業界における地球温暖化対策の取組み～カーボンニュートラル行動計画2021度実績報告～」p.9、p.11 , (2023), 2023, https://www.meti.go.jp/shingikai/sankoshin/sangyo_gijutsu/chikyu_kankyo/ryutsu_wg/pdf/2022_001_05_01.pdf

[25] 株式会社ローソン,「ローソン初 店内で使用する要冷機器を完全"ノンフロン化" 地球温暖化防止と高効率エネルギー利用を目指し～機器のIoT化による節電制御への取り組みも実施～」, (2019), 2023, https://www.lawson.co.jp/company/news/detail/1387673_2504.html

[26] 公益社団法人日本冷凍空調学会,「冷凍サイクル制御」(日本冷凍空調学会専門書シリーズ), p.163, (2018).

[27] ヤマトホールディングス株式会社,「エネルギー・気候～気候変動を緩和する～」, 2023, https://www.yamato-hd.co.jp/csr/environment/climate_change.html

[28] 一般社団法人 日本冷蔵倉庫協会,「保管温度帯について」, 2023, https://www.jarw.or.jp/study/guardian/temperature

[29] 国土交通省,「令和3年度 宅配便取扱実績について」, (2022), 2023, https://www.mlit.go.jp/report/press/jidosha04_hh_000255.html

第6章

[1] 環境省,「2021年度(令和3年度)の温室効果ガス排出・吸収量(確報値)について」p.1、p.7 , (2023), 2023, https://www.env.go.jp/content/000128750.pdf

[2] 経済産業省 産業技術環境局・資源エネルギー庁,「クリーンエネルギー戦略 中間整理」, p.48, (2022), 2023, https://www.enecho.meti.go.jp/committee/council/basic_policy_subcommittee/carbon_neutral/report_20220519_01.pdf

[3] 株式会社三菱総合研究所,「平成29年度新エネルギー等の導入促進のための基礎調査(熱の需給及び熱供給機器の特性等に関する調査)」(資源エネルギー庁委託業務調査報告書), p.88, (2018), 2023, https://dl.ndl.go.jp/view/prepareDownload?itemId=info%3Andljp%2Fpid%2F11222688&contentNo=1

[4] 一般財団法人ヒートポンプ・蓄熱センター／一般社団法人日本エレクトロヒートセンター,「令和4年度電化普及見通し調査報告書」, p.115, (2022), 2023, https://www.hptcj.or.jp/Portals/0/data0/press_topics/令和4年年度/R4Houkokusyo.pdf

[5] 独立行政法人情報処理推進機構(IPA),「DX白書2023」, p.33／p.35, (2023), 2023, https://www.ipa.go.jp/publish/wp-dx/gmcbt8000000botk-att/000108041.pdf

[6] 経済産業省 産業技術環境局・資源エネルギー庁,「クリーンエネルギー戦略 中間整理」,

p.27, (2022), 2023, https://www.enecho.meti.go.jp/committee/council/basic_policy_subcommittee/carbon_neutral/report_20220519_01.pdf

[7] 国立研究開発法人新エネルギー・産業技術総合開発機構 (NEDO), 「できる、省エネルギー! 産業用ヒートポンプ博書」p.2, (2020), 2023, https://www.nedo.go.jp/content/100925495.pdf

[8] 経済産業省・資源エネルギー庁, 「ディマンド・リスポンスってなに?—ディマンド・リスポンスの種類」, 2023, https://www.enecho.meti.go.jp/category/electricity_and_gas/electricity_measures/dr/dr.html#p02

[9] 経済産業省・資源エネルギー庁, 「電気の安定供給のキーワード「電力需給バランス」とは? ゲームで体験してみよう」, 2023, https://www.enecho.meti.go.jp/about/special/johoteikyo/balance_game.html

[10] 経済産業省・資源エネルギー庁, 「総合エネルギー統計—時系列表 (参考表)」(令和5年4月21日), (2023), 2023, https://www.enecho.meti.go.jp/statistics/total_energy/

[11] 経済産業省・資源エネルギー庁, 再生可能エネルギー大量導入・次世代電力ネットワーク小委員会 (第1回), 資料3「再生可能エネルギーの大量導入時代における政策課題と次世代電力ネットワークの在り方」, p.39, (2017), 2023, https://www.meti.go.jp/shingikai/enecho/denryoku_gas/saisei_kano/pdf/001_03_00.pdf

[12] 経済産業省・資源エネルギー庁, 再生可能エネルギー大量導入・次世代電力ネットワーク小委員会 (52回), 資料3「再生可能エネルギーの出力制御の抑制に向けて」, p.4, (2023), 2023, https://www.meti.go.jp/shingikai/enecho/denryoku_gas/saisei_kano/pdf/052_03_00.pdf

[13] 経済産業省・資源エネルギー庁「VPP・DRとは」, 2023, https://www.enecho.meti.go.jp/category/saving_and_new/advanced_systems/vpp_dr/about.html

[14] 北陸電力株式会社・株式会社北陸電力リビングサービス, ニュースリリース「エコキュートのリースサービス「Easy キュート」の開始について」, p.1, (2022), 2023, https://www.rikuden.co.jp/press/attach/22121402.pdf

[15] 一般財団法人ヒートポンプ・蓄熱センター, ニュースリリース「カーボンニュートラル実現への切り札「ヒートポンプ・蓄熱システム」〜『ヒートポンプ・蓄熱月間』がスタート〜」, p.11, (2023), 2023, https://www.hptcj.or.jp/Portals/0/data0/event/symposium/2023/News%20Release_all.pdf

[16] 東京電力エナジーパートナー株式会社, ニュースリリース「国内最大級の冷凍冷蔵倉庫で完全自動制御によるデマンドレスポンスを実装〜無人化での調整力公募参加が可能に〜」, (2021), 2023, https://www.tepcoventures.co.jp/news/news-470/

第7章

[1] 内閣府科学技術・イノベーション推進事務局, 「戦略的イノベーション創造プログラム (SIP) サーキュラーエコノミーシステムの構築　社会実装に向けた戦略及び研究開発計画」, (2023), 2023, https://kagi01-my.sharepoint.com/:b:/g/personal/kagisoukatsu1_kagi01_onmicrosoft_com/EVz_B2mDw9ZPrAjIM0ca1yUBXLwuEIwnseWg6SJidZeKsw?e=d8OofZ

[2] 環境省,資料4-2「第四次循環型社会形成推進基本計画と循環経済工程表の概要」,「カーボンニュートラルと循環経済(サーキュラーエコノミー)の同時達成」, p8, (2023), 2024, https://www.env.go.jp/content/000138209.pdf

[3] ダイキン工業株式会社, 「業務用エアコンのサブスクリプション ZEAS Connect—エアコン定額利用用サービス」, 2023, https://www.ac.daikin.co.jp/shopoffice/zeas_connect

[4] 国土交通省, 「自動運転のレベル分けについて」, 2023, https://www.mlit.go.jp/common/001226541.pdf

[5] 環境省, 「ノンフロン▶脱炭素　自然冷媒普及促進サイト」, 2023, https://www.env.go.jp/earth/ozone/cn_naturalrefrigerant/grant/

[6] 国立研究開発法人新エネルギー・産業技術総合開発機構(NEDO), 「ヒートポンプの導入効果を定量評価できる産業用ヒートポンプシミュレーターの開発」, (2023), 2024, https://www.nedo.go.jp/content/100943176.pdf

[7] ダイキン工業株式会社／株式会社東洋経済新報社,東洋経済オンライン「エアコン『2050年までに約3倍増』問題の深刻度　猛暑に必須、世界でも需要増で環境に懸念」, (2020), 2024, https://toyokeizai.net/articles/-/363759

[8] 国立社会保障・人口問題研究所, 「日本の世帯数の将来推計(全国推計)」(2018年推計), (2018), 2023, https://www.ipss.go.jp/pp-ajsetai/j/hprj2018/t-page.asp

[9] 日本健康会議, 「健康づくりに取り組む5つの実行宣言2025」, 2023, https://2025.kenkokaigi.jp/sengen

[10] 経済産業省・資源エネルギー庁, 「第6次エネルギー基本計画」, (2021), 2023, https://www.enecho.meti.go.jp/category/others/basic_plan/pdf/20211022_01.pdf

[11] 国土交通省・脱炭素社会に向けた住宅・建築物の省エネ対策等のあり方検討会, 「脱炭素社会に向けた住宅・建築物における省エネ対策等のあり方・進め方の概要」, (2021), 2023, https://www.mlit.go.jp/jutakukentiku/house/jutakukentiku_house_tk4_000188.html

[12] 経済産業省・資源エネルギー庁,給湯省エネ事業「対象機器の詳細」, 2023, https://kyutou-shoene.meti.go.jp/materials/ecocute.html

[13] 農林水産省, 「みどりの食料システム戦略」, (2021), 2023, https://www.maff.go.jp/j/kanbo/kankyo/seisaku/midori/attach/pdf/index-10.pdf

[14] 農林水産省, 「『みどりの食料システム戦略』KPI2030年目標の設定について」, (2022), 2023, https://www.maff.go.jp/j/council/seisaku/kikaku/goudou/attach/pdf/32-2.pdf

[15] 農林水産省, 「食料・農業・農村基本計画」, (2020), 2023, https://www.maff.go.jp/j/keikaku/k_aratana/attach/pdf/index-13.pdf

[16] 農林水産省, 「温室効果ガス削減の『見える化』ラベル　実証店舗累計100か所達成!」, 2023, https://www.maff.go.jp/j/press/kanbo/b_kankyo/230307.html

[17] 経済産業省・資源エネルギー庁, 「地球温暖化対策計画」, (2021), 2023, https://www.env.go.jp/content/900440195.pdf

[18] 送配電網協議会, 「2050年カーボンニュートラルに向けて〜電力ネットワークの次世代化へのロードマップ〜」, (2021), 2023, https://www.tdgc.jp/information/2021/05/21_1600.html

付録1

[1] Molina, M., Rowland, F. , 「Stratospheric sink for chlorofluoromethanes: chlorine atom-catalysed destruction of ozone.」(Nature 249), p.810～812, (1974).

[2] 梶原秀夫, 「リスクトレードオフを考慮した次世代低GWP冷媒の選定」, シンセオロジー Vol.6 No.4, p.209～218, (2013), 2023, https://www.jstage.jst.go.jp/article/synth/6/4/6_209/_pdf/-char/ja

[3] 一般社団法人日本冷凍空調工業会, 「図6－ ISO 817 : 2014 ～冷媒の安全等級」, (2021), 2023, https://www.jraia.or.jp/outline/file/pdf_11.pdf

[4] 公益社団法人日本冷凍空調学会, 「冷凍サイクル計算プログラムソフトVer.2」, (2006), 2023, https://www.jsrae.or.jp/books/books_soft.php

[5] 日本フルオロカーボン協会, 「特定フロン(CFC/HCFC)およびフルオロカーボン類の環境・安全データ一覧表」, 2023, http://www.jfma.org/data.html

[6] 早稲田大学, w-refrigerant.com「冷媒用途マップ」, (2019), 2023, https://www.w-refrigerant.com/tech_documents/冷媒用途マップ/

[7] 経済産業省／産業構造審議会製造産業分科会化学物質政策小委員会・フロン類等対策WG・中央環境審議会地球環境部会・フロン類等対策小委員会, 「平成25年改正フロン排出抑制法の施行状況の評価・検討に関する報告書」, p.14, (2022), 2023, https://www.meti.go.jp/shingikai/sankoshin/seizo_sangyo/kagaku_busshitsu/flon_godo/pdf/20220628_1.pdf

[8] アクセラレートジャパン, 「中国、国内のR290RAC販売台数が27万台を突破」, (2021), 2023, https://acceleratejapan.com/chinese_rac_makersandrsquo_domestic_r290_sales_exceed_270_000_units/

[9] 産経新聞株式会社, 「パナソニック、『自然冷媒』プロパン使用のエアコン開発へ」, (2023), 2023, https://www.sankei.com/article/20230622-BJSZSJ7LEZJABD7F36NF3G3LGY/

[10] 日本冷凍空調学会, 「冷凍サイクル制御」(日本冷凍空調学会専門書シリーズ), p.178, (2018).

[11] 千阪 秀寿／小林 信介／坂谷 義紀／中川 二彦, 「様々な住宅への電動車両による再生可能電力の輸送の評価」(自動車技術論文集Vol.52, No.3), p.728, (2021), 2023, https://www.jstage.jst.go.jp/article/jsaeronbun/52/3/52_20214370/_pdf

[12] Holger Großmann , Comparing the Refrigerant R1234yf and CO2(ATZ worldwide Volume 118), p.70, (2016), 2023, https://link.springer.com/article/10.1007/s38311-016-0119-0

[13] ダイキン工業株式会社, 「開発品紹介　自動車用冷媒R-474A(開発品)」(2021), 2023, https://www.daikinchemicals.com/jp/magazine/automotive-refrigerant-under-development.html

[14] ZF Friedrichshafen, AG Press Release プレスリリース「トルク密度で世界の頂点に:ZF、最もコンパクトな乗用車向け電動ドライブを発表」, (2023), 2023, https://press.zf.com/press/ja/releases/release_57601.html

[15] 国際連合環境計画(UNEP), 「Refrigeration, Air Conditioning and Heat Pumps Technical Options Committee」(2018 Assessment Report), p.121, (2019), 2023,

https://ozone.unep.org/sites/default/files/2019-04/RTOC-assessment-report-2018_0.pdf

[16] 経済産業省, 参考資料3「令和2年度のフロン排出抑制法に基づく業務用冷凍空調機器からのフロン類充填量及び回収量等の集計結果について」, p.4, (2021), 2023, https://www.meti.go.jp/shingikai/sankoshin/seizo_sangyo/kagaku_busshitsu/flon_godo/pdf/012_s03_00.pdf

[17] 環境省, 「令和2年度における家電リサイクル実績について」, 「別紙3:家電リサイクル法に基づき、製造業者等及び指定法人が1年間(令和2年4月1日～令和3年3月31日)に再商品化等を実施した総合計の状況」, (2021), 2023, https://www.env.go.jp/content/900517648.pdf

[18] 経済産業省／産業構造審議会産業技術環境分科会廃棄物・リサイクル／小委員会電気・電子機器リサイクルワーキンググループ／中央環境審議会循環型社会部会／家電リサイクル制度評価検討小委員会, 「家電リサイクル制度の施行状況の評価・検討に関する報告書」, p.5, (2022), 2023, https://www.meti.go.jp/press/2022/06/20220623002/20220623002-b.pdf

[19] 経済産業省, 参考資料3「令和2年度のフロン排出抑制法に基づく業務用冷凍空調機器からのフロン類充填量及び回収量等の集計結果について」, p.2, (2021), 2023, https://www.meti.go.jp/shingikai/sankoshin/seizo_sangyo/kagaku_busshitsu/flon_godo/pdf/012_s03_00.pdf

[20] 環境省／産業構造審議会製造産業分科会化学物質政策小委員会フロン類等対策WG・中央環境審議会地球環境部会フロン類等対策小委員会, 「フロン類の廃棄時回収率向上に向けた対策の方向性について」, (2019), 2023, https://www.env.go.jp/content/900512924.pdf

[21] 環境省／産業構造審議会製造産業分科会化学物質政策小委員会フロン類等対策WG・中央環境審議会地球環境部会フロン類等対策小委員会, 「フロン類の廃棄時回収率向上に向けた対策の方向性について」, p.6, (2019), 2023, https://www.env.go.jp/content/900512924.pdf

[22] 環境省／産業構造審議会製造産業分科会化学物質政策小委員会フロン類等対策WG・中央環境審議会地球環境部会フロン類等対策小委員会, 「フロン類の廃棄時回収率向上に向けた対策の方向性について」, p.8, (2019), 2023, https://www.env.go.jp/content/900512924.pdf

[23] 環境省・地球環境局・地球温暖化対策課・フロン対策室, 「令和3年度　改正フロン排出抑制法に関する説明会　フロンを取り巻く動向(共通)」, 「フロン対策の全体像」, (2022), 2024, https://www.env.go.jp/earth/furon/files/r03_gaiyou_all_rev.pdf

[24] 環境省, フロン排出抑制法ポータルサイト「フロン排出抑制法の全体像」, 2023, https://www.env.go.jp/earth/furon/gaiyo/gaiyo.html

[25] 一般社団法人日本冷凍空調工業会, 「フロン類を用いた冷凍空調機器の冷媒漏えい防止ガイドライン」(JRA GL-14), (2016).

[26] 経済産業省／一般社団法人日本冷凍空調工業会, 第4回 産業構造審議会 保安分科会 高圧ガス小委員会, 資料4-2「冷媒漏えい事故への対応について」, p.1, (2013), 2023, https://www.meti.go.jp/shingikai/sankoshin/hoan_shohi/koatsu_gas/pdf/004_04_02.pdf

[27] 一般社団法人日本冷凍空調工業会，「業務用冷凍空調機器の常時監視によるフロン類の漏えい検知システムガイドライン」(JRA GL-17), (2021), 2023, https://www.jraia.or.jp/download/e-book/GL-17_2021/#target/page_no=1

[28] 環境省，「令和4年度改正フロン排出抑制法に関する説明会(フロンを取り巻く動向)」，p.18, (2013), 2023, https://www.env.go.jp/earth/furon/files/r04_gaiyou_all_rev.pdf

[29] 一般財団法人日本冷媒・環境保全機構，「RaMS(冷媒管理システム)とは」, 2023, https://jreco-rams.jp/rams.html

[30] 一般財団法人日本冷媒・環境保全機構，「RaMS(冷媒管理システム)とは」, 2023, https://jreco-rams.jp/rams.html

[31] 環境省／産業構造審議会製造産業分科会化学物質政策小委員会フロン類等対策ワーキンググループ・中央環境審議会地球環境部会フロン類等対策小委員会，「モントリオール議定書キガリ改正を踏まえた今後のHFC規制のあり方について」，p.8, (2017), 2023, https://www.env.go.jp/content/900422743.pdf

[32] 環境省，「フロン対策で世界をリードする ～改正フロン排出抑制法の成立を受けて～」(環境大臣記者会見資料), p.6, (2019), 2023, https://www.env.go.jp/content/900405956.pdf

[33] 一般財団法人ヒートポンプ・蓄熱センター／一般社団法人日本エレクトロヒートセンター，「令和4年度 電化普及見通し調査報告書」, (2022), 2023, https://www.hptcj.or.jp/Portals/0/data0/press_topics/R4TyousaHoukoku/R4DenkaFukyuMitoshi.pdf

[34] 一般財団法人ヒートポンプ・蓄熱センター／一般社団法人日本エレクトロヒートセンター，「令和4年度 電化普及見通し調査報告書」, p.27, (2022), 2023, https://www.hptcj.or.jp/Portals/0/data0/press_topics/R4TyousaHoukoku/R4DenkaFukyuMitoshi.pdf

[35] 一般財団法人ヒートポンプ・蓄熱センター，一般社団法人日本エレクトロヒートセンター「令和4年度 電化普及見通し調査報告書」, p.75, (2022), 2023, https://www.hptcj.or.jp/Portals/0/data0/press_topics/R4TyousaHoukoku/R4DenkaFukyuMitoshi.pdf

[36] 一般社団法人日本冷凍空調工業会，「冷凍空調機器 自主統計データファイル」, 2023, https://www.jraia.or.jp/statistic/006.html

[37] 経済産業省・製造産業局・化学物質管理課・オゾン層保護等推進室，「冷凍冷蔵機器について」, p.6, (2014), 2023, https://www.meti.go.jp/shingikai/sankoshin/seizo_sangyo/kagaku_busshitsu/flon_taisaku/pdf/003_02_00.pdf

[38] 経済産業省・製造産業局，産業構造審議会化学・バイオ部会地球温暖化防止対策小委員会 産業構造審議会 化学・バイオ部会 第21回 地球温暖化防止対策小委員会, 資料1-1「冷凍空調機器に関する使用時排出係数等の見直しについて」, p.13「業務用冷凍空調機器及び家庭用エアコンに関する調査③ その他の変更(廃棄係数の見直し)」, (2009), 2023, https://www.jraia.or.jp/member/seifu/pdf/mite20090317_1-1.pdf

付録2

[1] 一般財団法人 日本空調冷凍研究所，「試験設備の紹介」, 2023, https://www.jatl.or.jp/testing-facilities.html

[2] 経済産業省・資源エネルギー庁, 第40回 総合資源エネルギー調査会 省エネルギー・新エ

ネルギー分科会 省エネルギー小委員会, 事務局資料「エネルギー需要サイドにおける今後の省エネルギー・非化石転換政策について」, p.4, (2023), 2023, https://www.meti.go.jp/shingikai/enecho/shoene_shinene/sho_energy/pdf/040_00_04.pdf

[3]　経済産業省・資源エネルギー庁, 第41回 総合資源エネルギー調査会 省エネルギー・新エネルギー分科会 省エネルギー小委員会, 事務局資料「エネルギー需要サイドにおける今後の省エネルギー・非化石転換政策について」, p.6, (2023), 2023, https://www.meti.go.jp/shingikai/enecho/shoene_shinene/sho_energy/pdf/041_00_04.pdf

[4]　経済産業省・資源エネルギー庁,「統一省エネラベルが変わりました」, 2023, https://www.enecho.meti.go.jp/category/saving_and_new/saving/enterprise/retail/touitsu_shoenelabel/

[5]　一般社団法人 日本冷凍空調工業会, 調査速報「ISO16358」／「JIS C 9612」, (2023).

[6]　European Commission, DG ENER C.3,"Space and combination heaters", Ecodesign and Energy Labelling, Review study, Task 4 Technologies, Final report,(2019), 2023, https://www.eceee.org/static/media/uploads/site-2/ecodesign/products/Space%20and%20combination%20heaters/boilers_task_4_final_report_july_2019.pdf

[7]　国際エネルギー機関(IEA)技術協力プログラムCadeo Group,「Domestic Air Conditioner Test Standards and Harmonization, Final report」, (2020), 2023, https://www.iea-4e.org/wp-content/uploads/2020/12/AC_Test_Methods_Report_Final_V2_incl_JP_KO.pdf

[8]　ダイキン工業株式会社,「ダイキン工業とJDSCが、空調機器のIoTデータを用いた不具合監視・運転異常予兆検出AIを共同開発」, (2022), 2023, https://www.daikin.co.jp/press/2022/20220301_2

[9]　経済産業省・資源エネルギー庁, 第2回 総合資源エネルギー調査会 省エネルギー・新エネルギー分科会 省エネルギー小委員会 エアコンディショナー及び電気温水機器判断基準ワーキンググループ, 資料4「エアコンディショナーの現状について」, p.27, (2019), 2023, https://www.meti.go.jp/shingikai/enecho/shoene_shinene/sho_energy/air_denki/pdf/002_04_00.pdf

[10]　公益社団法人日本冷凍空調学会・次世代冷媒に関する調査委員会,「次世代冷媒・冷凍空調技術の基本性能・最適化・評価手法および安全性・リスク評価　第4部 機器性能評価手法」2021 年度WGⅣの進捗, (2022), 2024, https://www.jsrae.or.jp/committee/jisedai_R/2021_ProgressR_Part4.pdf

[11]　経済産業省・資源エネルギー庁, 省エネポータルサイト「省エネ型機器の現状−省エネ型機器普及を促進する制度」,「トップランナー制度」, 2024, https://www.enecho.meti.go.jp/category/saving_and_new/saving/general/choice/

[12]　Niccolo Giannetti／Shun Matsui／Ryohei Mori／Jongsoo Jeong／Hifni Mukhtar Ariyadi／Yoichi Miyaoka／Eisuke Togashi／Kiyoshi Saito, Energy and Buildings Vol.273「Emulator-type load-based tests for dynamic performance characterization of air conditioners」, (2022), 2023, https://www.sciencedirect.com/science/article/abs/pii/S0378778822005825

[13]　Parveen Dhillon, パデュー大学, 第18回国際冷凍空調会議「Validation of a Load-Based Testing Method for Characterizing Residential Air-Conditioner Performance」,

(2021), 2023, https://docs.lib.purdue.edu/cgi/viewcontent.cgi?article=3256&context=iracc

[14] BAM, 「Test guideline for dynamic performance testing and calculation of the seasonal coefficient of performance, Air conditioners with electrically driven compressors for space heating and cooling」, (2019), 2023, https://netzwerke.bam.de/Netzwerke/Content/DE/Downloads/Evpg/Heizen-Kuehlen-Lueften/bam%20test%20guideline%20-%20dynamic%20testing%20of%20air%20conditioners.pdf.pdf?__blob=publicationFile

[15] 宮田 征門(国土技術政策総合研究所), KAKEN(文部科学省科学研究費), 「基盤研究(C)負荷変動に対する動的応答を考慮したVRFエアコンのエネルギー消費性能評価法の開発」(2021〜2023), 2023, https://kaken.nii.ac.jp/ja/grant/KAKENHI-PROJECT-21K04387/

[16] エヌ・ティ・ティ・コミュニケーションズ株式会社, ICT Business Online「意外と知らない? IT トレンド用語　デジタルツインとは」, 2023, https://www.ntt.com/bizon/glossary/j-t/digital-twin.html

[17] EU commission, EUR-Lex, COMMISSION REGULATION (EU) No 206/2012 「implementing Directive 2009/125/EC of the European Parliament and of the Council with regard to ecodesign requirements for air conditioners and comfort fans(Text with EEA relevance)」, (2012), 2023, https://eur-lex.europa.eu/legal-content/EN/TXT/?uri=CELEX%3A32012R0206

[18] NPO法人建築設備コミッショニング協会, 「コミッショニングとは」, 2023, http://www.bsca.or.jp/outline/commissioning02.html

付録3

[1] キャレド・ソウファニ ／クリストフ・ロッホ, 株式会社ダイヤモンド社　DIAMOND ハーバード・ビジネス・レビュー「循環型サプライチェーンはなぜ普及しないのか―企業が直面する2つの障壁」, (2021), 2023, https://www.dhbr.net/articles/-/7863 (原文：https://hbr.org/2021/06/circular-supply-chains-are-more-sustainable-why-are-they-so-rare)

[2] Trevor Zink ／Roland Geyer, Journal of Industrial Ecology Vol.21「Circular Economy Rebound」, (2017), 2023, https://www.researchgate.net/publication/313371834_Circular_Economy_Rebound

[3] 経済産業省, 「『循環経済ビジョン2020』を取りまとめました」, (2020), 2023, https://www.meti.go.jp/press/2020/05/20200522004/20200522004.html

[4] パデュー大学, INTERNATIONAL REFRIGERATION AND AIR CONDITIONING CONFERENCE「Harmonization of Life Cycle Climate Performance (LCCP) Methodology」, (2016), https://docs.lib.purdue.edu/iracc/1724/

[5] 国立研究開発法人 物質・材料研究機構, 「2050年までに世界的な資源制約の壁」, (2007), https://www.nims.go.jp/news/press/2007/02/p200702150.html

[6] U.S. Department of the Interior ／U.S. Geological Survey, 「Mineral Commodity Summaries 2022」, 「COPPER」p.54〜55, (2022), 2023, https://pubs.usgs.gov/

periodicals/mcs2022/mcs2022.pdf

[7] Jane M. Hammarstrom／Michael L. Zientek／Heather L. Parks／Connie L. Dicken／U.S. Geological Survey Global Copper Mineral Resource Assessment Team, USGS「Assessment of Undiscovered Copper Resources of the World, 2015」, Scientific Investigations Report 2018-5160, p.20(Table A), (2018), 2023, https://pubs.usgs.gov/publication/sir20185160

[8] ICSG(International Copper Study Group), 「THE WORLD COPPER FACTBOOK 2022」, p.34, (2022), 2023, https://icsg.org/copper-factbook/

[9] 越崎健司／小林英樹／株式会社東芝, 国立研究開発法人科学技術振興機構(JST), J-STAGE(第6回日本LCA学会研究発表会　セッションID: A2-18)「銅の枯渇リスクに対する対策の方向性検討」, p.148～149, (2011), 2023, https://www.jstage.jst.go.jp/article/ilcaj/2010/0/2010_0_75/_pdf

[10] 三菱UFJリサーチ＆コンサルティング株式会社, 「令和3年度鉱物資源リサイクルフロー・ストック調査 調査結果の概要」, p.8, (2022), 2023, https://mric.jogmec.go.jp/wp-content/uploads/2022/04/survey_mineral_recycling_flow_stock.pdf

[11] 一般社団法人 プラスチック循環利用協会, 「2022年　プラスチック製品の生産・廃棄・再資源化・処理処分の状況　マテリアルフロー図」, p.2, (2023), 2024, https://www.pwmi.or.jp/pdf/panf2.pdf

[12] PETボトルリサイクル推進協議会, 「PETボトルリサイクル　年次報告書2023」, 「6 Recycle(リサイクル)─(1)2022年度リサイクル率は86.9%」, 「図3. 回収・リサイクルの概要」, (2023), 2024, https://www.petbottle-rec.gr.jp/nenji/2023/p08.html

[13] PETボトルリサイクル推進協議会, 「再生PET樹脂の用途(2022年度)」, 2024, https://www.petbottle-rec.gr.jp/data/use.html

[14] 濱砂 圭汰／佐藤 公紀／光斎 翔貴／柏倉 俊介／山末 英嗣(立命館大学), 第16回 日本LCA学会 研究発表会, 1-C2-04 発表資料「エアコンの採掘活動から見た資源効率」, (2021).

[15] 経済産業省・資源エネルギー庁, 省エネ型製品情報サイト「省エネ性能カタログ　2021年版　省エネ家電の上手な使い方・選び方「エアコン」, 図「期間消費電力量の推移, (kWh/年)」, p.18, 2023, https://seihinjyoho.go.jp/frontguide/pdf/guide_aircon.pdf

[16] 西澤 孝行・半田 陽一・米田 聡・方 琦(ダイキン工業株式会社)／小原 聡・尾下 優子・藤井祥万・菊池 康紀(東京大学), 第17回 日本LCA学会 研究発表会, 1-A1-01 発表資料「業務用空調機における製造段階の環境負荷に関するホットスポット分析」, p.4, (2022).

[17] 西澤 孝行・半田 陽一・米田 聡・方 琦(ダイキン工業株式会社)／小原 聡・尾下 優子・藤井祥万・菊池 康紀(東京大学), 第17回 日本LCA学会 研究発表会, 1-A1-01 発表資料「業務用空調機における製造段階の環境負荷に関するホットスポット分析」, p.6, (2022).

[18] U.S. Department of the Interior ／ U.S. Geological Survey, 「Mineral CommoditySummaries 2022」, p.63, (2022), 2023, https://pubs.usgs.gov/periodicals/mcs2022/mcs2022.pdf

[19] 独立行政法人エネルギー・金属鉱物資源機構(JOGMEC), 「鉱物資源マテリアルフロー2021」, 「フッ素(F)」, p.6(図3-1-1), (2023), 2023, https://mric.jogmec.go.jp/wp-content/uploads/2023/03/material_flow2021_F.pdf

[20] 独立行政法人エネルギー・金属鉱物資源機構(JOGMEC), 「鉱物資源マテリアルフロー

2017」,「フッ素 (F)」,「表1-2 フッ素の国内需給 (化学用途)」, p.3, (2017), 2023, https://www.meti.go.jp/meti_lib/report/2019FY/000287.pdf

[21] 財務省, 貿易統計「A-1 品別国別表」輸出入の指定:輸入、統計年月の指定:年内の累計, 2021, 年(1-12月)、品目の指定: 参照 指定, 2529.22-000, 2811.11-000, https://www.customs.go.jp/toukei/srch/index.htm?M=01&P=0

[22] ダイキン工業株式会社,「冷媒循環のデジタルプラットフォームの実証実験を開始」, (2022), 2023, https://www.daikin.co.jp/press/2022/20220623_2

[23] 安井 晋示(名古屋工業大学 大学院工学研究科 電気・機械工学専攻 教授),「カーボンニュートラルに向けたフッ素系温室効果ガスの分解とSDGsに向けたフッ素の再資源化」, p.22〜24, (2021), 2023, http://yasui-lab.web.nitech.ac.jp/research/pdf/フッ素リサイクル.pdf

[24] 岩谷産業株式会社,「< 世界初 !> フッ化カルシウム(蛍石) 合成技術を確立　レンズ用原料として天然資源に依存しない安定供給を実現」, (2014), 2023, https://www.iwatani.co.jp/jpn/news/2014/jpn_newsrelease_detail_1183.html

[25] 久米 秀尚, 株式会社 日経BP ／日経クロステック「NEレポート　中国リスクから解放する、蛍石の人工合成技術」, p.3, (2014), 2023, https://xtech.nikkei.com/dm/article/MAG/20141203/392110/

[26] 経済産業省,「家電リサイクル法(特定家庭用機器再商品化法)」, 2023, https://www.meti.go.jp/policy/it_policy/kaden_recycle/index.html

[27] 経済産業省,「経産省 フロン排出抑制法の概要」, 2023, https://www.meti.go.jp/policy/chemical_management/ozone/law_furon_outline.html

[28] 経済産業省／環境省,「令和3 年度における家電リサイクル法に基づくリサイクルの実施状況等について」, p.17, (2023), 2024, https://www.env.go.jp/content/000128191.pdf

[29] 経済産業省／環境省,「令和3 年度における家電リサイクル法に基づくリサイクルの実施状況等について」,「フロー推計結果(エアコン:令和3年度)」, p.23, (2023), 2024, https://www.env.go.jp/content/000128191.pdf

[30] 中井 勝巳(福島大学),「家電リサイクル法の現状と課題」立命館大学 政策科学 13 巻3号119-132, p.125, (2006), 2023, https://ritsumei.repo.nii.ac.jp/record/4727/files/ps13_3nakai.pdf

[31] 株式会社ヤマダ環境資源開発ホールディングス,「環境開発プロジェクト—小売を中心とする3 つのリソースサーキュレーション(資源循環をつなぐ)」, 2023, https://www.yamadaerd.jp/projects/

[32] 一般財団法人 家電製品協会,「2021 年版　家電リサイクル年次報告書」, p.12, (2022), 2023, https://www.aeha-kadenrecycle.com/pdf/report/kadennenji_2021.pdf

[33] 一般財団法人 家電製品協会,「2021 年版　家電リサイクル年次報告書」, p.11, (2022), 2023, https://www.aeha-kadenrecycle.com/pdf/report/kadennenji_2021.pdf

[34] 経済産業省, 産業構造審議会産業技術環境分科会廃棄物・リサイクル小委員会 電気・電子機器リサイクルWG, 中央環境審議会循環社会部会家電リサイクル制度評価検討小委員会 第42回合同会合, (2021), 2023, https://www.meti.go.jp/shingikai/sankoshin/sangyo_gijutsu/haikibutsu_recycle/denki_wg/042.html, https://www.env.go.jp/council/03recycle/post_223.html

[35] 経済産業省, 産業構造審議会産業技術環境分科会廃棄物・リサイクル小委員会 電気・電子

機器リサイクルWG, 中央環境審議会循環社会部会家電リサイクル制度評価検討小委員会 第42回合同会合 資料2「使用済エアコンの回収率向上に向けた普及啓発及び実態調査に関する取組 」, p.5, (2021), 2023, https://www.env.go.jp/council/03recycle/y032-42/900418822.pdf

[36] 経済産業省, 産業構造審議会産業技術環境分科会廃棄物・リサイクル小委員会 電気・電子機器リサイクルWG, 中央環境審議会循環社会部会家電リサイクル制度評価検討小委員会 第42回合同会合 資料2「使用済エアコンの回収率向上に向けた普及啓発及び実態調査に関する取組 」, p.6, (2021), 2023, https://www.env.go.jp/council/03recycle/y032-42/900418822.pdf

[37] 国土交通省・国土交通政策研究所,「空き家問題における土地・建物の所有者不明化に関する調査研究」(国土交通政策研究 第 154 号), (2020), 2023, https://www.mlit.go.jp/pri/houkoku/gaiyou/pdf/kkk154.pdf

[38] 経済産業省, 産業構造審議会産業技術環境分科会廃棄物・リサイクル小委員会 電気・電子機器リサイクルWG, 中央環境審議会循環社会部会家電リサイクル制度評価検討小委員会 第42回合同会合 資料2「使用済エアコンの回収率向上に向けた普及啓発及び実態調査に関する取組 」, p.10, (2021), 2023, https://www.env.go.jp/council/03recycle/y032-42/900418822.pdf

[39] パナソニック エコテクノロジーセンター株式会社,「パナソニック エコテクノロジーセンター」, 2023, https://panasonic.co.jp/eco/petec/

[40] 株式会社ハイパーサイクルシステムズ,「資源循環型社会の実現へ」, 2023, https://www.h-rc.co.jp/

[41] パナソニック エコテクノロジーセンター株式会社,「リサイクルの工程」, 2023, https://panasonic.co.jp/eco/petec/process/#choice3

[42] 株式会社ハイパーサイクルシステムズ,「リサイクルのご案内 家電リサイクル—循環型社会の実現ゼロエミッションに向けて全力で取り組んでいます」, 2023, https://www.h-rc.co.jp/recycle/recycle.html

[43] 一般財団法人家電製品協会,「2021 年版 家電リサイクル年次報告書」, p.16(図表II-3), (2022), 2023, https://www.aeha-kadenrecycle.com/pdf/report/kadennenji_2021.pdf

[44] 経済産業省・製造産業局,「フロン回収機の接続方法」[46] 山岸 千穂(環境委員会調査室),「雑品スクラップをめぐる現状と課題」(立法と調査 2017.11 No. 394), (2017), 2023, https://www.sangiin.go.jp/japanese/annai/chousa/rippou_chousa/backnumber/2017pdf/20171109046.pdf

[45] 竹内 正雄, 科学技術政策研究所 科学技術動向研究センター／科学技術動向 2009 年2月号「素材産業が担うリサイクルの現状とその制約要因」, (2009), 2023, https://nistep.repo.nii.ac.jp/records/5758

[46] 荻原 直彦(総務省 総合通信基盤局),「第5世代移動通信システム(5G) の今と将来展望」, (2019), 2023, https://www.soumu.go.jp/main_content/000633132.pdf

[47] Baridi Baridi 株式会社,「Baridi Baridi」, 2023, https://baridibaridi.com[50] ダイキン工業株式会社,「業務用エアコンのサブスクリプション ZEAS Connect—エアコン定額利用サービス」, 2023, https://www.daikinaircon.com/shopoffice/zeas_connect

[48] Aggreko Japan Ltd,「産業用冷却システムのレンタル」, 2023, https://www.aggreko.com/ja-jp/products/cooling-global

[49]　ニール・イヤール, 株式会社ダイヤモンド社　DIAMOND ハーバード・ビジネス・レビュー「サブスクリプションサービスが失敗する 3 つの理由」, (2022), 2023, https://dhbr.diamond.jp/articles/-/9047(原文：https://hbr.org/2022/10/3-reasons-subscription-servicesfail)

[50]　Gartner, Inc.,「Top 10 Trends in Digital Commerce」, 2023, https://www.gartner.com/smarterwithgartner/top-10-trends-in-digital-commerce

［索引］

英数字

［著者略歴］

早稲田大学 持続的環境エネルギー社会共創研究機構
次世代ヒートポンプ技術戦略研究コンソーシアム
ヒートポンプ未来社会共創ワーキンググループ

広く民間とのオープンな研究交流ができる場としてのコンソーシアムの活動の一環として、現状分析から、2030年代にヒート
ポンプによって作るべき未来社会を創造し、バックキャストで必要となる技術開発、ルール作り、政策提言などを行うことを目
的にワーキンググループ(WG)を設置し、未来社会のビジョンを検討している。

●WGメンバー

齋藤 潔（サイトウ キヨシ）
【現職】早稲田大学 基幹理工学部 教授
　　　　持続的環境エネルギー社会共創研究機構 機構長
　　　　次世代ヒートポンプ技術戦略研究コンソーシアム 会長

上田 憲治（ウエダ ケンジ）
【現職】三菱重工サーマルシステムズ株式会社 大型冷凍機技術部 部長

岡本 洋明（オカモト ヒロアキ）
【現職】株式会社住環境計画研究所 主任研究員

片岡 修身（カタオカ オサミ）
【現職】ダイキン工業株式会社 空調生産本部 企画部担当部長

岸本 哲郎（キシモト テツロウ）
【現職】特定非営利活動法人環境エネルギーネットワーク21 理事長

北川 武（キタガワ タケシ）
【現職】ダイキン工業株式会社 CSR・地球環境センター 部長

坂下 俊（サカシタ サトシ）
【現職】パナソニック株式会社 空質空調社 日本・広域事業担当 住宅システム機器事業部 住宅システム機器開発セン
　　　　ター 技術戦略担当 技術主幹、シニアエンジニア

佐々木 正信（ササキ マサノブ）
【現職】東京電力エナジーパートナー株式会社 販売本部副部長

鈴木 秀明（スズキ ヒデアキ）
【現職】東芝キヤリア株式会社 技師長

平良 繁治（タイラ シゲハル）
【現職】ダイキン工業株式会社 CSR・地球環境センター 担当課長　(兼)空調生産本部企画部 担当課長

西村 邦幸（ニシムラ クニユキ）
【現職】早稲田大学 次世代ヒートポンプ技術戦略研究コンソーシアム 統括研究員

藤本 悟（フジモト サトル）
【現職】ダイキン工業株式会社 CSR・地球環境センター室長

古庄 和宏（フルショウ カズヒロ）
【現職】ダイキン工業株式会社 テクノロジー・イノベーションセンター テクノロジー・イノベーション戦略室 技術戦略担当
部長

本郷 一郎（ホンゴウ イチロウ）
【経歴】元東芝キヤリア株式会社 統括技術師長附

町田 明登（マチダ アキト）
【現職】株式会社前川製作所 技術企画本部 執行役員

松井 大（マツイ マサル）
【現職】パナソニック株式会社 空質空調社 イノベーションセンター 技術政策戦略室 室長

松田 憲兜（マツダ ケンジ）
【現職】早稲田大学 次世代ヒートポンプ技術戦略研究コンソーシアム 統括研究員
【経歴】元 三菱重工サーマルシステムズ株式会社 空調機技術部 担当部長

三原 一彦（ミハラ カズヒコ）
【現職】パナソニック株式会社 アプライアンス社技術本部エアコン・コールドチェーン開発センター開発第四部 部長

山下 浩司（ヤマシタ コウジ）
【経歴】元三菱電機株式会社 空調冷熱システム事業部空調冷熱技術部 主席技師長

四十宮 正人（ヨソミヤ マサト）
【現職】三菱電機株式会社 冷熱システム製作所 主管技師長

●アドバイザー

田辺 新一（タナベ シンイチ）
早稲田大学 創造理工学部 建築学科 教授

所 千晴（トコロ チハル）
早稲田大学 創造理工学部 環境資源工学科 教授

永島 計（ナガシマ ケイ）
早稲田大学 人間科学学術院 人間科学部 教授

●事務局

株式会社三菱総合研究所

■本書へのご意見、ご感想について

本書に関するご質問については、下記の宛先に FAX もしくは書面、小社ウェブサイトの本書の「お問い合わせ」よりお送りください。

電話によるご質問および本書の内容と関係のないご質問につきましては、お答えできかねます。あらかじめ以上のことをご了承の上、お問い合わせください。

ご質問の際に記載いただいた個人情報は質問の返答以外の目的には使用いたしません。また、質問の返答後は速やかに削除させていただきます。

〒162-0846　東京都新宿区市谷左内町21-13
株式会社技術評論社　書籍編集部
「図解でわかる次世代ヒートポンプ技術」質問係
FAX番号：03-3267-2271
本書ウェブページ：https://gihyo.jp/book/2024/978-4-297-14051-9

カバー・本文デザイン	武田 厚志 (SOUVENIR DESIGN INC.)
カバーイラスト	加納 徳博
本文イラスト	小野﨑 理香
本文図版・レイアウト	株式会社トップスタジオ
編 集	最上谷 栄美子
ご協力	ZAZA株式会社 Metoree事業部 (https://metoree.com/)

未来エコ実践テクノロジー
図解でわかる次世代ヒートポンプ技術
〜カーボンニュートラルを実現する冷温熱利用技術〜

2024年　5月　1日　初版　第1刷発行

編著者　齋藤 潔
著 者　早稲田大学次世代ヒートポンプ技術戦略研究コンソーシアム
発行者　片岡 巌
発行所　株式会社技術評論社
　　　　　東京都新宿区市谷左内町21-13
　　　　　電話　03-3513-6150 販売促進部
　　　　　　　　03-3267-2270 書籍編集部
印刷／製本　日経印刷株式会社

ISBN 978-4-297-14051-9 C3060
Printed in Japan